Science of Stretching
ストレッチングの科学

編集 鈴木重行

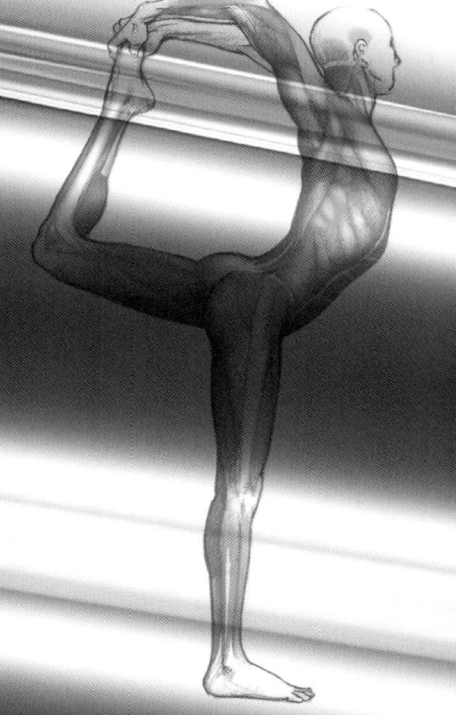

三輪書店

執筆者一覧

鈴木重行（Shigeyuki SUZUKI）PT，PhD
名古屋大学 名誉教授，朝日大学保健医療学部 客員教授

岩田全広（Masahiro IWATA）PT，PhD
日本福祉大学健康科学部 リハビリテーション学科 教授

坂野裕洋（Yasuhiro BANNO）PT，MS
日本福祉大学健康科学部 リハビリテーション学科 准教授

井上貴行（Takayuki INOUE）PT，PhD
名古屋大学医学部附属病院 リハビリテーション部

松尾真吾（Shingo MATSUO）PT，PhD
日本福祉大学健康科学部 リハビリテーション学科 講師

波多野元貴（Genki HATANO）PT，MS
株式会社アシックス スポーツ工学研究所

［装丁］柳川貴代
［表紙イラスト］小佐野咲

序　文

　ストレッチングはリハビリテーション領域，あるいはスポーツ領域で日常的に使用されているが，その方法はストレッチングにより生ずる生理学的反応を予想し，選択する必要がある．しかしながら，ストレッチングを自分自身で行うスポーツ選手のみならず，ストレッチングを患者様に提供する理学療法士，作業療法士，あるいはスポーツ選手を指導するトレーナー，コーチなどの関係者がこの点について十分理解していないと想像できる場面も見受けられる．

　リハビリテーション領域では，運動器疾患を代表として関節可動域運動が日常的に行われている．筋緊張亢進による関節可動域制限に対して，関節可動域運動として用いるスタティック・ストレッチングの 1 サイクルの所要時間について考えたことがあるだろうか．また，スポーツ領域では，競技前にはダイナミック・ストレッチングが行われるが，異常な筋緊張亢進状態である場合や痛みを併発している筋に対しても，他の筋群と同様にダイナミック・ストレッチングをしていないだろうか．日常的に何気なく行われているストレッチングが，かえって筋緊張をさらに亢進し，痛みを悪化させ，その結果，関節可動域やパフォーマンスを低下させることにつながる可能性があることを理解していただきたい．

　そのため，本書ではまずストレッチングの基礎的事項について理解することを目的として，ストレッチングの種類，ストレッチングに必要な生理学的・解剖学的基礎知識，ストレッチングの適応となる病態についてそれぞれ記述した．さらに，ストレッチングを実施するセラピストやトレーナーのみならず，ストレッチングの研究を行っているリハビリテーション領域あるいはスポーツ領域の研究者，学生にとっても参考となるように，世界中の論文から，ストレッチングの評価指標およびストレッチングの効果についてまとめた．ストレッチングの効果では，それぞれの項目について，現時点での「小まとめ」を独断で記載したが，今後の研究成果によっては変化しうる内容であることをご理解いただきたい．さらには，ストレッチング研究のトピックスについて，小動物や培養細胞を利用した研究を紹介したので，参考になれば幸いである．

　最後に，本書を作成するにあたり，大変お世話になりました三輪書店・濱田亮宏様，山中恭子様に感謝申し上げます．本書が患者様あるいはスポーツ選手の機能改善あるいはパフォーマンスの改善に寄与できること，さらにはストレッチングの研究に携わる人々の一助になることを願っています．

2013 年 4 月

鈴木　重行

目次

第1章 ストレッチングの種類……鈴木重行

大分類　2
1．バリスティック・ストレッチング　2
2．スタティック・ストレッチング　3

リハビリテーション領域，スポーツ領域で用いられるストレッチング　5
1．ID ストレッチング　7
2．PNF ストレッチング　8
3．ダイナミック・ストレッチング　9

実験研究で用いられるストレッチング　12
1．コンスタントアングル・ストレッチング　12
2．サイクリック・ストレッチング　12
3．コンスタントトルク・ストレッチング　13

第2章 ストレッチングのための基礎知識……鈴木重行

解剖学的知識　18
1．筋走行　18
2．筋連結　18
3．筋硬結　19
4．ランドマーク　20

生理学的知識　20
1．伸張反射　20
2．持続伸張（Ib 抑制）　21
3．筋伸張方向と筋緊張　21
4．等尺性収縮　23
5．痛み　24
6．鎮痛　31

第3章
ストレッチングの対象となる病態生理 ……… 坂野裕洋

関節可動域制限 38

疼痛 41

筋損傷 43

筋萎縮 46

第4章
ストレッチングの評価指標 ………… 波多野元貴・鈴木重行

関節可動域 54
 1．測定方法とコツ　54
 2．関連する生理学的特徴　57
 3．評価指標を検討した代表的文献　58

静的トルク 59
 1．測定方法とコツ　60
 2．関連する生理学的特徴　61
 3．評価指標を検討した代表的文献　61

動的トルク 64
 1．測定方法とコツ　64
 2．関連する生理学的特徴　65
 3．評価指標を検討した代表的文献　68

スティフネス 69
 1．測定方法とコツ　69
 2．関連する生理学的特徴　72
 3．評価指標を検討した代表的文献　73

最大発揮筋力 74
 1．測定方法とコツ　75
 2．関連する生理学的特徴　77
 3．評価指標を検討した代表的文献　77

Angle at peak torque 78
 1．測定方法とコツ 78
 2．関連する生理学的特徴 80
 3．評価指標を検討した代表的文献 81

Rate of force development 82
 1．測定方法とコツ 82
 2．関連する生理学的特徴 84
 3．評価指標を検討した代表的文献 85

表面筋電図 85
 1．測定方法とコツ 86

  A 動作筋電図 88
  1．測定方法とコツ 88
  2．関連する生理学的特徴 91
  3．評価指標を検討した代表的文献 93
  B 誘発筋電図 95
  1．測定方法とコツ 97
  2．関連する生理学的特徴 98
  3．評価指標を検討した代表的文献 99

超音波画像 99
 1．測定方法とコツ 100
 2．関連する生理学的特徴 104
 3．評価指標を検討した代表的文献 105

パフォーマンス 106
  A スプリントタイム 106
  1．測定方法とコツ 106
  2．関連する生理学的特徴 107
  3．評価指標を検討した代表的文献 107
  B ジャンプパフォーマンス 108
  1．測定方法とコツ 108
  2．関連する生理学的特徴 110

痛み　112

1．痛みの量的評価　112
2．痛みの質的評価　114
3．疾患特異的評価法　115
4．評価指標を検討した代表的文献　117

第5章
ストレッチング効果の検証 ……… 松尾真吾・鈴木重行

健常者　127

1．関節可動域に対する効果　127
2．静的トルク，動的トルクに対する効果　134
3．スティフネスに対する効果　141
4．筋力に対する効果　146
5．筋電図への影響　151
6．パフォーマンスに対する効果　158
7．その他　164

高齢者　167

1．関節可動域に対する効果　167
2．動的トルク，スティフネスに対する効果　169
3．筋力に対する効果　169
4．パフォーマンスに対する効果　170

病態　172

1．関節可動域に対する効果　172
2．静的トルク，動的トルクに対する効果　176
3．スティフネスに対する効果　179
4．筋力に対する効果　180
5．筋電図への影響　181
6．パフォーマンスに対する効果　181
7．疼痛に対する効果　182
8．障害度スコアに対する効果　184

3．評価指標を検討した代表的文献　111

9. Modified Ashworth scale（MAS）に対する効果　184
10. 粘弾性に対する効果　185

ストレッチング方法による効果の違い　186

第6章
ストレッチング研究のトピックス
  ―動物・細胞を用いた基礎研究の紹介

**関節可動域制限，筋損傷に対するストレッチングの効果
　―動物モデルを用いたメカニカルストレス応答に関する研究の紹介**……………………………………………井上貴行　200

1. はじめに　200
2. 関節可動域制限に対するストレッチングの効果　201
3. 関節可動域制限の病態にストレッチングが及ぼす効果　204
4. 筋損傷に対するストレッチングの効果　208
5. おわりに　210

骨格筋の糖代謝に対するストレッチングの急性効果―細胞伸張培養技術を用いたメカニカルストレス応答に関する研究の紹介
………………………………………………………………岩田全広　214

1. はじめに　214
2. インスリンによる糖取り込み促進の機序　215
3. 筋収縮による糖取り込み促進の機序　215
4. おわりに　222

索引　227

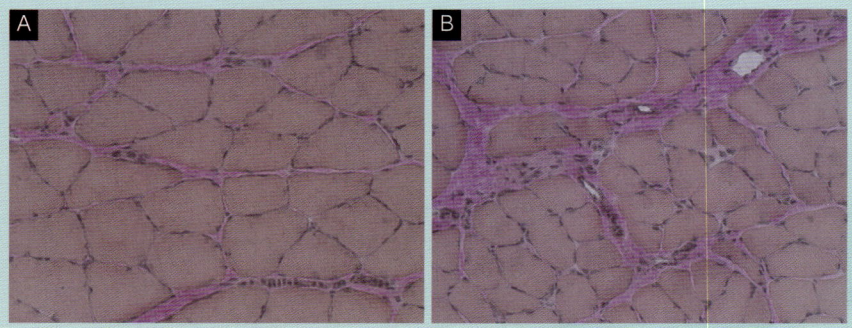

図 3-1　不動に伴う筋膜の変化（p39 より）
〔沖田・他，2008 より引用[5]〕

A：対照のヒラメ筋，B：弛緩位で 2 週間ギプス固定したヒラメ筋．
　ラット足関節を最大底屈位で 2 週間不動化した後，ヒラメ筋の組織切片（エラスチカワーギンソン染色）を観察した結果，筋周膜や筋内膜の肥厚が認められ，結合組織の増殖がうかがわれた．

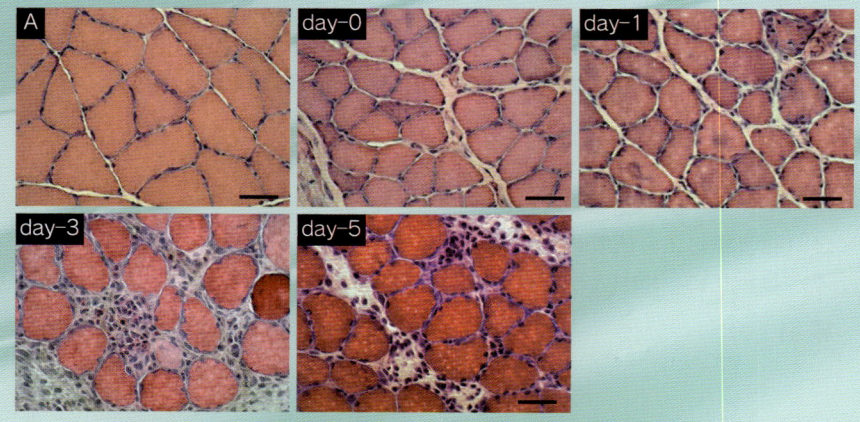

図 3-6　ギプス固定後の再荷重による筋損傷の発生状況（p45 より）
〔坂野・他，2009 より改変[31]〕

A：対照のヒラメ筋，day-0：弛緩位で 4 週間ギプス固定したヒラメ筋，day-1：再荷重 1 日目のヒラメ筋，day-3：再荷重 3 日目のヒラメ筋，day-5：再荷重 5 日目のヒラメ筋．Bar = 50 μm．
　再荷重 0〜1 日目では対照群と比べて筋細胞の小径化（筋萎縮）を認める．再荷重 3〜5 日目では円形化した筋線維（opaque 線維）が顕著で，細胞浸潤を認める壊死線維が多く認められる．また，間質の拡大や間質における単核細胞の増加も認められる．

口絵カラー❷

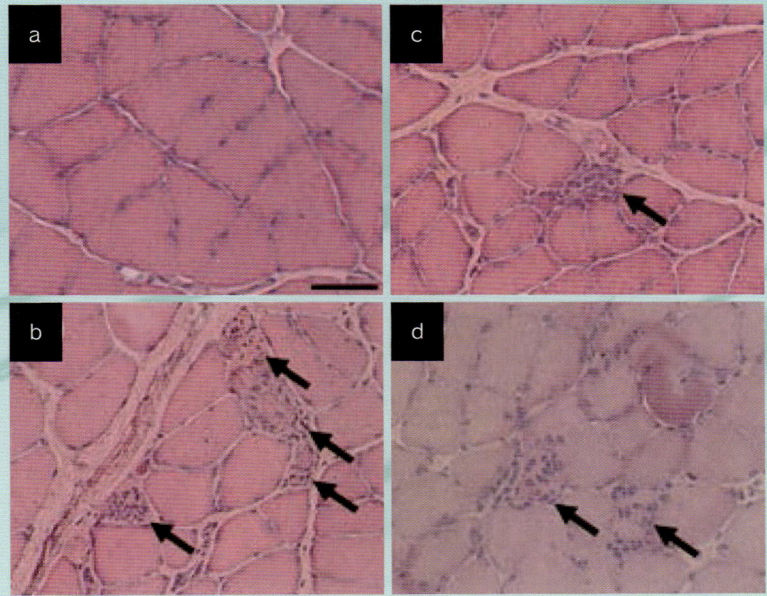

図 6-6　ギプス固定モデルラットにおけるヒラメ筋の組織像（p210 より）
〔Inoue et al, 2009 より引用[35]〕

a： 未処置のラットのヒラメ筋.
b： 4 週間ギプス固定した後のラットのヒラメ筋. 単核細胞の浸潤を認める損傷線維（矢印）がみられる.
c： ギプス固定除去 1 日後におけるストレッチングを実施したラットのヒラメ筋.
d： ギプス固定除去 1 日後におけるストレッチングを実施しなかったラットのヒラメ筋. 損傷線維の増加を認める.

口絵カラー❸

a

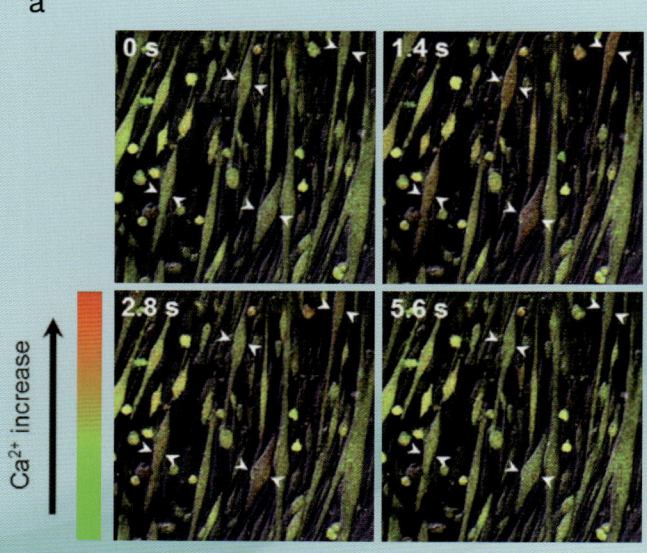

b

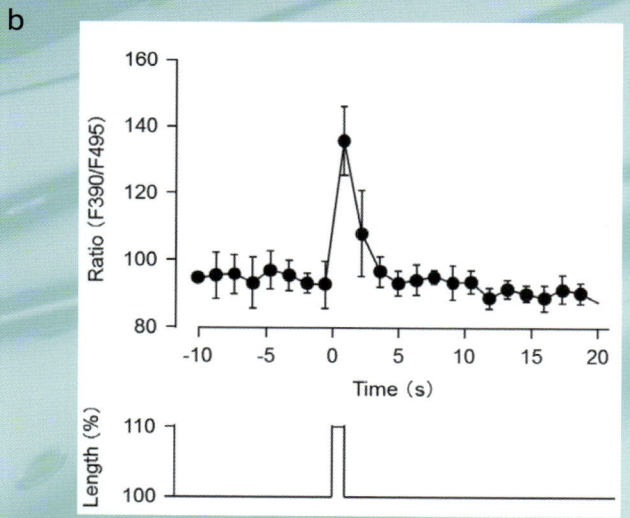

図 6-9 伸張刺激に対する細胞内 Ca^{2+} 応答（p220 より）
〔Iwata et al, 2007 より改変[17]〕

a：伸張刺激に対する indo-1 の蛍光強度比で表される細胞内 Ca^{2+} 濃度の変化.
b：伸張刺激に対する細胞内 Ca^{2+} トランジェント．データは平均値±標準偏差（n=4）

第 1 章
ストレッチングの種類

大分類

1. バリスティック・ストレッチング

　バリスティック・ストレッチング（ballistic stretching）は反動をつけ筋を伸張する方法である．反動をつけた急激な筋伸張は，筋の長さの変化を感受する筋紡錘を興奮させ，Ia神経線維により脊髄後角を経て脊髄前角に存在する運動神経細胞を単シナプス的に直接興奮（脱分極）させ，反射性の筋収縮を促す（**図1-1**）．このメカニズムは伸張反射（stretch reflex）と呼ばれ，腱反射の検査に応用されている．打腱器で膝蓋腱あるいは上腕二頭筋腱をごく小さな力でたたくことにより，膝関節伸展や肘関節屈曲などを引き起こす筋収縮を促すことになる．したがって，バリスティック・ストレッチングはストレッチングに期待される筋緊張の抑制効果とは逆に，筋緊張を亢進させることが予測されるため，筋の柔軟性を高める目的には適さない．Gajdosikら[1]は等速度でストレッチングした際に伸張反射が発現しない角速度として，5°/秒以下であると報告

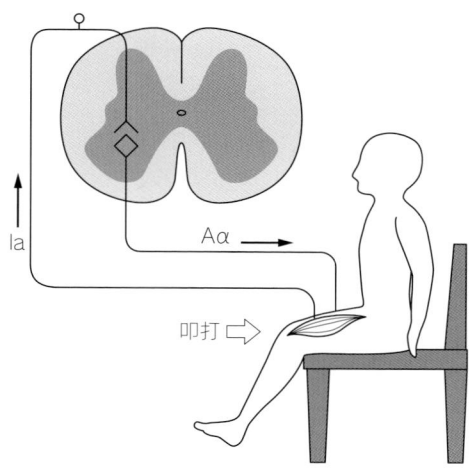

図1-1　伸張反射

していることから，理学療法士，作業療法士が臨床で行う関節可動域運動においては，可動域最終域において筋を引き伸ばす意識が強すぎて逆効果にならないように，他動的に関節を動かすスピードに留意する必要がある．これとは逆に，筋緊張が低下しすぎている疾患では緊張を高める目的でバリスティック・ストレッチングを利用することが考えられる．

2．スタティック・ストレッチング

　1975年，Anderson[2]は反動をつけずにゆっくりと筋を伸張し，その肢位を数十秒間保持するスタティック・ストレッチング（static stretching）を提唱した．スタティック・ストレッチングは筋を伸張した時，筋および結合組織からの抵抗が生じた時点で保持すると筋腱移行部に多く存在するゴルジ腱器管がその刺激を受容し，Ib神経線維を介して，脊髄後角までインパルスが伝播される．脊髄内では脊髄前角細胞とシナプス結合している介在ニューロンがIb神経線維からの信号を受け取る．介在ニューロンの興奮は，脊髄前角細胞の電位を下げ，脱分極を抑制する（**図1-2**）．この結果，スタティック・ストレッチングは当該の筋緊張を低下させることから，運動前に特に筋緊張が亢進している場合や運

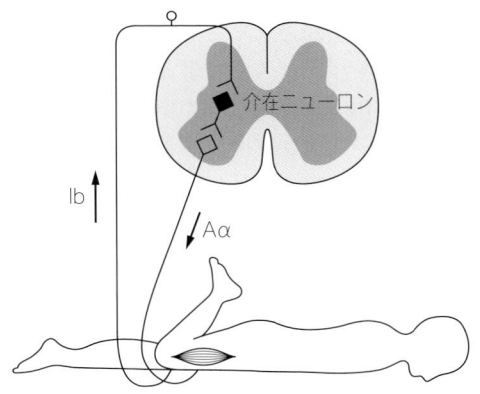

図1-2　持続伸張によるIb抑制

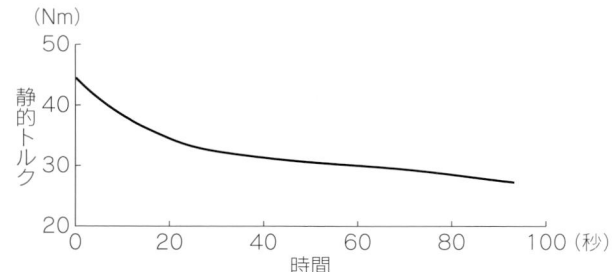

図 1-3　スタティック・ストレッチング時間と静的トルクの変化
〔Magnusson et al, 1996 より改変[3]〕
スタティック・ストレッチングの時間経過とともに，静的トルクは減弱する．

動後の筋緊張低下を目的として，運動選手のみならず一般の人々がトレーニングする場合においても広く受け入れられるようになった．

スタティック・ストレッチングはスポーツ領域だけではなく，理学療法をはじめとするリハビリテーションの分野においても筋緊張亢進を伴う関節可動域制限の改善を目的とした治療法の1つとして用いられている．

スタティック・ストレッチングの強度は筋伸張時に最終可動域付近に発生するエンドフィール（end feel，最終域感）を1つの目安として，決定することが望まれる．エンドフィールよりさらに強く筋を伸張すると筋・筋膜あるいは結合組織から痛みが発生し，防御性収縮を助長するため，筋緊張の低下あるいは可動性の改善が困難になると予想される．

Magnusson ら[3]はハムストリングスを対象として1回のスタティック・ストレッチングの施行時間と生体からの抵抗感の指標である静的トルクとの関係について検討した結果，ストレッチング開始5秒程度ではトルクはほとんど変化しないが，ストレッチングの時間経過とともに静的トルクは減弱し，20～30秒でトルクは20～30％減弱すると報告している（**図 1-3**）．また，Boyce ら[4]は健常者のハムストリングスを対象に無作為化比較試験を行い，15秒のスタティック・ストレッチングを10回行った結果，介入前と比較して5回目のストレッチングまで膝関節伸展可動域は有意に増加し，最も関節可動域が増加したのは1回目のストレッチングだったと興味深い報告をしている（**図 1-4**）．

このことから，スタティック・ストレッチングの1回の施行時間は少なくと

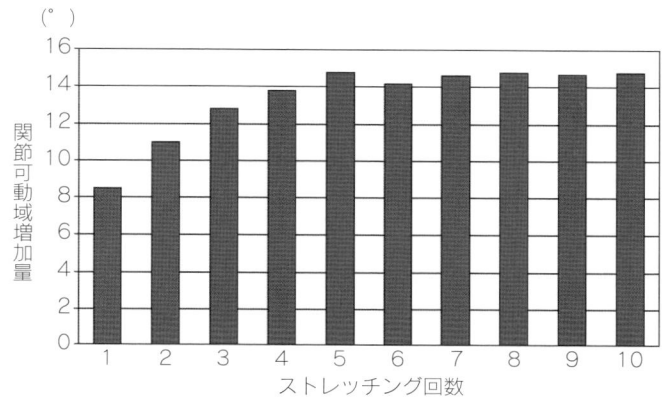

図1-4 スタティック・ストレッチングの回数と関節可動域の変化
〔Boyce et al, 2008より改変[4]〕

15秒間のスタティック・ストレッチングにより5回目まで関節可動域が増加し，1回目のストレッチングによる変化が最も大きいものであった．

も20〜30秒前後を数回繰り返すと最も効果的であることが予想される．リハビリテーションの分野で施行される軟部組織を対象とした関節可動域運動の場合には，1回のストレッチングはやはり上記と同様の時間施行することが望まれる．

リハビリテーション領域，スポーツ領域で用いられるストレッチング

リハビリテーション領域においてストレッチングは主に筋伸張性の改善，結合組織の粘弾性低下，関節可動域の改善を目的とすることが多いため，スタティック・ストレッチングが多用される．一方，関節拘縮の原因は先天的なもの以外，① 皮膚性拘縮，② 結合組織性拘縮，③ 筋性拘縮，④ 神経性拘縮，⑤ 関節性拘縮に分類されている[5]．これらの中で，皮膚性，結合組織性，筋性拘縮はそれぞれ軟部組織が直接拘縮の原因となっている．さらに神経性拘縮は痛みなどによる反射性収縮や中枢性神経障害による筋緊張異常などが原因とさ

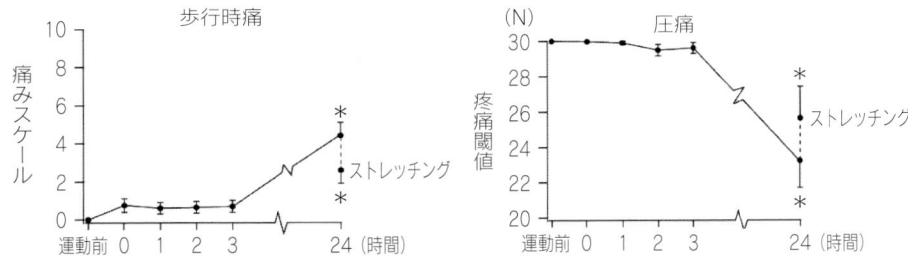

図1-5 遅発性筋痛に対するスタティック・ストレッチングの効果
〔Reisman et al, 2009より改変[6]〕

遅発性筋痛による歩行時の痛みと圧痛はスタティック・ストレッチングにより改善した．

れており，軟部組織の関与が推察される．また，関節性拘縮は関節を構成する軟部組織である滑膜，関節包，靱帯，関節周囲組織などの炎症または外傷により，これらの萎縮または癒着で起こった拘縮と定義されており，少なからず軟部組織が関与していることがわかる．これらのことより，関節拘縮においても，その原因は結合組織あるいは筋などが含まれる軟部組織の機能的変化によることが多いため，関節可動域を改善するためには軟部組織に対するスタティック・ストレッチングが適応となる．したがって，リハビリテーション領域では少なくとも前述したスタティック・ストレッチングの生理学的反応を熟知して臨床応用することが望まれる．

　スポーツ領域におけるストレッチングの大きな目的は，けがの予防とパフォーマンス向上である．これら2つの目的には異なる筋緊張の変化が求められる．けがの予防には，痛みを軽減するとともに筋緊張を低下し柔軟性を改善することが求められる．Reismanら[6]は，下腿三頭筋に引き起こした遅発性筋痛がスタティック・ストレッチングにより，歩行中の痛みの程度と圧痛閾値とが低下したと報告している（**図1-5**）．一方，スプリントタイム，ジャンプ力，キック力，筋出力などのパフォーマンスを向上するには瞬発的な動きが求められるため，筋緊張はあるレベルに保っておく必要がある．このようにスポーツ領域においてはけがの予防とパフォーマンスの向上とが同時に求められるため，各競技者の個々の筋緊張の状態を十分に把握し，緊張を低下すべき筋，緊張を高める必要がある筋を評価し，目的に沿ったストレッチングを使い分ける

ことが望まれる．具体的には，非常にコンディションが良い選手にはパフォーマンスの向上を第一に考え，競技前にウォーミングアップとともに後述するダイナミック・ストレッチングを施行し，筋の反応性を高めることが考えられる．一方，筋肉痛あるいは筋の"ハリ"を感じている本調子でない選手には，まず当該の筋肉を特定し，疼痛緩和とともにスタティック・ストレッチングを施行することで，周囲の筋と同程度に筋緊張を低下させ，次に，全身的なウォーミングアップとともにダイナミック・ストレッチングを行うことにより，けがの予防とともにパフォーマンスの向上を図る必要がある．このためには，トレーナー，コーチはもちろんであるが選手自身も運動器を中心とした解剖学と生理学に精通しなければならない．

1．IDストレッチング

　リハビリテーション領域で多用されている方法はスタティック・ストレッチング，あるいはIDストレッチング（individual muscle stretching，個別的筋伸張法）である．IDストレッチングは1999年に筆者ら[7]によって提唱されたストレッチング法である．IDストレッチングは伸張性の低下した個々の筋を対象とし，筋緊張の低下，関節可動域および柔軟性の改善，筋痛の緩和，血液循環の改善，傷害予防，パフォーマンスの向上などを目的として，個々の筋線維の走行および筋連結を意識した他動的ストレッチング法であり，筋緊張抑制のためにIb抑制を取り入れたスタティック・ストレッチングの範疇に分類される．

　例えば，肩関節屈曲の可動域制限が拮抗筋に発生した痛みおよび随伴する筋緊張亢進により生じている時，その責任筋は三角筋後部線維，上腕三頭筋長頭，広背筋などが考えられるが，これらの筋が同程度に筋緊張が亢進し，その結果，関節可動域を制限することは稀である．また，各筋は走行が異なるため，最も効率的な伸張方向もそれぞれ異なる（図1-6）．したがって，筋緊張亢進による関節可動域制限の場合，原因となる筋が評価できれば，関節可動域運動として用いるストレッチングの方向はその筋の起始部と停止部とが最も効率よく引き離される方向であることが理解できる．したがって，三角筋後部線維のストレッチングは肩関節屈曲，内転方向であり，上腕三頭筋長頭では肘関節最大屈曲位で肩関節屈曲するのが最も効率よい方向であり，その結果，ストレッチングにより筋緊張低下が獲得できれば，結果的に肩関節屈曲の可動域測定肢位での角

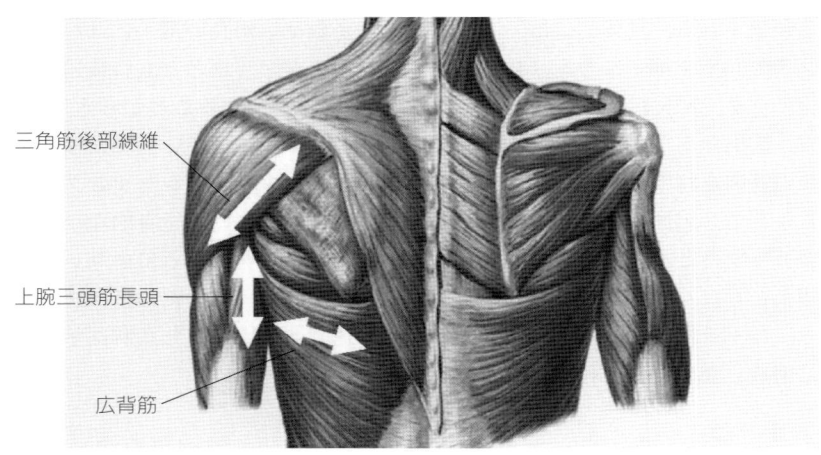

図 1-6　筋走行の違い
　肩関節屈曲の拮抗筋である三角筋後部線維，上腕三頭筋長頭，広背筋はそれぞれ筋走行が異なるため，同時に筋ストレッチングするには無理がある．

度が改善することとなる．また，IDストレッチングではストレッチングの効果をより高めるために，当該筋に対して等尺性収縮を負荷し，一時的に筋緊張を低下させた後にストレッチングを施行することを推奨している（第2章23ページ参照）．このようにIDストレッチングは個々の筋に対して，筋緊張抑制のためにIb抑制および等尺性収縮を取り入れ，個々の筋走行に沿ったスタティック・ストレッチング法と言える．

2．PNFストレッチング

　PNF（proprioceptive neuromuscular facilitation，固有受容器神経筋促通法）[8]とは，主に中枢神経障害に由来する運動障害に対して，ヒト本来の動きであるdiagonal pattern（対角線のパターン）を利用して運動負荷あるいは運動介助し機能改善を図る方法で，リハビリテーション分野で多用されている．
　PNFストレッチングは主にスポーツ領域で用いられており，その効果の検証はdiagonal patternに関係なく，ストレッチングする前に負荷する筋収縮の様式により，以下のように分類される[9]．

1）ホールドリラックス，コントラクトリラックス

　当該筋に対して徒手的に最終域までストレッチングした後，等尺性収縮を負荷し，再度，最終域までストレッチングする方法で，ホールドリラックス（HR, hold-relax）とコントラクトリラックス（CR, contract-relax）は同じ方法であり，PNFストレッチングでは最も一般的に用いられている．これら2つの名称は文献により異なるが，ストレッチング方法は同じであるので混乱しやすい．例えば，ハムストリングスのhold-relaxは股関節中等度屈曲位，膝関節軽度屈曲位でハムストリングスに等尺性収縮を負荷しリラックスした後，股関節をさらに屈曲しながら膝関節を最大伸展する方法である．

　hold-relaxの短期効果は関節可動域を改善し，求心性および等尺性収縮時筋力を低下させるが，EMG活動は文献により一定していない[10)11)]．さらに，長期の施行効果においても関節可動域を改善することが報告[12)]されている．

2）コントラクトリラックス・アゴニストコントラクト

　コントラクトリラックス・アゴニストコントラクト（CRAC, contract-relax agonist contract）はhold-relaxによる当該筋の等尺性収縮後に他動的にストレッチングする際，拮抗筋を短縮性収縮させながら他動的にストレッチングする方法である[13)]．例えば，下腿三頭筋のcontract-relax agonist contractでは，まず下腿三頭筋に等尺性収縮を負荷し，リラックスした後，足関節背屈筋群である前脛骨筋，長指伸筋，長母指伸筋の短縮性収縮を促しながら，他動的に下腿三頭筋をストレッチングする方法である．Contract-relax agonist contractではスタティック・ストレッチングとコントラクト・ストレッチングに比較して，関節可動域が有意に高値を示したと報告されている[14)]．

3．ダイナミック・ストレッチング

　現在，スポーツ領域で最も多用されている方法はダイナミック・ストレッチング（dynamic stretching）である．ダイナミック・ストレッチングは動きの中で目的とする筋をストレッチングする方法で，その効果はプロサッカー選手，女性アスリート，さらには健常者などを対象として，スプリントタイムの短縮[15)16)]，筋力の増加[17)-19)]，あるいは筋電図振幅の増加[17)20)]などが報告されている．これらの報告により，ダイナミック・ストレッチングは運動前のアスリートに

とって必須のアイテムとなっている．スポーツ領域では競技前にスタティック・ストレッチングなどによる過度の筋緊張低下は，俊敏性，巧緻性，筋出力などの低下を招き，かえって逆効果になることがある．競技では錐体路系の興奮を受け脊髄前角細胞が即座に脱分極を起こし，素早い筋収縮と動作が求められるため，各脊髄前角細胞は興奮しやすい状態，すなわち細胞内電位の上昇により脱分極しやすい状態であることが望ましいと考えられる．このような状態を設定するには，事前にダイナミック・ストレッチングを行うことが適している．

また，ダイナミック・ストレッチングは相反抑制（reciprocal inhibition）[21]の生理学的反応を狙った方法であるとも言われている[18)22)]（図1-7）．例えば，ハムストリングスの柔軟性を高めるために，股関節屈筋および膝関節伸筋の等張性収縮により膝伸展位で足を振り上げ，脊髄介在ニューロンを介して拮抗筋であるハムストリングスの収縮を支配する脊髄前角細胞の電位を下げ，筋活動を抑制しようとするものである．しかしながら，足を振り上げる時の大腿四頭筋は短縮性収縮を強いられるため，大腿四頭筋の筋紡錘活動は低下することが予想される．このため，大腿四頭筋からの相反抑制によるハムストリングスの筋弛緩は期待できない．逆に，足を振り上げすぎるとハムストリングスに伸張反射が生じ，筋緊張が亢進することが予想される．したがって，ハムストリングスに対するダイナミック・ストレッチングでは，足の振り上げ動作中にハムストリングスを意識的にタイミングよく脱力させることが求められる．当該筋の痛みにより筋緊張が亢進している場合では，ダイナミック・ストレッチングを施行しても当該筋の脱力ができないため，さらに筋緊張が亢進する危険性をはらんでいる．

ダイナミック・ストレッチングはスタティック・ストレッチング単独に比較し，筋出力を増加させ，パフォーマンスを発揮するには効果的であるとの報告[18)]がみられる．しかしながら，柔軟性の獲得にはスタティック・ストレッチングがダイナミック・ストレッチングよりも効果的であるとの報告[23)]のごとく，ダイナミック・ストレッチングの方法に精通しなければ，当該筋の予想外の筋緊張亢進を引き起こしかねない．これらのことより，競技前にすべての筋に対して一様にダイナミック・ストレッチングをすると，もともと筋緊張が亢進している筋，あるいは痛みが発生している筋などでは，さらに筋緊張が亢進し疼痛増悪や傷害発生の原因ともなりかねないので，常に筋緊張の状態を評価してストレッチングの方法を選択することが重要である．筋緊張亢進が著しい筋あ

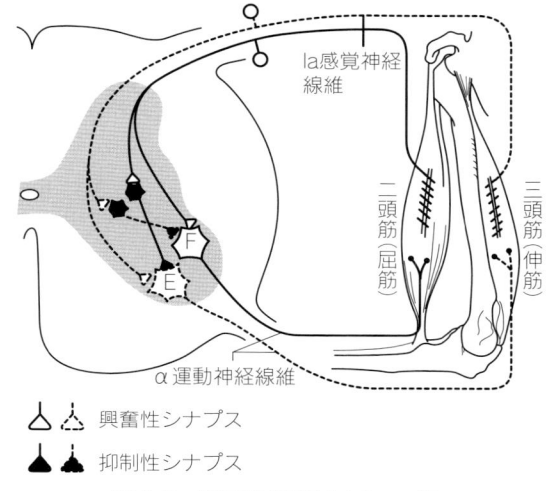

図 1-7 相反神経抑制メカニズム

上腕二頭筋が急に引き伸ばされると筋紡錘から Ia 求心性神経線維が興奮し，伸張反射による筋収縮が誘発されるが，同時に，Ia 求心性神経線維の興奮は脊髄内で介在ニューロンを介して，拮抗筋である上腕三頭筋を支配する脊髄前角細胞の電位を下げ，結果的に上腕三頭筋の緊張が低下する．

るいは痛みを発現している筋に対しては，まず選択的にスタティック・ストレッチングを施行し筋緊張を周囲の筋群と同程度に変化させた後，他の筋と共にダイナミック・ストレッチングを施行する方法が考えられる．

Little ら[15]はプロサッカー選手を対象にダイナミック・ストレッチングを施行した結果，スタティック・ストレッチング，またはストレッチングしていない群と比較して敏捷性が増加したと報告している．また，Hough ら[24]，Perrier ら[25]は，ダイナミック・ストレッチングはスタティック・ストレッチングに比べ垂直跳びが高値を示したと報告している．このように，ダイナミック・ストレッチングは個々の筋緊張を評価する能力がコーチ，トレーナーに備わっていれば，選手のパフォーマンスを高める目的に適した方法であると考えられる．

実験研究で用いられるストレッチング

1. コンスタントアングル・ストレッチング

　コンスタントアングル・ストレッチング（constant-angle stretching）は臨床で用いるスタティック・ストレッチングと同様に，機器を用い一定した角度で，ある時間ストレッチングを繰り返す研究に用いられる．したがって，ストレッチングの効果はスタティック・ストレッチングと同様である．

2. サイクリック・ストレッチング

　サイクリック・ストレッチング（cyclic stretching〔アイソキネティック・ストレッチング［isokinetic stretching］〕）はダイナモメータ，CPM 装置などにより他動的に当該関節を一定した角速度で任意の範囲を動かし，ストレッチ効果を種々の指標により検討する場合に用いられる[26)27)]．
　サイクリック・ストレッチングは同一角速度での動的トルクを低下させるため，スティフネス（stiffness）の低下が期待できる[28)]が，角速度が早くなるに従い動的トルクは大きくなる特徴がある[29)]．さらに，サイクリック・ストレッチングの筋電図学的研究では H/M ratio の低下[30)]が報告されている．
　サイクリック・ストレッチングの臨床研究では，脳卒中後片麻痺のトルクの変化，10 m 快適歩行速度の改善[31)]，スティフネスの減少[31)32)]，関節可動域の改善，粘弾性の低下[33)]，遅発性筋痛後の関節可動域の改善[34)]，疼痛強度の低下[34)]などが報告されている．
　アイソキネティック・ストレッチングの名称は実験的に遅発性筋痛を引き起こす場合に当該筋に対して遠心性収縮させながらストレッチングする場合に用いられることが多い[35)]．

3. コンスタントトルク・ストレッチング

　コンスタントトルク・ストレッチング（constant-torque stretching）は筋腱移行部の柔軟性や機械的特性を検証するために用いられるストレッチングの1つで，機器を用いてスタティック・ストレッチングの最終域におけるトルクを一定に保ち続ける方法であり，ストレッチングの効果により実験中の最終可動域は変化していくのが特徴である[36]．

　健常者を対象とした研究では，コンスタントトルク・ストレッチングの効果は関節可動域改善，スティフネス低下，最大等尺性筋力の低下[37]などが報告され，臨床研究では，片麻痺患者に対する足関節可動域改善，MAS（modified Ashworth scale）スコア低下[33)38]，動的トルクの低下[33]などが報告されている．

文献

1) Gajdosik RL, Vander Linden DW, et al：Influence of age on concentric isokinetic torque and passive extensibility variables of the calf muscles of women. *Eur J Appl Physiol Occup Physiol* **74**：279-286, 1996
2) Anderson B：STETCHING. Shelter Publications, Bolinas, 1980
3) Magnusson SP, Simonsen EB, et al：Viscoelastic stress relaxation during static stretch in human skeletal muscle in the absence of EMG activity. *Scand J Med Sci Sports* **6**：323-328, 1996
4) Boyce D, Brosky JAJr：Determining the minimal number of cyclic passive stretch repetitions recommended for an acute increase in an indirect measure of hamstring length. *Physiother Theory Pract* **24**：113-120, 2008
5) 高橋栄明：骨・関節の病態生理. 広畑和志（監）：標準整形外科学 第5版, 医学書院, pp 45-58, 1994
6) Reisman S, Allen TJ, et al：Changes in passive tension after stretch of unexercised and eccentrically exercised human plantarflexor muscles. *Exp Brain Res* **193**：545-554, 2009
7) 鈴木重行（編）：IDストレッチング 第2版. 三輪書店, pp 1-66, 2006
8) Knot M, Voss DE：Proprioceptive neuromuscular facilitation：patterns and techniques. Harper & Row, New York, 1968
9) Sharman MJ, Cresswell AG, et al：Proprioceptive neuromuscular facilitation stretching：mechanisms and clinical implications. *Sports Med* **36**：929-939, 2006
10) Marek SM, Cramer JT, et al：Acute effects of static and proprioceptive neuromuscular facilitation stretching on muscle strength and power output. *J Athl Train* **40**：94-103, 2005
11) Mahieu NN, Cools A, et al：Effect of proprioceptive neuromuscular facilitation stretching on the plantar flexor muscle-tendon tissue properties. *Scand J Med Sci Sports* **19**：553-560, 2009
12) Yuktasir B, Kaya F：Investigation into the long-term effects of static and PNF stretching exercises on range of motion and jump performance. *J Bodyw Mov Ther* **13**：11-21, 2009
13) Etnyre BR, Abraham LD：Gains in range of ankle dorsiflexion using three popular stretching techniques. *Am J Phys Med* **65**：189-196, 1986
14) Ferber R, Osternig L, et al：Effect of PNF stretch techniques on knee flexor muscle EMG activity in older adults. *J Electromyogr Kinesiol* **12**：391-397, 2002
15) Little T, Williams AG：Effects of differential stretching protocols during warm-ups on high-speed motor capacities in professional soccer players. *J Strength Cond Res* **20**：203-207, 2006
16) Van Gelder LH, Bartz SD：The effect of acute stretching on agility performance. *J Strength Cond Res* **25**：3014-3021, 2011
17) Sekir U, Arabaci R, et al：Acute effects of static and dynamic stretching on leg flexor and extensor isokinetic strength in elite women athletes. *Scand J Med Sci Sports* **20**：268-281, 2010
18) Yamaguchi T, Ishii K：Effects of static stretching for 30 seconds and dynamic stretching on leg extension power. *J Strength Cond Res* **19**：677-683, 2005
19) Behm DG, Chaouachi A：A review of the acute effects of static and dynamic stretching on performance. *Eur J Appl Physiol* **111**：2633-2651, 2011
20) Herda TJ, Cramer JT, et al：Acute effects of static versus dynamic stretching on

isometric peak torque, electromyography, and mechanomyography of the biceps femoris muscle. *J Strength Cond Res* **22**：809-817, 2008

21) Schmidt RF（編）, 内薗耕二, 佐藤昭夫, 他（訳）：神経生理学. 金芳堂, pp 147-155, 1988
22) Komiyama T, Kasai T：Changes in the H-reflexes of ankle extensor and flexor muscles at the initiation of a stepping movement in humans. *Brain Res* **766**：227-235, 1997
23) O'Sullivan K, Murray E, et al：The effect of warm-up, static stretching and dynamic stretching on hamstring flexibility in previously injured subjects. *BMC Musculoskelet Disord* **10**：37, 2009
24) Hough PA, Ross EZ, et al：Effects of dynamic and static stretching on vertical jump performance and electromyographic activity. *J Strength Cond Res* **23**：507-512, 2009
25) Perrier ET, Pavol MJ, et al：The acute effects of a warm-up including static or dynamic stretching on countermovement jump height, reaction time, and flexibility. *J Strength Cond Res* **25**：1925-1931, 2011
26) Nordez A, Casari P, et al：Modeling of the passive mechanical properties of the musculo-articular complex：acute effects of cyclic and static stretching. *J Biomech* **42**：767-773, 2009
27) Weir DE, Tingley J, et al：Acute passive stretching alters the mechanical properties of human plantar flexors and the optimal angle for maximal voluntary contraction. *Eur J Appl Physiol* **93**：614-623, 2005
28) McNair PJ, Dombroski EW, et al：Stretching at the ankle joint：viscoelastic responses to holds and continuous passive motion. *Med Sci Sports Exerc* **33**：354-358, 2001
29) Nordez A, Casari P, et al：Effects of stretching velocity on passive resistance developed by the knee musculo-articular complex：contributions of frictional and viscoelastic behaviours. *Eur J Appl Physiol* **103**：243-250, 2008
30) Avela J, Kyröläinen H, et al：Altered reflex sensitivity after repeated and prolonged passive muscle stretching. *J Appl Physiol* **86**：1283-1291, 1999
31) Bressel E, McNair PJ：The effect of prolonged static and cyclic stretching on ankle joint stiffness, torque relaxation, and gait in people with stroke. *Phys Ther* **82**：880-887, 2002
32) Selles RW, Li X, et al：Feedback-controlled and programmed stretching of the ankle plantarflexors and dorsiflexors in stroke：effects of a 4-week intervention program. *Arch Phys Med Rehabil* **86**：2330-2336, 2005
33) Yeh CY, Chen JJ, et al：Quantifying the effectiveness of the sustained muscle stretching treatments in stroke patients with ankle hypertonia. *J Electromyogr Kinesiol* **17**：453-461, 2007
34) Reisman S, Walsh LD, et al：Warm-up stretches reduce sensations of stiffness and soreness after eccentric exercise. *Med Sci Sports Exerc* **37**：929-936, 2005
35) Power GA, Rice CL, et al：Residual force enhancement following eccentric induced muscle damage. *J Biomech* **45**：1835-1841, 2012
36) Herda TJ, Costa PB, et al：The time course of the effects of constant-angle and constant-torque stretching on the muscle-tendon unit. *Scand J Med Sci Sports*, doi：10. 1111j. 1600-0838. 2012. 01492x
37) Herda TJ, Costa PB, et al：Effects of two modes of static stretching on muscle strength and stiffness. *Med Sci Sports Exerc* **43**：1777-1784, 2011
38) Yeh CY, Tsai KH, et al：Effects of prolonged muscle stretching with constant torque or constant angle on hypertonic calf muscles. *Arch Phys Med Rehabil* **86**：235-241, 2005

第2章
ストレッチングのための基礎知識

解剖学的知識

1. 筋走行

　ストレッチングには筋走行の理解が必須である．筋走行をイメージしてストレッチングすることにより，ストレッチングの方向が理解できるようになる（図1-6）．また，ヒラメ筋などのようにストレッチング効果が発揮できにくい筋走行を有している筋を把握しておくことも重要である．さらに，広背筋のごとく筋線維が同じ方向に走行していない場合には，1つの筋をストレッチングする際にもいくつかの方向にストレッチングすることが望まれる．1つの筋を詳細に観察すると，筋線維がいかに多くの方向に三次元的に走行しているかがわかる．さらに，ある筋が体表近くに存在し，主に大きな関節運動に関与する場合でも，付着部が関節包や骨間筋膜などの深層部に入り込み，関節の固定にも関与すると想像できるものなどがあり，ある運動方向に関与する筋群をまとめてストレッチングできないことがわかる．また，腰部の多裂筋などの深層筋のストレッチングは表層筋である腸肋筋や最長筋などの緊張が亢進している場合には効果的でないので，ストレッチングの順番にも配慮が必要である．

2. 筋連結

　筋は骨から骨に付着するばかりでなく，筋膜，筋間中隔，靭帯，関節包などにも付着する．さらに，上腕筋間中隔が上腕筋，上腕二頭筋などの肘屈筋群と上腕三頭筋の肘伸筋群の両者に付着部を提供していることに代表されるように，筋は結合組織を介して，あるいは筋線維同士により直接的に，同じ作用を持つ筋群のみならず，拮抗筋との間にもいわゆる筋連結を形成している．

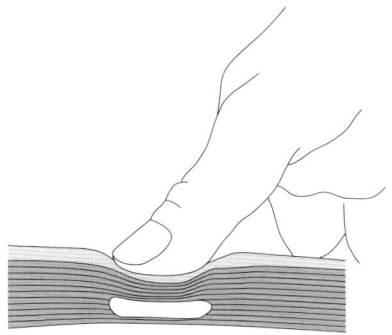

図 2-1　筋硬結部の触診

3．筋硬結

　筋硬結とは筋線維に沿って存在する限局した硬いものを言い，筋線維全体にあることは少なく，ごく一部筋線維に限局していることが特徴で，圧迫するとその局所に痛みが発現する（**図 2-1**）．筋硬結は持続的な筋収縮と循環不全が基礎となり，自発放電が見られる部分的な筋収縮と筋収縮自体は見られない結節様変化とが混在したものとして捉えられている．また，筋を包む結合組織の粘弾性も低下していることが予想される．ゆえに，筋硬結を圧迫すると，筋膜などの結合組織への機械的刺激の入力とともに，循環障害がさらに引き起こされ痛みが再現される．

　筋硬結を含む筋線維の筋緊張亢進は軟部組織が関係する関節可動域制限の原因の 1 つとして考えられ，無理に可動域を拡大しようとすると筋硬結部位周辺から痛みが発生する．軟部組織の機能的な変化による可動域の制限や痛みの原因がこの筋硬結部であることが多いので，筋硬結を探し出すことが重要となる．生体では年齢とともに軟部組織の硬度が増し，いわゆる筋硬結と呼ばれる部位が多く存在するようになるが，痛みや関節可動域制限を引き起こす筋硬結部位は限定されているので，正確に捉えることが必要となる．

表 2-1　ランドマーク一覧表

頭部	外後頭隆起，上項線，下項線，乳様突起
頸部	棘突起，横突起
肩甲骨	肩甲棘，内側縁，下角，外側縁，肩峰，烏口突起，上角
上腕骨	大結節，小結節，外側上顆，内側上顆，結節間溝
前腕骨	橈骨頭，橈骨茎状突起，肘頭，尺骨茎状突起
手根骨以下	各手根骨，中手骨，指節骨
骨盤	腸骨稜，上前腸骨棘，下前腸骨棘，上後腸骨棘，坐骨結節，仙骨外側縁
大腿骨	大転子，小転子，転子間稜，外側上顆，内側上顆，内転筋結節
膝蓋骨	膝蓋骨底，膝蓋骨尖
下腿骨	腓骨頭，脛骨粗面，脛骨前縁，外果，内果
足根骨以下	各足根骨，中足骨，指節骨

4. ランドマーク

　筋走行は各ランドマークを指標にすると容易にイメージができ，筋触診の場合にもランドマークをまず確認し，筋走行をイメージした後に触診するのが基本である．このため，筋触診あるいは筋ストレッチングにおいてはランドマークの触診能力が非常に重要なスキルとなる（**表 2-1**）．

生理学的知識

1. 伸張反射

　伸張反射とは，筋が瞬間的に過度に伸張された時，筋紡錘の働きにより反射的に筋が収縮する現象を言い（**図 1-1**），脳血管障害などによる錘体路障害では病的に亢進するが，健常人でも筋緊張の程度により伸張反射の閾値が異なる．この理由は，脊髄前角にある運動神経細胞体が中枢神経系，ゴルジ腱器官からのIb神経線維，痛みインパルスを伝えるAδおよびC神経線維，さらには自律神経系などから直接的あるいは間接的にシナプスを介して結合しているため

である．その結果，脊髄前角細胞は，興奮性あるいは抑制性の電位変化を起こし，筋の反射性収縮や弛緩状態を呈することになる．

　筋緊張が亢進した状態では伸張反射の感受性が高まり，逆に筋が弛緩した状態では伸張反射は起こりにくい．スタティック・ストレッチングは筋緊張を低下させ，伸張反射の閾値を高めるとともに，種々の動作に協調して作用する主動筋，拮抗筋，共同筋および固定筋のスムーズな反応を促し筋傷害を予防する．

2．持続伸張（Ib 抑制）

　持続伸張（prolonged stretch）は，筋緊張を抑制あるいは低下させる．筋が引き伸ばされる時に，筋緊張の抑制に関与する末梢の受容器はゴルジ腱器官，関節受容器である．一般に筋腱移行部（必ずしも筋の起始部，停止部の両端とは限らないことに注意すること）に多く存在すると言われているゴルジ腱器官からの Ib 神経線維は，筋の張力に応じて興奮の程度が変化する（**図 1-2**）．すなわち，筋に持続的な伸張が加わると主動筋，共同筋に存在するゴルジ腱器官が興奮し，この信号が求心性に Ib 神経線維を伝播し脊髄後角に入り，介在ニューロンを介して同名筋の脊髄前角細胞の興奮を抑制し，逆に拮抗筋のそれに対し促通的に働く（自己抑制と相反性促通）．すなわち，ゴルジ腱器官を興奮させることにより，目的とする筋の緊張を低下させることが可能となる．この原理を利用したのがスタティック・ストレッチングである．

3．筋伸張方向と筋緊張

　Hagbarth ら[1]は，手指の中手指節（metacarpophalangeal：MP）関節にトルクモータを設置し，他動的に MP 関節を屈曲・伸展し，各条件下での筋緊張と関節可動域の変化について検討している（**図 2-2**）．その結果，手指屈筋群が筋緊張亢進状態である場合では，わずかな MP 関節伸展によっても手指屈筋群の伸張反射を誘発することを示した．次に，MP 関節を他動的に大きく伸展し，手指屈筋群をストレッチングすると，手指屈筋群の伸張反射が消失するとともに，伸展前と同様のトルクによる MP 関節伸展の可動域が拡大し，ストレッチングの効果を示した．

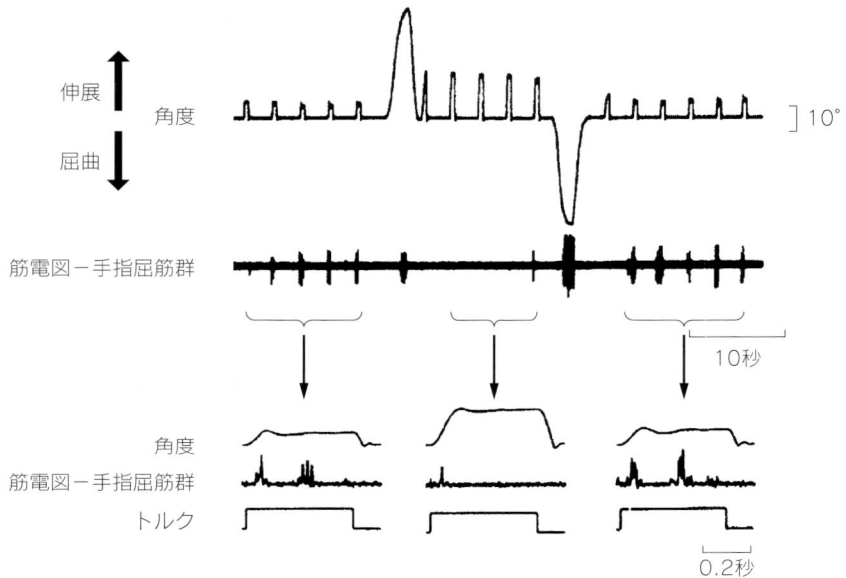

図2-2 筋緊張亢進条件下における他動的運動と筋緊張との関係
〔Hagbarth et al, 1985 より改変[1]〕

　筋緊張亢進状態では，手指 MP 関節を他動的に 10°以下伸展することで，手指屈筋群に伸張反射が誘発される．この状態で，MP 関節を大きく他動的に伸展し手指屈筋群をストレッチングすると，その直後は伸張反射が消失するとともに，大きな MP 関節伸展角度の増加が得られる．逆に，MP 関節を他動的に屈曲すると，屈曲時に手指屈筋群の過剰な筋活動が出現し筋緊張が亢進する．このため，MP 関節の他動的伸展により，伸張反射の再出現と MP 関節の可動域の低下が引き起こされる．

　逆に，手指屈筋群を短縮する方向に他動的に MP 関節を屈曲すると，屈曲時に大きな手指屈筋群の筋電図活動が導出されたことより，筋緊張亢進時では他動的に筋を短縮すると，筋弛緩は起こらず，筋緊張がさらに亢進することを示した．さらに，この条件下で MP 関節をわずかに伸展すると，再度，手指屈筋群の伸張反射出現と MP 関節伸展の関節可動域低下を認めた．
　これらのことは，ストレッチングが過剰な筋緊張を抑制するのに効果的であることを示しただけでなく，筋緊張が亢進している場合では筋を他動的に短縮すると筋緊張はより一層亢進し，その結果，伸張反射の閾値が低下し関節の可動性が低下することを示しており，このことからストレッチングでは伸張する方向が非常に重要であることがわかる．

一方，われわれは関節可動域制限の原因を関節頭の動きの低下や拮抗筋の筋緊張亢進と決めつけ，安易に制限のある方向に動かし，可動域を改善しようとする．しかしながら，腰痛時，腰椎を伸展することにより，脊柱起立筋群の一部に発生する痛みの増悪とともに体幹伸展動作が制限されることや，いわゆる寝違いにより頸椎伸筋群の痛みと運動制限が引き起こされ，制限されている方向に頸部を動かすことにより，同様の事態が起こることも経験している．すなわち，筋を含む軟部組織は緊張亢進や柔軟性低下の状況下では，短縮あるいは圧縮させる方向に動かすことによってさらに筋緊張が亢進し，その結果，痛みとともに関節可動域制限が増悪することとなる．したがって，関節可動域制限が軟部組織の機能的変化によるものであると評価できた場合では，その原因は拮抗筋のみならず主動筋の筋緊張亢進であることも認識し，主動筋の筋緊張亢進による関節可動域制限では，ストレッチング方向は拮抗筋の場合とはまったく逆方向になることを考慮しなければならない．

4．等尺性収縮

　筋収縮様式は等尺性収縮，等張性収縮，等速性収縮の3種類である．等尺性収縮は筋の長さが変化せずに筋収縮を呈する収縮様式であり，等張性収縮とは筋の長さが短縮あるいは延長しながら収縮する様式であり，短縮性収縮および伸張性収縮に区分される．等速性収縮とは筋の長さが一定した速度で短縮あるいは延長しながら収縮する様式を言い，機械的な負荷あるいは介助をした場合に限り現れるものである．

　PNFストレッチングではhold-relax，あるいはcontract-relax法が多用される．この「hold」あるいは「contract」とは等尺性収縮を意味し，等尺性収縮により当該筋を弛緩させた後，ストレッチングする方法である．

　筋緊張が亢進している筋では筋紡錘からの自発的なIa神経線維活動が盛んであるが，当該筋に等尺性収縮を負荷すると，負荷後，一時的に筋紡錘からのIa神経線維の活動が抑制されるため，脊髄前角細胞の興奮が抑制され，結果的に筋緊張が低下することとなる[2]（図2-3）．逆に，Ia神経線維活動がまったく見られない筋緊張が低下している場合では，等尺性収縮を負荷すると，当該筋のIa神経線維活動を高めることとなり，かえって筋緊張を亢進させることとなる．したがって，等尺性収縮負荷による生理学的反応を理解すると，リハビ

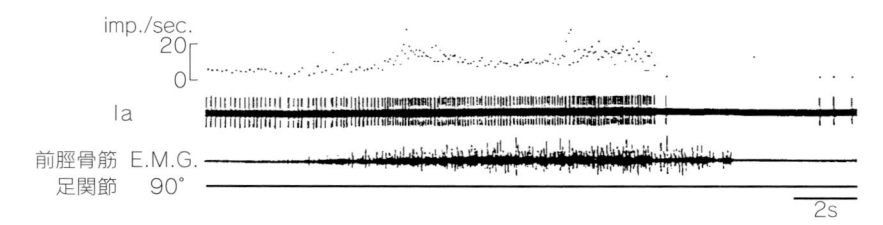

図 2-3　等尺性収縮と Ia 神経線維活動〔Ribot-Ciscar et al, 1991 より改変[2]〕

筋緊張が亢進し，筋紡錘からの Ia 神経線維の自発活動が著明なとき，当該筋に等尺性収縮を負荷すると，収縮終了後は一時的に Ia 神経線維活動が抑制され，筋緊張を低下させる．

リテーション領域のみならずスポーツ領域においても活用できる反応であることがわかる．

5．痛み

　痛みは一次痛と二次痛として分類される[3]（**表 2-2**）．一次痛は組織損傷などにより瞬間的に発生する痛みであり，高閾値機械的受容器や熱受容器が興奮し，10〜15 m/s の伝導速度を有する Aδ 神経線維によりインパルスが脊髄後角に伝達される．したがって，指先をけがするとその痛みは外側脊髄視床路を上行するインパルスにより，およそ 0.1 秒後には体性感覚野で認識され，逃避反射を引き起こし，指先を引っ込める動作を誘発する．このことより，一次痛はストレッチングの適応とはならないことが理解できる．

　一方，二次痛は一次痛に続く痛みだけでなく，筋・筋膜，靱帯，腱などの軟部組織の機能異常からも発現し，2 m/s 以下の伝導速度を有する C 神経線維が主に関係し，脊髄後角から内側脊髄視床路を上行し，大脳辺縁系に到達する．C および一部の Aδ 神経線維の末梢組織に分布する末端部をポリモーダル受容器[4]（polymodal receptor）と言う．ポリモーダル受容器の名前の由来はその機能が多くの（poly）様式（mode）の刺激に反応することからきている．すなわち，高閾値機械的受容器が一般的には侵害的な機械的刺激に反応するのに対して，ポリモーダル受容器は機械的刺激（触，圧），化学的刺激（発痛物質）さらには熱刺激のいずれにも反応する特徴を持つ．また，ポリモーダル受容器は痛

表2-2 一次痛と二次痛〔熊澤, 1984より引用[3]〕

	一次痛	二次痛
感覚の性質	判別性感覚 鋭い,刺すような痛み	原始性感覚 鈍い,うずくような痛み
情報の精度	高い(刺激の部位,期間について)	低い
繰り返し刺激により	40秒に1回以上の頻度で減少(末梢性に)	3秒に1回以上の頻度で増強(中枢性に)
修飾作用 　末梢,中枢刺激により 　心理的要因により	 なし なし	 抑制されうる 増強されうる
受容器	高閾値機械的受容器 または熱受容器	ポリモーダル受容器
適刺激	侵害の機械刺激 または侵害的熱刺激	侵害的熱,機械的および化学的刺激のすべて
神経線維タイプ	主にAδ線維	皮膚では主にC線維 深部組織ではAδおよびC線維
脊髄後角ニューロン	辺縁細胞(LⅠ)	膠様質細胞(LⅡ)→広作動域ニューロン(LⅠ, V, Ⅶ, Ⅷ)
上行路	脊髄前側索:脊髄視床路	脊髄前側索:脊髄視床路,脊髄網様体経路など
視床	外側腹側部(腹側基底核被殻部)	内側部(束傍核,束傍下核,外側中心核など)
大脳	皮質感覚領野	皮質下核

みを感じさせない非侵害刺激から侵害刺激までの幅広い刺激強度に応じ,他の受容器にはない特殊性を持っている(図2-4).言い換えれば,ポリモーダル受容器はあらゆる刺激の種類や強さに反応する受容器と言える.さらに,ポリモーダル受容器は皮膚,筋膜,靱帯,腱,関節包,内臓,血管など広く全身に分布し,組織の異常を知らせる警告系として重要な働きをしている.したがって,筋緊張亢進とともに痛みが併発している場合では,ポリモーダル受容器の特徴を十分理解し対応する必要がある.

　ポリモーダル受容器の特筆すべき特徴は,侵害的な刺激を同じ強度で同じ部位(受容野)に繰り返すと,① 閾値の低下,② 刺激に対する反応性の増大,③ 受容野の拡大,④ 自発放電の増大などの現象を示す.このことを感作

図 2-4 刺激強度と受容器活動
〔熊澤，1995 より引用[4]〕

　非侵害刺激に反応する受容器は侵害刺激にまで強くなると，その反応は低下する（③）．また，侵害刺激だけに反応する受容器は非侵害的な刺激には関与しない（①）．一方，ポリモーダル受容器は非侵害刺激・侵害刺激の両者に反応し，刺激が強くなるに従い，反応性も大きくなる（②）．

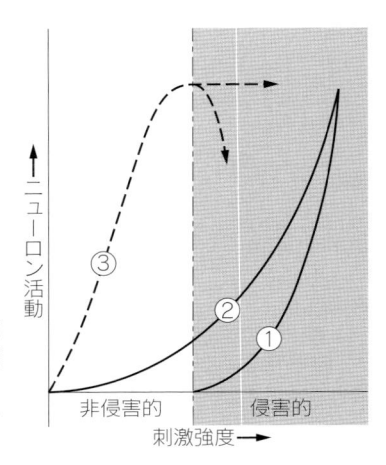

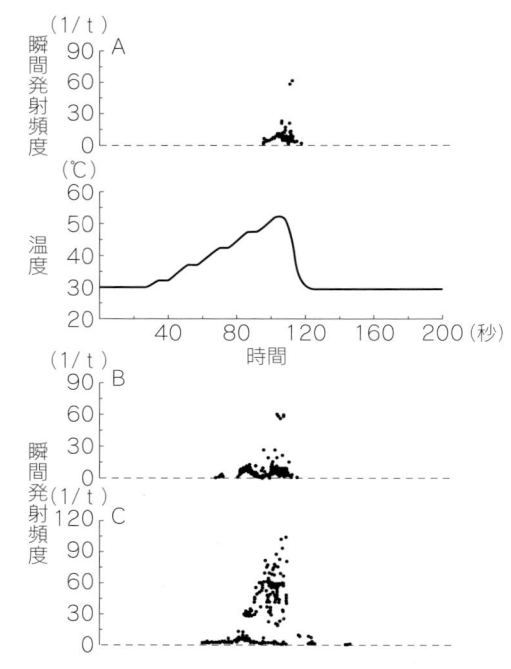

図 2-5　感作〔Kumazawa et al, 1977 より改変[5]〕

　皮膚に分布しているポリモーダル受容器は侵害的な熱刺激を 3 分間に一度ずつ繰り返すと，閾値の低下，反応性の増大，自発放電の増大などを引き起こした．この現象を感作と言う．

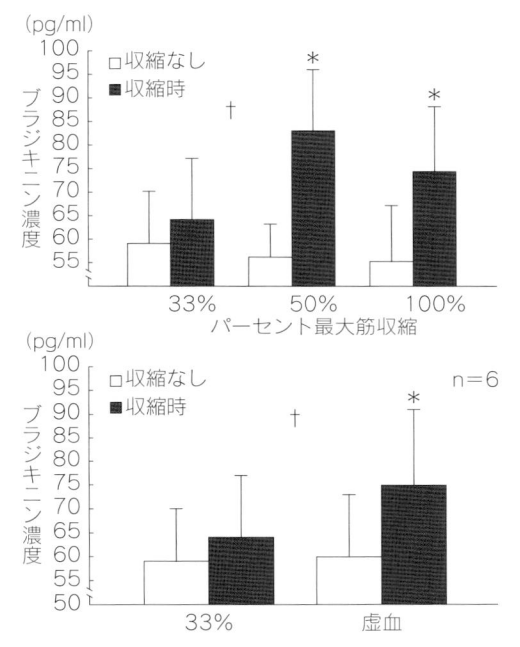

図 2-6 持続的筋収縮と血中ブラジキニン濃度との関係
〔Stebbins et al, 1990 より改変[10]〕

上図：最大筋収縮の 50，100％の持続的負荷により，血中ブラジキニン濃度は有意に高まり，筋肉痛を誘発する．
下図：最大筋収縮の 33％の負荷に加え，当該筋への血流を遮断すると，同様に，血中ブラジキニン濃度が有意に高まり，筋肉痛を誘発する．

(sensitization)[5)6)]と言い，脊髄後角では広作動域ニューロンが関与している（**図 2-5**）．軟部組織に疼痛が存在した状態でスポーツを行うと，痛みの程度が悪化するばかりでなく，ポリモーダル受容器の感作を引き起こし，それまで痛みを感じていなかった範囲内の動きでも痛みが出現し，筋緊張亢進とともに結果的にパフォーマンスを低下させることになる．したがって，軟部組織由来の疼痛では，まずポリモーダル受容器活動を抑制し，筋緊張を軽減することが重要[7)-9)]であり，このことがスポーツ傷害を未然に防止することになる．

　Stebbins ら[10)]は電気刺激により与えた筋収縮強度と発痛物質であるブラジキニンの血中濃度との関係を検討している．その結果，最大筋収縮の 33％では血中ブラジキニン濃度は筋収縮前に比べ変化なかったが，最大筋収縮の 50，100％

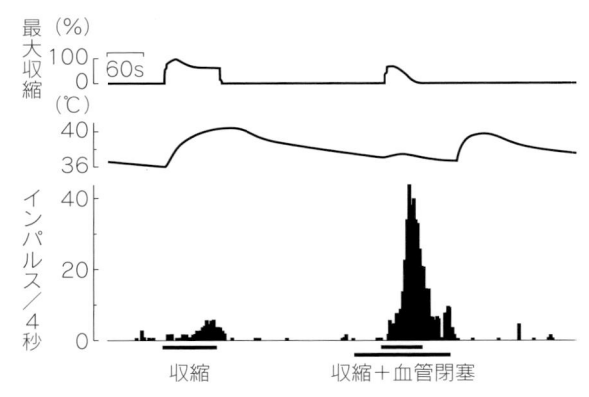

図 2-7　筋収縮および血流障害とIV群神経線維活動〔Mense et al, 1983 より改変[11]〕

ネコの腓腹筋に対して，電気刺激による100%最大筋収縮負荷により，筋膜に分布し，侵害性インパルスを伝達する働きを持つIV群（C）神経線維活動は盛んになった．さらに当該筋への血流を遮断すると，その活動はさらに大きくなったことより，筋膜に分布する侵害受容器活動は持続的な筋収縮と血流障害により活発になることがわかる．

まで電気刺激強度を増強すると血中ブラジキニン濃度が有意に高まり，痛みが誘発されることを報告している．さらに，血中ブラジキニン濃度が変化しなかった最大筋収縮の33%の電気刺激においても，当該筋への血流を遮断すると血中ブラジキニン濃度が有意に高まったことを報告している（**図2-6**）．また，筋膜に分布しているポリモーダル受容器は，最大筋収縮となる電気刺激単独でも刺激前に比較し活動が大きくなり，さらに当該筋を虚血状態に晒すと著明な活動を呈することがわかっている[11]．すなわち，持続的な筋緊張は痛みを誘発し，血流障害が加わることにより，その傾向が顕著となることが理解できる（**図2-7**）．このことから，筋緊張亢進や血流障害による筋肉痛はストレッチングにより改善することが予測できる．

　一方，なんらかの原因により痛み刺激が入力されると，中枢神経系を介して痛みが認知されるだけでなく，介在ニューロンを介して錘外筋の収縮を支配しているα運動神経細胞と筋紡錘にある錘内筋の収縮を支配しているγ運動神経細胞の興奮を助長する．このことにより，いわゆる筋緊張は亢進するが，この状態が維持されると筋紡錘からのIa神経線維の興奮が高まり，反射的回路によりシナプスを形成しているα運動神経細胞をさらに興奮させる．これらの

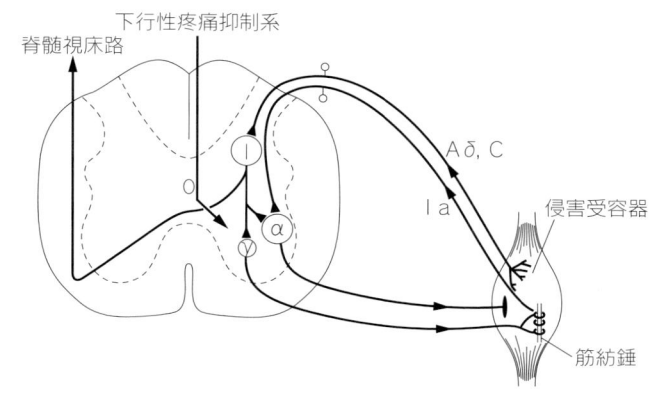

図 2-8 筋緊張亢進メカニズム

　ある部位の侵害受容器興奮による Aδ および C 神経線維活動は，脊髄視床路にインパルスを上行させるだけでなく，介在ニューロンを介して α および γ 運動神経細胞を興奮させる．その結果，錘外筋のみならず筋紡錘内の錘内筋の筋緊張が高まることにより，筋紡錘からの Ia 線維活動は亢進し，単シナプス的につながっている α 運動神経細胞の興奮を助長し，その結果，さらに筋緊張が亢進する．

反応は結果的に筋緊張亢進を持続させ，筋硬結形成へと移行する（**図 2-8**）．
　さらに，ポリモーダル受容器の興奮は，脊髄内で介在ニューロンを介して，脊髄灰白質外側部に節前線維の細胞体を持つ交感神経系とも結合し，交感神経系を興奮させるため，結果的に末梢血管を収縮させることにより，末梢組織に血流不全が促進し酸素不足から発痛物質の生成を助長するため，いわゆる「痛みの悪循環」[12]を引き起こす（**図 2-9**）．
　このように，痛みは筋緊張亢進および血流障害による軟部組織の機能的変化単独で発現している場合，骨・関節自体の器質的変化単独で発現している場合，さらには両者が混在している場合が考えられる（**図 2-10**）．このため，痛みの原因を十分に評価し，ストレッチングの適応であるかを判断できる能力が求められる．

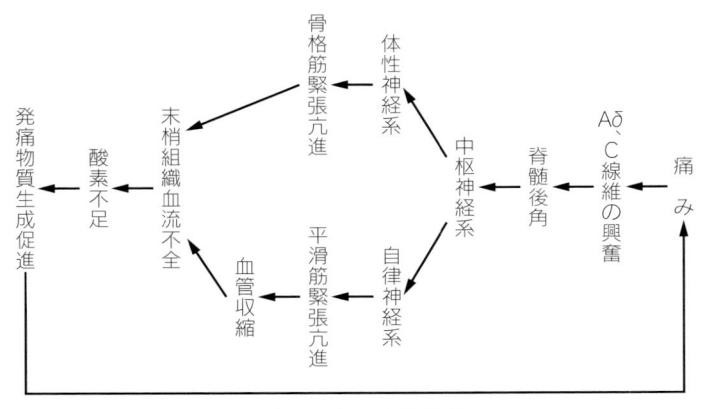

図 2-9　痛みの悪循環

痛みは運動神経系のみならず交感神経系にも影響し，筋緊張亢進，血流障害から酸素不足，発痛物質の生成促進を引き起こし，さらに痛みを増強する．

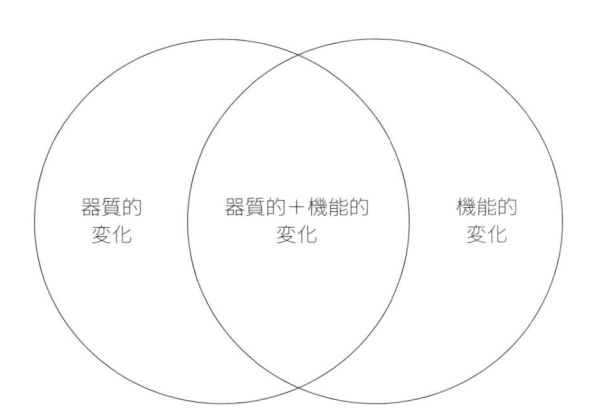

図 2-10　器質的変化と機能的変化

痛みの発現は器質的変化単独と機能的変化単独あるいは両者が混在している場合が考えられるため，痛みの原因を評価し，ストレッチングの適応を考える必要がある．

6. 鎮痛

　筋ストレッチングの効果は，ストレッチング前に軟部組織由来の疼痛をいかに軽減あるいは抑制できるかに依存していると言っても過言ではない．その理由は，筋ストレッチング時の痛みは防御反応として，逆に筋緊張を亢進させるためである．したがって，軟部組織由来の疼痛の治療においては，生体に備わる鎮痛のメカニズムを理解し，応用することが重要となる．ここでは，生体外からの介入による鎮痛のメカニズムについて述べることとする．

1) 非侵害刺激抑制

　MelzackとWall[13]は痛みの抑制に関し，ゲートコントロール理論（gate control theory）を提唱した（**図2-11**）．痛覚伝導系は末梢から中枢まで存在するが，触刺激などに関与する速い伝導速度を持った太い有髄神経線維（例えばAβ神経線維）の興奮が，脊髄後角膠様質細胞（SG細胞）を脱分極させ，痛み信号を伝達する細い神経線維に対して門を閉じるようにSG細胞を過分極させる結果，第V層に存在する伝達細胞とシナプスを形成する前に抑制をかけると

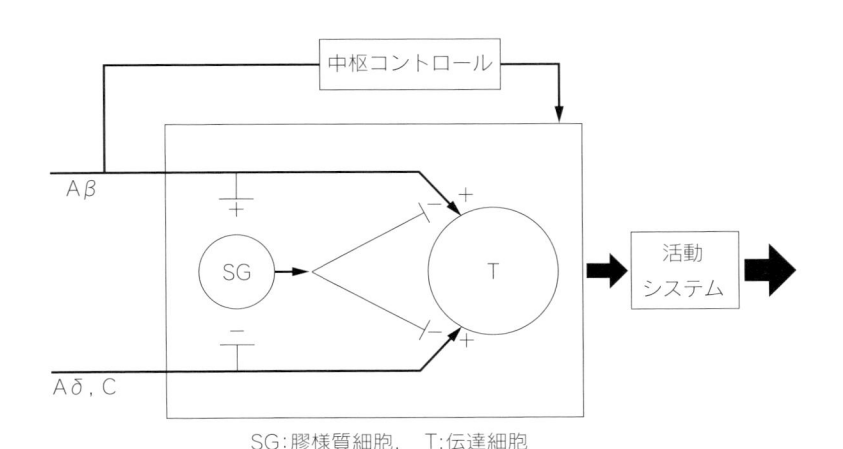

SG：膠様質細胞，　T：伝達細胞

図2-11　ゲートコントロール理論〔Melzack et al, 1965より改変[13]〕

　痛みは，非侵害的な刺激を伝える太い神経と侵害的な刺激を伝える細い神経の相互作用により生じ，通常の生体では，太い神経からの入力が細い神経からの信号を抑制するゲートのような機構が脊髄にあるとした．

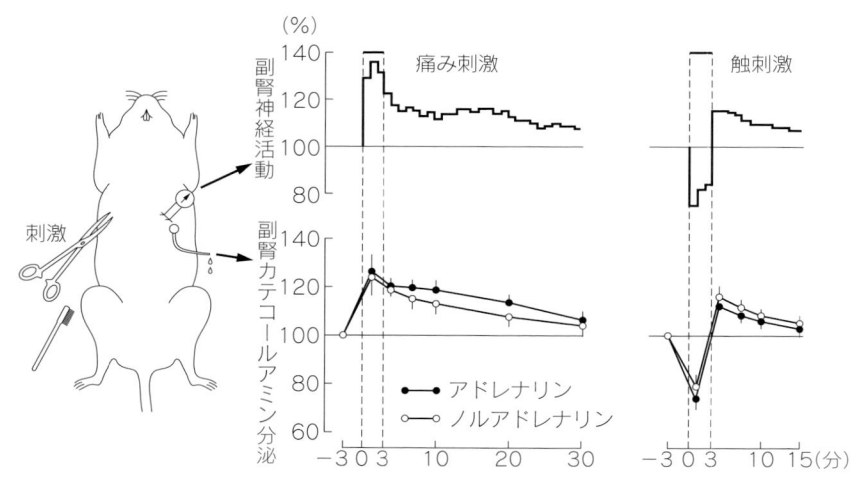

図 2-12　非侵害刺激と交感神経活動〔Kurosawa et al, 1982 より改変[14]〕

ラット皮膚に痛み刺激が入力されると同期して副腎カテコールアミンの分泌が増加し，逆に，非侵害刺激の入力ではその分泌が抑制される．このことから，痛み刺激と交感神経系とは密に関係していることが伺える．

するものである．この考えは多くの神経生理学者によって否定され，その後，ゲートコントロール理論の理論上の欠陥は修正され今日に至っているが，この理論の臨床的な意義は現在でも高く評価されている．

　非侵害刺激による痛みの抑制法はTENSなどに代表される電気刺激，ホットパックや渦流浴などの温熱刺激，テーピングやマッサージなど圧受容器や触受容器を興奮させる各種テクニックなどが含まれる．カテコールアミンの分泌を指標とした実験で非侵害刺激である触圧刺激が侵害刺激による反応とはまったく逆に，局所の交感神経系活動を抑制することが報告[14)15)]されており，その結果，血流増加，筋緊張低下を引き起こすことなどが考えられる（**図2-12**）．同様に，非侵害刺激の1つであるストレッチングは筋緊張抑制，血液循環改善などの効果があることから，間接的に痛みを抑制すると考えられる．

2）刺激鎮痛

　Le Bars ら[16)]は麻酔したラットの脊髄後角や三叉神経脊髄路核から広作動域ニューロンを記録し，後肢足部にC線維が興奮する強い電気刺激を加えて誘発

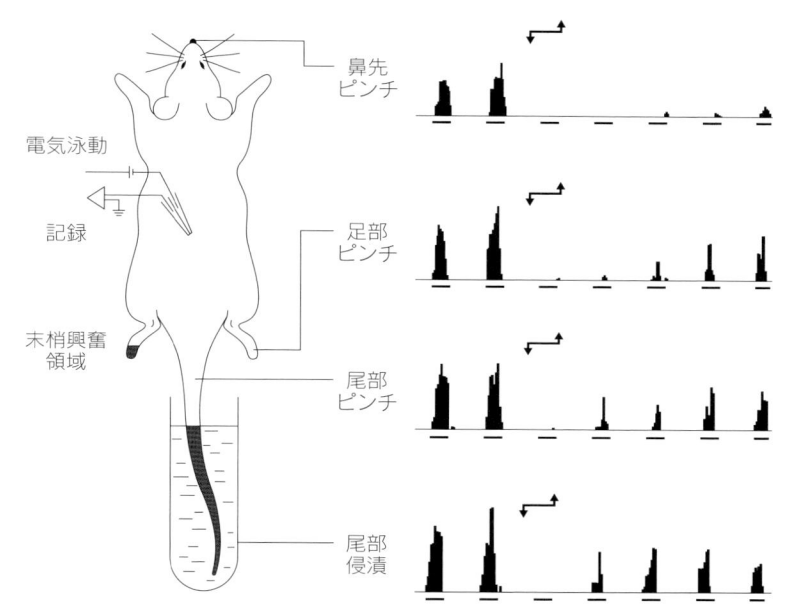

図2-13 ラットにおける広汎性侵害抑制調節 〔Villanueva et al, 1984 より改変[17]〕

C神経線維の興奮を促す強い電気刺激を後肢足部に加えて誘発される脊髄後角の広作動域ニューロンの興奮が，身体の各部に与えた機械的侵害刺激あるいは尾部に与えた熱刺激により，一時的に抑制される．

されるニューロンの発射が，尾部に与えた侵害的な刺激によって抑制されることを発見し，これを広汎性侵害抑制調節（diffuse noxious inhibitory controls：DNIC）と名づけた．ある部位からの広作動域ニューロンにおけるC線維の活動が抑制できる異なる部位の検討もなされ，反対側足部やまったく離れた髄節レベルである鼻部でも同様の効果が報告されている．さらに，尾部に熱刺激を与えても同様の効果を報告している[17]．すなわち，ある部位の痛みがその部位以外の手足などの軟部組織に与えた痛み刺激により，抑制されるというものである（**図2-13**）．このことは，痛み刺激を利用した慢性的な疼痛に対する介入方法の生理学的な基礎を提示したものであり，この調節機構にポリモーダル受容器の関与が考えられている．また，DNICメカニズムとして脳幹部からのネガティブフィードバック機構の関与[18]が報告されており，脊髄分節性の疼痛抑制の関与などは否定されている．この生体反応は熱刺激を用いて，ヒトでも確認

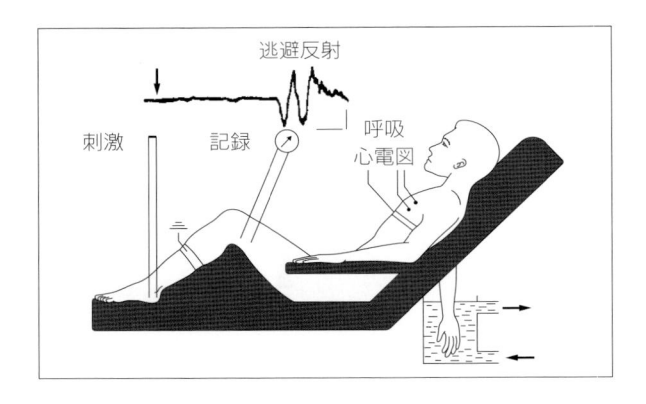

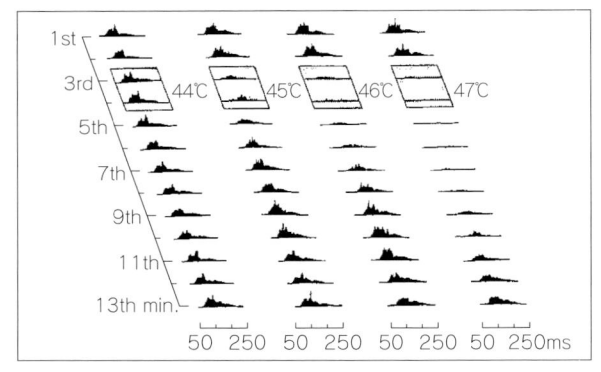

図 2-14 ヒトにおける広汎性侵害抑制調節〔Le Bars et al, 1992 より改変[19)]〕
侵害的な電気刺激の結果生じる逃避反射によるハムストリングスの筋活動が，右手に与えた熱刺激によって温度依存的に低下した．

されている[19)]（**図 2-14**）．彼らのグループは，腓骨神経に侵害的な電気刺激を行い，逃避反射の結果生じるハムストリングスの筋活動が右手に熱刺激を与えた時の影響を観察した結果，44℃ではまったく影響を受けなかった逃避反射による筋活動が，温度を上昇させるに従い減弱し，46，47℃では熱刺激中だけでなく終了後も，筋活動の抑制が観察されたと報告している．

文献

1) Hagbarth KE, Hägglund JV, et al：Thixotropic behaviour of human finger flexor muscles with accompanying changes in spindle and reflex responses to stretch. *J Physiol* 368：323-342, 1985
2) Ribot-Ciscar E, Tardy-Gervet MF, et al：Post-contraction changes in human muscle spindle resting discharge and stretch sensitivity. *Exp Brain Res* 86：673-678, 1991
3) 熊澤孝朗：痛み受容器と自律神経系機能．現代医学 31：365-373，1984
4) 熊澤孝朗：痛みのメカニズム．石井威望，他（編）：新医科学大系第7巻 刺激の受容と生体運動．中山書店，pp 153-167，1995
5) Kumazawa T, Perl ER：Primate cutaneous sensory units with unmyelinated(C)afferent fibers. *J Neurophysiol* 40：1325-1338, 1977
6) Suzuki S, Sato J, et al：Hyperalgesia-related behaviors and sensitization of cutaneous nociceptors induced by clioquinol. *Pathophysiology* 3：139-146, 1996
7) 鈴木重行：痛みに対するストレッチング．整・災外 52：633-641，2009
8) 鈴木重行，他：スポーツ障害に対する Individual Muscle Stretching. 日整会誌 78：275-288，2004
9) 鈴木重行：スポーツ分野における ID ストレッチング．臨床スポーツ医学 22：1530-1532，2005
10) Stebbins CL, Carretero OA, et al：Bradykinin release from contracting skeletal muscle of the cat. *J Appl Physiol* 69：1225-1230, 1990
11) Mense S, Stahnke M：Responses in muscle afferent fibres of slow conduction velocity to contractions and ischaemia in the cat. *J Physiol* 342：383-397, 1983
12) 鈴木重行（編）：ID ストレッチング 第2版．三輪書店，pp 20-23，2006
13) Melzack R, Wall PD：Pain mechanisms：a new theory. *Science* 150：971-979, 1965
14) Kurosawa M, Suzuki A, et al：Response of adrenal efferent nerve activity to non-noxious mechanical stimulation of the skin in rats. *Neurosci Lett* 34：295-300, 1982
15) Araki T, Ito K, et al：Responses of adrenal sympathetic nerve activity and catecholamine secretion to cutaneous stimulation in anesthetized rats. *Neuroscience* 12：289-299, 1984
16) Le Bars D, Dickenson AH, et al：Diffuse noxious inhibitory controls(DNIC). I. Effects on dorsal horn convergent neurones in the rat. *Pain* 6：283-304, 1979
17) Villanueva L, Cadden SW, et al：Evidence that diffuse noxious inhibitory controls(DNIC) are medicated by a final post-synaptic inhibitory mechanism. *Brain Res* 298：67-74, 1984
18) Gall O, Bouhassira D, et al：Involvement of the caudal medulla in negative feedback mechanisms triggered by spatial summation of nociceptive inputs. *J Neurophysiol* 79：304-311, 1998
19) Le Bars D, Willer JC, et al：Morphine blocks descending pain inhibitory controls in humans. *Pain* 48：13-20, 1992

第3章

ストレッチングの対象となる病態生理

ストレッチングでは，骨格筋を中心とした軟部組織を直接的，または間接的に伸張することで引き起こされる生体反応を利用して機能障害の改善や予防を図る．ストレッチングの適応と考えられる機能障害には，関節可動域制限や疼痛，筋損傷や筋萎縮などが挙げられる．そこで本章では，ストレッチングの対象となる機能障害（関節可動域制限，疼痛，筋損傷，筋萎縮）の病態生理について概説する．

関節可動域制限

関節可動域制限は様々な原因によって惹起されるが，代表的な原因としてギプス固定や安静臥床（ベッドレスト）のような関節固定や不動・不活動によって引き起こされる関節拘縮が挙げられる．関節拘縮とは，関節周囲に存在する軟部組織（骨格筋，皮膚，腱，靱帯，関節包など）の器質的変化に由来した関節可動域制限であり，その病変部位によって皮膚性拘縮，筋性拘縮，靱帯性拘縮，腱性拘縮，関節性拘縮に分類される[1]．この中で，ストレッチングの対象となる関節拘縮は筋性拘縮であり，その器質的変化には筋長の短縮や線維化（fibrosis），筋膜を構成するコラーゲン線維網や筋線維の微細構造の変化があり，その結果として骨格筋は伸張性を失い関節可動域を制限するようになる．

骨格筋は不動中に加わる張力に適応して筋節（sarcomere）の数を増減させることで筋長を変化させる．すなわち，伸張位で不動化すると筋長が延長し，短縮位で不動化すると短縮する[2,3]．筋性拘縮では，短縮位での不動化によって惹起される筋長の短縮（筋短縮：muscle shortening）が関節可動域制限の病態の1つと考えられる．また，骨格筋は不動化によって筋活動が制限されると，その環境適応として個々の筋線維サイズの縮小と筋線維数の減少によって筋容積が減少することが知られている（筋萎縮：muscle atrophy）．筋萎縮を呈した骨格筋では，個々の筋線維サイズの縮小によって筋線維間の間隙が拡大するため，それを埋めるように筋束を包み込む筋周膜（perimysium）や個々の筋線維を包み込む筋内膜（endomysium）が肥厚し，筋横断面積に占める筋膜（結合組織）の割合が増加することが報告されている[4]（**図3-1**）．このような骨格筋における相対的な結合組織の増加は骨格筋の線維化と呼ばれ，線維化が進行する

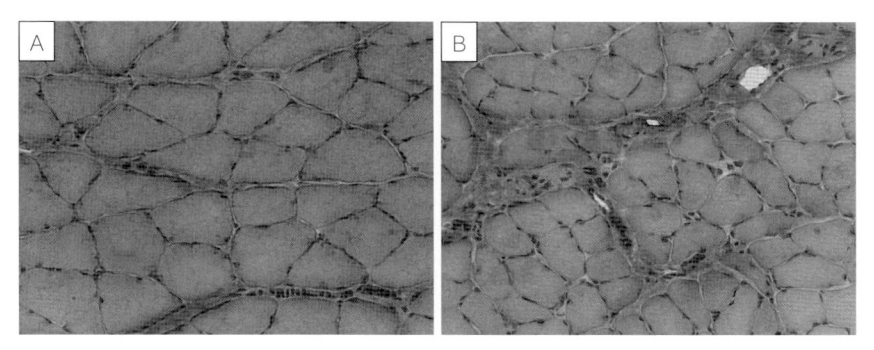

図 3-1　不動に伴う筋膜の変化（口絵カラー―①参照）
〔沖田・他，2008 より引用[5]〕

A：対照のヒラメ筋，B：弛緩位で 2 週間ギプス固定したヒラメ筋．
　ラット足関節を最大底屈位で 2 週間不動化した後，ヒラメ筋の組織切片（エラスチカワーギンソン染色）を観察した結果，筋周膜や筋内膜の肥厚が認められ，結合組織の増殖がうかがわれた．

ことで骨格筋の伸張性は低下し，スティフネス（stiffness）が増加することが考えられる．
　筋膜は筋横断面積の約 5％を占める骨格筋内に存在する結合組織成分であり，主にコラーゲン線維と基質であるプロテオグリカン集合体から構成され，骨格筋の形状維持や保護，骨格筋内の神経や血管の支持，静止張力の発揮や張力変化の伝達などの機能を有しており，骨格筋の伸張性を規定する要因として極めて重要な役割を果たしている[6)-8)]．つまり，コラーゲン線維は伸縮性に乏しい線維であるが，個々の線維が立体的に編み合わさって網目状構造（コラーゲン線維網）を形成し，骨格筋の収縮や弛緩・伸張などの筋長変化に対応して可動することによって筋膜の伸張性と静止張力を生み出している[9)10)]（**図 3-2**）．
骨格筋の不動化は，このようなコラーゲン線維網の可動性を変化させる．Okita ら[11)]は，ラット足関節を最大底屈位で 12 週間のギプス固定を行い，ヒラメ筋を対象に筋内膜コラーゲン線維の可動性と足関節背屈可動域について経時的に検討し，顕著な可動域制限を認める不動 4 週以降において，骨格筋の長軸方向への伸張に対する筋内膜コラーゲン線維網の可動性が減少することを報告している．このことから，関節可動域制限には筋線維を包み込む筋内膜の可動性低下が関与することが示唆される．また，ギプス固定によって弛緩位で不動化された骨格筋では，固定早期より細胞小器官の変性が起こり，固定期間に準拠し

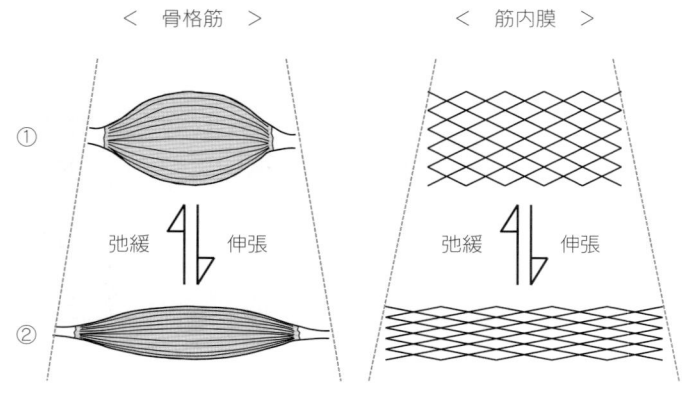

図 3-2 骨格筋の伸張・弛緩に伴う筋内膜コラーゲン線維の配列変化

筋内膜に存在するコラーゲン線維は骨格筋が弛緩している時には様々な方向に走行しているが（①），骨格筋が伸張されると伸張された方向にほぼ平行な走行となって筋長の変化に対応する（②）．

て筋原線維の配列の乱れやZ帯の断裂・蛇行，ミトコンドリアや筋小胞体の崩壊を認める[12]ことが報告されており（**図 3-3**），このような骨格筋では筋線維の微細構造の崩壊によって円滑なフィラメントの滑走が困難なことが推測され，骨格筋の伸張性や筋収縮機能にも悪影響を及ぼしている可能性が考えられる．

ストレッチングの対象となる関節可動域の制限因子には，筋性拘縮以外にも筋スパズムなどの筋収縮が挙げられる．骨格筋は不動・不活動によって慢性的に筋収縮が惹起されやすくなることが考えられる．その要因の1つには，前述のような筋・筋膜の器質的変化によって骨格筋の伸張性が低下し静止張力が増加すること[14)15)]，ならびに筋紡錘の形態的・機能的変化[16]によって伸張反射が誘発されやすくなることが考えられる．また，神経筋接合部では，神経軸索末端から放出されるアセチルコリンや筋細胞膜のアセチルコリン受容体の密度が増加すると言われており[17]，少ない神経インパルスの発火でも過剰な筋収縮が惹起される可能性が考えられる．

以上のことから，関節可動域制限に対するストレッチングのターゲットは即時的な効果として過剰な筋収縮の抑制，長期的な効果として筋・筋膜の器質的変化の改善であり，これらが総じて骨格筋の伸張性向上やスティフネス低下，関節可動域の改善（増大）をもたらしうると考える．

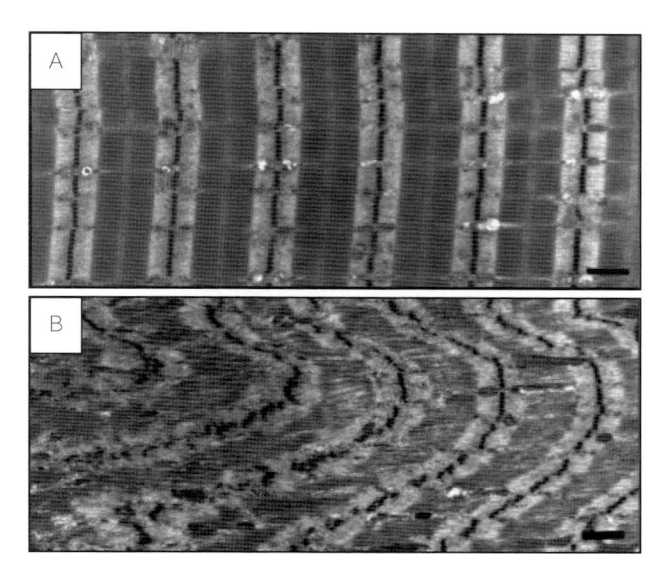

図3-3 固定によるラットヒラメ筋の超微細構造の変化
〔片岡,2008より引用[13]〕

A:対照のヒラメ筋,B:弛緩位で4週間ギプス固定したヒラメ筋.
Bar=1μm.
　ギプス固定による不活動で,Z帯の断裂や蛇行,筋原線維の配列異常などが認められる.

疼痛

　疼痛とは「組織の実質的あるいは潜在的損傷に結びつくか,このような傷害を表す言葉を使って述べられる不快な感覚および情動体験」と定義されている(国際疼痛学会,1994).そのため,疼痛には大きく分けて,組織の損傷に基づいて起こり損傷の治癒に伴い寛解する急性痛と末梢組織に生じた環境変化が引き金となり,その状態が持続することで中枢神経系に感作や可塑的変化をきたし,明らかな組織損傷がないにもかかわらず痛みが持続する慢性痛に分けられる[18].この中で,ストレッチングが適応となる疼痛は筋・筋膜に由来する慢性痛であり,特に急性期の組織傷害の治癒過程が遷延し,筋の器質的・機能的変

化を生じて慢性化した筋・筋膜痛症候群（myofascial pain syndrome：MPS）はその適応となる．MPSでは，過敏に痛み硬く触知される「こり」および筋スパズムが骨格筋の一部または数箇所に存在し，自発痛，収縮痛，圧痛を認めるとともに，トリガーポイント（trigger point）の圧迫によって離れた場所に関連痛（referred pain）を誘起することがある．一般的には神経症状を認めず，誘因は骨格筋に対する過負荷や過剰な筋疲労に伴う筋傷害が挙げられる[19]．

　筋傷害では，骨格筋からの侵害刺激情報が脊髄へ入力され，直接または間接的にα運動神経細胞を興奮させ，筋収縮を促すことで骨格筋を過緊張させる[20]．骨格筋の過緊張による血管への機械的圧迫[21]や筋線維の移動による筋線維間の毛細血管の位置変化[22]は，物理的に微小循環を阻害し局所の血流低下や虚血を生じさせる．収縮した骨格筋が弛緩するためには，筋細胞内に放出されたカルシウムを筋小胞体へ再取り込みするためのエネルギー（adenosine triphosphate：ATP）が必要である．しかし，このような局所の血流低下や虚血を生じた骨格筋では，ATPの生成が抑制されるため，筋収縮から弛緩へのスムーズな移行が阻害され，筋収縮が持続する．つまり，骨格筋の過緊張は骨格筋内の微小循環を阻害し，局所の血流低下や虚血状態は筋収縮を助長し持続させるという悪循環を引き起こす．また，持続的な筋収縮は発痛物質であるブラジキニン（bradykinin：BK）の血中濃度を上昇させるが，虚血状態はこのBK濃度の上昇を助長する[23]ことや，虚血下での筋収縮によって疼痛が誘発される[24]ことなどが報告されている．

　一方，骨格筋からの痛み刺激は反射的に交感神経系の過活動を引き起こし，直接的に末梢血管を収縮させて局所の虚血を生じるとともに，エピネフリンの産生増加によって交感神経節後線維末端からのノルエピネフリンの分泌を増加させ，痛み神経系を感作する[25]．このように痛み系-交感神経系-循環系における悪循環によって筋痛は持続・増悪することがある[26]（**図3-4**）．

　以上のことから，疼痛に対するストレッチングのターゲットは過剰な筋収縮の抑制とそれに伴う局所循環の改善であり，これらが総じて疼痛の緩和をもたらしうると考える．

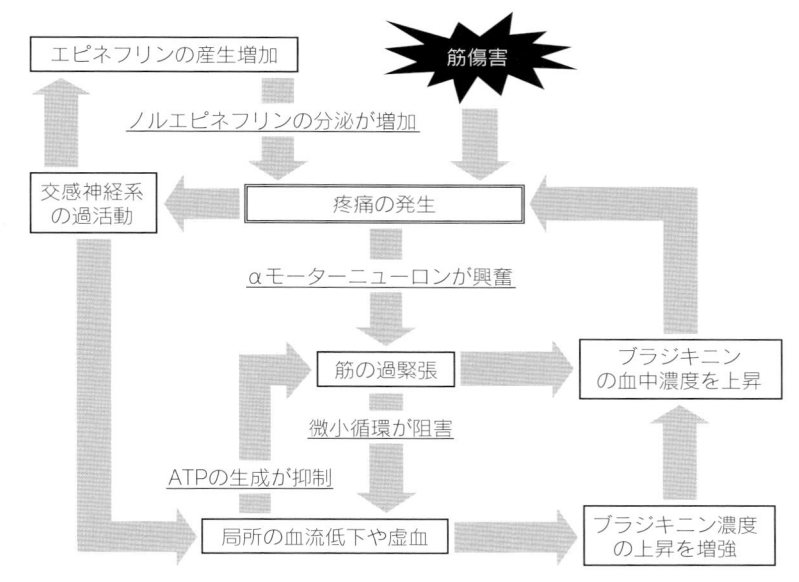

図 3-4 痛み系-交感神経系-循環系における悪循環
〔鈴木・他，2010 より引用[26]〕

　疼痛の発生を引き金に，痛み系，交感神経系，循環系のそれぞれが負のループを形成し，疼痛を持続させる．また，各系のループがリンクすることで病態を複雑化し，さらに疼痛を増悪させていく．

筋損傷

　筋損傷は，筋組織が耐えられる限界を超えた負荷（強度，量）を受けた時に発生する他，打撲や骨折，虚血，薬物投与，火傷，凍結，除神経などによって生じる．また，様々な筋疾患に伴って生じる筋細胞の壊死も筋損傷の1つである．種々の原因で生じる筋損傷だが，代表的な誘因には肉離れや遠心性収縮（eccentric contraction：ECC）によって生じる遅発性筋痛（delayed onset muscle soreness：DOMS）が挙げられる．

　骨格筋は粘弾性（viscoelasticity）を有しており，筋収縮や伸張刺激によって張力が発生すると，張力に応じて時間依存的（time dependent）に筋長を変化

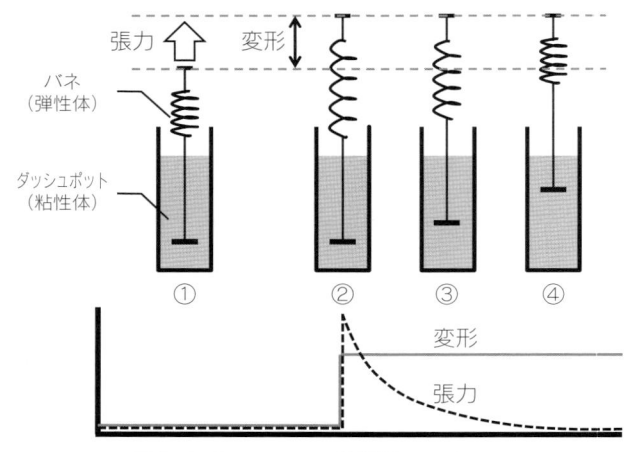

図3-5 Maxwellの粘弾性モデル
〔Liesegang, 1990より改変[27]〕

バネ（弾性体）とダッシュポット（粘性体）が直列に連結している（①）．外力によって持続的な伸張を加える．ダッシュポットは急激な変化に対応できないため，初動時にはバネが伸張することで変形に対応する（②）．その後，伸張されたバネはもとの長さに復元しようとするため，次第にダッシュポットが伸張されバネは逆に縮んでいく．それに伴って，バネが縮んだ分だけ変形を維持するのに必要な張力は減少する（③）．最終的には，伸張された分はすべてダッシュポットに移り，バネは完全にもとの長さに戻り，持続的な伸張を加えなくても変形した状態が保たれる（④）．

させる（**図3-5**）．これは様々な身体運動に伴って骨格筋に発生する張力や急激な筋長変化を緩和することで，筋損傷を予防する衝撃吸収装置としての働きや姿勢制御の遂行に貢献する筋長の調整装置としての役割を果たしている．しかし一方では，瞬間的に強い張力が加わると最大伸張に達する前に結合組織を含む筋組織の断裂を引き起こす．また，ECCでは随意収縮によって短縮しようとする骨格筋に対して，伸張しようとする他動的な外力が加わることで過剰な活動張力が発生し，筋細胞内膜系（T管，筋小胞体，筋細胞膜）や細胞骨格（中間径フィラメントなど），筋原線維といった構造に損傷が生じる．これらの損傷が筋形質膜に及ぶと膜透過性が亢進し，細胞外のCa^{2+}が細胞内に流入するため細胞内Ca^{2+}濃度が高まり，タンパク質分解酵素（calpain）を活性化してタン

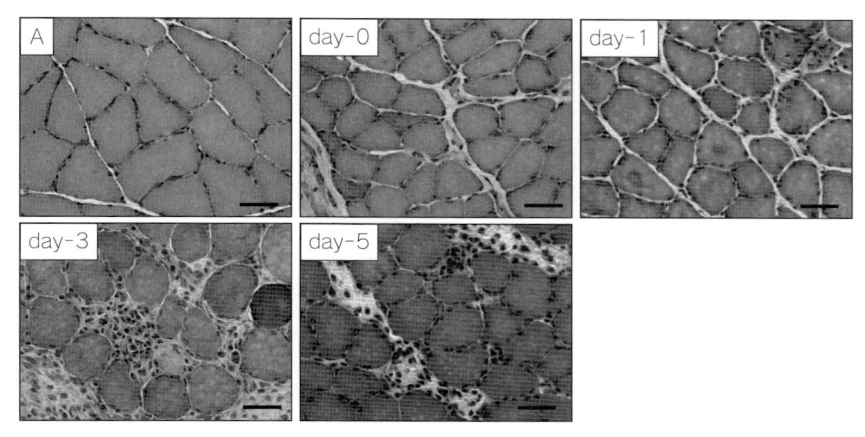

図 3-6 ギプス固定後の再荷重による筋損傷の発生状況（口絵カラー①参照）
〔坂野・他，2009より改変[31]〕

A：対照のヒラメ筋，day-0：弛緩位で4週間ギプス固定したヒラメ筋，day-1：再荷重1日目のヒラメ筋，day-3：再荷重3日目のヒラメ筋，day-5：再荷重5日目のヒラメ筋．Bar＝50μm．

再荷重0～1日目では対照群と比べて筋細胞の小径化（筋萎縮）を認める．再荷重3～5日目では円形化した筋線維（opaque線維）が顕著で，細胞浸潤を認める壊死線維が多く認められる．また，間質の拡大や間質における単核細胞の増加も認められる．

パク質の融解・断片化を引き起こして，筋線維は壊死に至る[28)29)]．また，壊死した損傷部位にはマクロファージ（macrophage）が集積し，再生のための炎症反応が生じることで損傷組織周辺に低酸素状態や酵素性損傷などを引き起こし，損傷を助長・拡大させる（二次的損傷）．なお，DOMSと筋損傷の関連性については，臨床症状の不一致が指摘されており，統一した見解は示されていない[30)]．

ECCは日常生活やスポーツなどで多用される筋収縮様式であり，筋肥大を目的とした筋力トレーニングなどでも用いられる場合がある．近年，ギプス固定などによって筋萎縮を呈した骨格筋では，荷重や歩行といった日常的な抗重力位での身体活動によって，容易に筋損傷が生じることが動物実験によって報告されている[31)32)]（図3-6）．リハビリテーションでは，ギプス固定やベッドレストによって廃用性の筋萎縮を呈した症例に対して，機能回復を目的にストレッチングや筋力トレーニングなどを実施する機会が多い．しかしながら，前述のように脆弱化した骨格筋では，これらの介入自体が筋損傷を引き起こす可能性を含んでいることを考慮する必要がある．

また，筋損傷後の回復課程において，筋線維数や筋線維サイズが増加し，筋損傷前よりも強い張力発揮と運動負荷耐性を獲得する適応反応（超回復現象）[33]や，ECC運動によるDOMS発生後は，約6カ月間にわたってECC運動への耐性が増加し，同強度のECC運動を行ってもDOMSの発生が抑制されるとともに，その回復も早いという「繰り返し効果（repeated bout effect）」を認める[34]ことが報告されている．

以上のことから，筋損傷に対するストレッチングの目的として，ECC運動などの身体運動に伴って骨格筋に発生する張力や急激な筋長変化に対して，事前に骨格筋の伸張性を向上させスティフネスを低下させておくことで，筋損傷の発生率を下げる予防的役割を果たすと考える．

筋萎縮

骨格筋は，レジスタンストレーニングなどの過負荷によって肥大することが知られている．一方で，宇宙空間から帰還した飛行士や不慮の事故などによりベッドレストを長期間強いられた患者では，骨格筋容積の著明な減少を認める．このことから，筋収縮などに伴うメカニカルストレスが骨格筋の形態維持に必要不可欠な因子であることが理解できる．

筋萎縮とは，一度正常に発育した骨格筋の容積がなんらかの原因で縮小した状態と定義される[35]．臨床場面では，ベッドレストや骨折後のギプス固定，あるいは末梢神経損傷による除（脱）神経などによって筋萎縮が発生し筋力が低下する．多くの動物実験[36]-[38]では，筋萎縮と骨格筋に加わるメカニカルストレスの関連について検討されており，メカニカルストレスの少ない短縮位で不動化されるほうが，伸張位で不動化されるよりも筋萎縮の発生が著しいことが報告されている．このことは，メカニカルストレスが筋萎縮の発生を左右する重要な因子であることを示唆する．さらに，骨格筋の不活動（ギプス固定や微小重力環境暴露）による筋萎縮では，速筋線維に比べ遅筋線維のほうが筋萎縮の発生が顕著であり[39]（図3-7），除神経による筋萎縮では，遅筋線維に比べ速筋線維のほうが筋萎縮の発生は顕著であることが報告されている[39][40]．この理由には，速筋線維が大きな力を発揮する際や速い収縮を行う際に動員されるのに

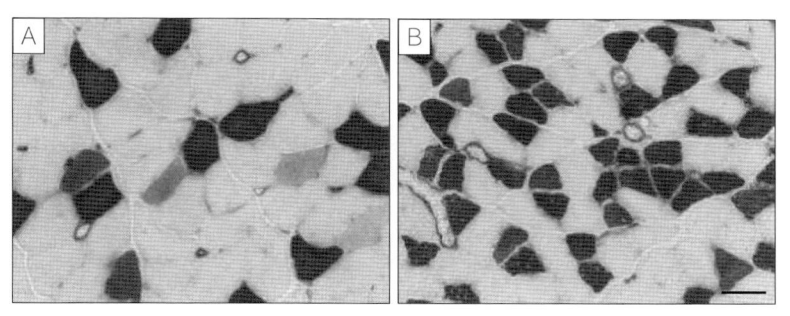

図 3-7 ギプス固定によるラットヒラメ筋の筋萎縮
〔沖田・他,2007 より改変[41]〕

A:対照のヒラメ筋,B:弛緩位で1週間ギプス固定したヒラメ筋.Bar=50 μm.
　写真は myosin ATPase 染色(pH 10.5)を施したラットヒラメ筋の光学顕微鏡像で,淡染した筋線維が遅筋(タイプⅠ)線維,濃染した筋線維は速筋(タイプⅡ)線維を示す.ギプス固定による不活動で遅筋・速筋線維とも筋萎縮が認められるが,その程度は遅筋線維のほうが著しい.

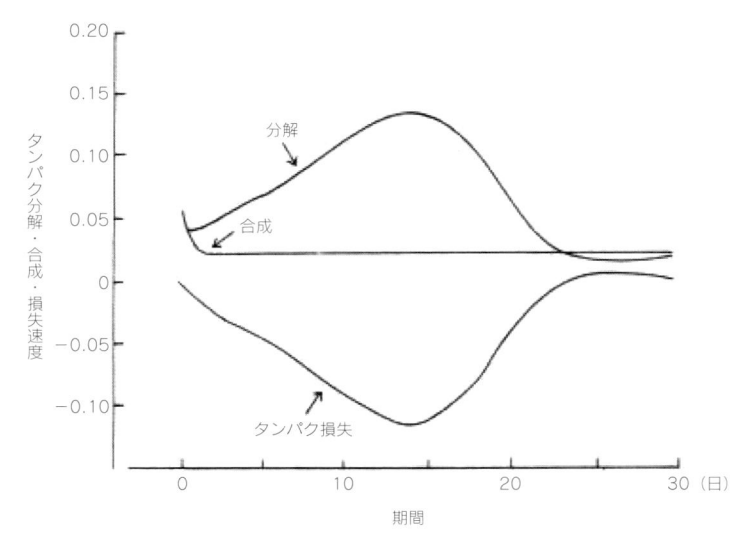

図 3-8 後肢懸垂によるラットヒラメ筋のタンパク質合成・分解・損失の時間経過〔Thomason et al, 1990 より改変[42]〕

　ラットヒラメ筋におけるタンパク質の合成低下は,後肢懸垂を開始した直後から2,3日後まで著しいが,その後はプラトーとなる.一方,分解亢進は約2週間進行し,これに準拠するようにタンパク質の損失も著しくなる.

対し，遅筋線維は体重支持や姿勢維持などのために普段から動員されており，定常的な収縮活動や負荷が制限されるとその相対的な影響を著しく受けること，速筋線維が神経調節に強く依存していることが挙げられる[41]．

　筋細胞（筋線維）を構成する様々なタンパク質（筋構成タンパク質）は，常に新しいものが合成される一方で古いものが分解されている．通常の状態ではその両者のバランスが保たれているため，筋量や筋線維サイズが一定に保たれ筋容積は維持されている．したがって，筋容積が減少する（萎縮する）ということは，筋構成タンパク質の合成と分解のバランスが崩れ，相対的に合成速度が低下し分解速度が亢進した状態であると解釈することができる．筋萎縮では，筋構成タンパク質の合成能が低下し，その後に分解能が亢進することで生じると考えられている[42]（**図 3-8**）．不活動による筋構成タンパク質の合成低下は，その材料である新生ポリペプチド鎖が正しく折り畳まれないことやその伸長が

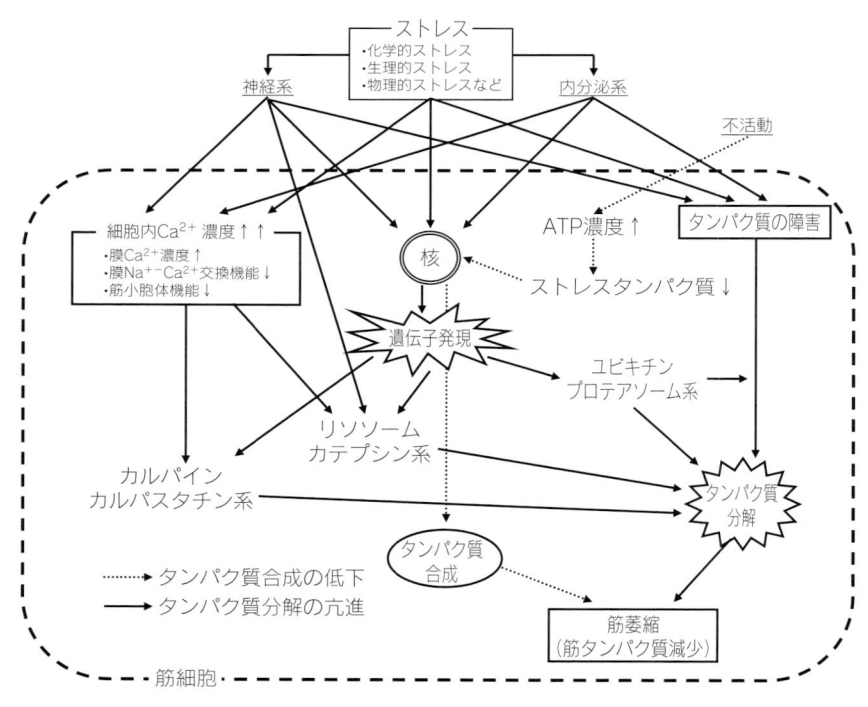

図 3-9　筋萎縮に伴うタンパク質の合成低下，ならびに分解亢進のメカニズム
〔吉岡・他，2000 より改変[45]〕

遅延することが影響している[43]．この一要因は，筋細胞内のATP濃度の上昇に伴うストレスタンパク質の発現減少がポリペプチド鎖伸長反応の遅延化につながり，タンパク質の翻訳が減少することにある[44]．一方，不活動による様々なストレスを受け，変性状態となった筋構成タンパク質は分解されやすいため，これらの蓄積はタンパク質分解の亢進につながる．筋細胞内に存在するタンパク質の分解系としては，リソソーム系，カルパイン系，ユビキチン・プロテアソーム系があり，これら3つの系が複雑に作用して筋萎縮が進行するが（**図3-9**），その中でも不活動による筋構成タンパク質の分解亢進においては，ユビキチン・プロテアソーム系が重要な役割を果たすことが報告されている[45,46]．

以上のことから，筋萎縮に対するストレッチングの目的として，骨格筋に対してメカニカルストレスを加えることで筋構成タンパク質の合成能を促進し分解能を抑制することで，その進行を抑制する可能性が考えられる．

文献

1) 沖田 実：関節可動域制限とは．沖田 実（編）：関節可動域制限—病態の理解と治療の考え方．三輪書店，pp14-15, 2008
2) Spector SA, Simard CP, et al：Architectural alterations of rat hind-limb skeletal muscles immobilized at different lengths. *Exp Neurol* 76：94-110, 1982
3) Tabary JC, Tabary C, et al：Physiological and structural changes in the cat's soleus muscle due to immobilization at different lengths by plaster casts. *J Physiol* 224：231-244, 1972
4) Williams PE, Goldspink G：Connective tissue changes in immobilised muscle. *J Anat* 138 (Pt 2)：343-350, 1984
5) 沖田 実，日比野至：筋膜の変化に基づいた可動域制限．沖田 実（編）：関節可動域制限—病態の理解と治療の考え方．三輪書店，pp89-111, 2008
6) Maas H, Baan GC, et al：Intermuscular interaction via myofascial force transmission：effects of tibialis anterior and extensor hallucis longus length on force transmission from rat extensor digitorum longus muscle. *J Biomech* 34：927-940, 2001
7) Borg TK, Caulfield JB：Morphology of connective tissue in skeletal muscle. *Tissue Cell* 12：197-207, 1980
8) Miller TA, Lesniewski LA, et al：Hindlimb unloading induces a collagen isoform shift in the soleus muscle of the rat. *Am J Physiol Regul Integr Comp Physiol* 281：R1710-1717, 2001
9) Mackey AL, Heinemeier KM, et al：Dynamic adaptation of tendon and muscle connective tissue to mechanical loading. *Connect Tissue Res* 49：165-168, 2008
10) 沖田 実，中野治郎：結合組織の構造・機能の研究と理学療法．理学療法 20：719-725, 2003
11) Okita M, Yoshimura T, et al：Effects of reduced joint mobility on sarcomere length, collagen fibril arrangement in the endomysium, and hyaluronan in rat soleus muscle. *J Muscle Res Cell Motil* 25：159-166, 2004
12) Baker JH, Matsumoto DE：Adaptation of skeletal muscle to immobilization in a shortened position. *Muscle Nerve* 11：231-244, 1988
13) 片岡英樹：筋線維の変化に基づいた可動域制限．沖田 実（編）：関節可動域制限—病態の理解と治療の考え方．三輪書店，pp70-88, 2008
14) Gioux M, Petit J：Effects of immobilizing the cat peroneus longus muscle on the activity of its own spindles. *J Appl Physiol* 75：2629-2635, 1993
15) 藤野英己，武田 功：ギプス固定によるラットヒラメ筋の廃用萎縮時の求心性神経活動および力学性質の解析．理学療法の医学的基礎 7：3-9, 2004
16) Takahashi Y, Kimura M：Muscle spindles in immobilized muscle：electron microscopic study of recovery. *Med Electron Microsc* 30：102-109, 1997
17) 山下勝正：不活動が骨格筋の機能に及ぼす影響．山田 茂，福永哲夫（編）：骨格筋 運動による機能と形態の変化．ナップ，pp214-233, 1997
18) 松原貴子：運動器疼痛の理学療法．理学療法学 37：323-325, 2010
19) 松原貴子，新井健一，他：筋・筋膜性腰痛症の理学療法プログラム．理学療法 25：71-75, 2008
20) Kniffki KD, Schomburg ED, et al：Synaptic effects from chemically activated fine muscle afferents upon alpha-motoneurones in decerebrate and spinal cats. *Brain Res* 206：361-370, 1981

21) Sejersted OM, Hargens AR, et al：Intramuscular fluid pressure during isometric contraction of human skeletal muscle. *J Appl Physiol* **56**：287-295, 1984
22) Nakao M, Segal SS：Muscle length alters geometry of arterioles and venules in hamster retractor. *Am J Physiol* **268**：H336-344, 1995
23) Stebbins CL, Carretero OA, et al：Bradykinin release from contracting skeletal muscle of the cat. *J Appl Physiol* **69**：1225-1230, 1990
24) Mense S, Stahnke M：Responses in muscle afferent fibres of slow conduction velocity to contractions and ischaemia in the cat. *J Physiol* **342**：383-397, 1983
25) 山下敏彦：筋筋膜痛症候群．山下敏彦（編）：運動器の痛み診療ハンドブック．南江堂，pp248-251, 2007
26) 鈴木重行, 井上貴行, 他：セラピューティック・ストレッチングの適応となる筋の病態生理学．理学療法 **27**：955-966, 2010
27) Liesegang TJ：Viscoelastic substances in ophthalmology. *Surv Ophthalmol* **34**：268-293, 1990
28) Armstrong RB, Warren GL, et al：Mechanisms of exercise-induced muscle fibre injury. *Sports Med* **12**：184-207, 1991
29) Proske U, Morgan DL：Muscle damage from eccentric exercise：mechanism, mechanical signs, adaptation and clinical applications. *J Physiol* **537**（Pt 2）：333-345, 2001
30) 野坂和則：遅発性筋痛．臨床スポーツ医学 **17**：655-663, 2000
31) 坂野裕洋, 沖田 実, 他：ギブス固定後の再荷重によるラットヒラメ筋の筋線維損傷に対する温熱負荷の影響．理学療法学 **36**：33-40, 2009
32) Inoue T, Suzuki S, et al：Effects of passive stretching on muscle injury and HSP expression during recovery after immobilization in rats. *Pathobiology* **76**：253-259, 2009
33) Hawke TJ, Garry DJ：Myogenic satellite cells：physiology to molecular biology. *J Appl Physiol* **91**：534-551, 2001
34) Nosaka K, Muthalib M, et al：Attenuation of muscle damage by preconditioning with muscle hyperthermia 1-day prior to eccentric exercise. *Eur J Appl Physiol* **99**：183-192, 2007
35) 片岡英樹：筋萎縮．千住秀明（監）：機能障害科学入門．神陵文庫，pp179-211, 2010
36) Perrone CE, Fenwick-Smith D, et al：Collagen and stretch modulate autocrine secretion of insulin-like growth factor-1 and insulin-like growth factor binding proteins from differentiated skeletal muscle cells. *J Biol Chem* **270**：2099-2106, 1995
37) Yang H, Alnaqeeb M, et al：Changes in muscle fibre type, muscle mass and IGF-I gene expression in rabbit skeletal muscle subjected to stretch. *J Anat* **190**（Pt 4）：613-622, 1997
38) 佐伯 彩, 沖田 実, 他：弛緩位ならびに伸張位での固定がラットヒラメ筋に及ぼす影響．理学療法学 **27**：63-68, 2000
39) 高橋英幸：不活動が骨格筋の構造に及ぼす影響．山田 茂, 福永哲夫（編）：骨格筋 運動による機能と形態の変化．ナップ，pp201-213, 1997.
40) Bacou F, Rouanet P, et al：Expression of myosin isoforms in denervated, cross-reinnervated, and electrically stimulated rabbit muscles. *Eur J Biochem* **236**：539-547, 1996
41) 沖田 実, 坂野裕洋, 他：筋力低下のメカニズム．理学療法 **24**：905-913, 2007
42) Thomason DB, Booth FW：Atrophy of the soleus muscle by hindlimb unweighting. *J Appl Physiol* **68**：1-12, 1990

43) Ku Z, Thomason DB : Soleus muscle nascent polypeptide chain elongation slows protein synthesis rate during non-weight-bearing activity. *Am J Physiol* **267** (1 Pt 1) : C115-126, 1994
44) Ku Z, Yang J, et al : Decreased polysomal HSP-70 may slow polypeptide elongation during skeletal muscle atrophy. *Am J Physiol* **268** (6 Pt 1) : C1369-1374, 1995
45) 吉岡利忠, 後藤勝正, 他：筋萎縮のメカニズム―細胞内蛋白質分解機構とその制御. 医学のあゆみ **193**：598-603, 2000
46) Senf SM, Dodd SL, et al : Hsp70 overexpression inhibits NF-kappaB and Foxo3a transcriptional activities and prevents skeletal muscle atrophy. *FASEB J* **22**：3836-3845, 2008

第4章
ストレッチングの評価指標

本章では，ストレッチングの研究に用いられることの多い評価指標を取り上げ，それらの評価指標の概略，実験における測定方法および測定のコツを提示し，実際にそれらの評価指標を用いた論文における測定方法を紹介する．

実験的なストレッチング研究においては，柔軟性に関する指標をはじめとして様々な評価指標が用いられている．その中に含まれるものは，臨床現場においてもなじみ深く，比較的理解しやすいであろう評価指標だけでなく，臨床現場や他領域ではあまりなじみのない評価指標も少なくない．本章では，各評価指標について，ストレッチング研究の論文抄読，あるいは実際のストレッチング研究にも利用することを想定し，その評価指標を測定することの意義や解釈，信頼性の高い測定を行うための方法などを考える際のヒントとなりうる情報を概説した．

関節可動域

関節可動域（range of motion：ROM）は，四肢や体幹の関節を自動的または他動的に運動させた可動範囲のことを言う[1]．関節可動域の単位は角度で示されることが最も多く，時に長座体前屈（sit and reach test）など距離で表現されることもある．ストレッチングの効果を検討する研究において，関節可動域は最も多く用いられている評価指標の1つである．関節可動域測定の際は，自動運動か他動運動か，最終域を規定する要因は何か，単関節の動きか全身のパフォーマンスか，などといった事項を測定の意図に合わせて決定する必要がある．

■単位：°(deg)，rad，または cm
■同義あるいは類似評価指標名：mobility

1．測定方法とコツ

（1）他動的関節可動域と自動的関節可動域

関節可動域には，他動的関節可動域と自動的関節可動域がある．他動的関節

可動域は，被験者が協力することなしに検者が関節を動かすことによって得られる運動の範囲であり，自動的関節可動域は被験者が介助されることなく随意運動を行った時に得られる関節運動範囲である[2]．

ストレッチングの研究においては，他動的関節可動域と自動的関節可動域の両者とも測定される場合があるが，特にパフォーマンスやスポーツと関連の強い研究では，自動的関節可動域を測定している場合が多い．

（2）測定肢位および最終域

臨床現場では多くの場合，日本リハビリテーション医学会評価基準委員会，日本整形外科学会身体障害委員会の作成した「関節可動域表示ならびに測定法」を用いて関節可動域の測定を行うが，ストレッチングの研究における測定肢位は必ずしも解剖学的肢位ではなく，基本軸・移動軸とゼロポジションも研究者によってまちまちであることが現状である．

関節可動域の生理的な最終域感は，① 骨性，② 軟部組織の接触感，③ 組織の伸張感の3種類があるとされており[1]，ストレッチングに関わる多くの研究では，「③ 組織の伸張感」に関連する要因で最終域を規定している．具体的には，組織伸張に伴う被験者の感覚および主観（痛みの出現する直前[3]，不快を感じる点[4)5]，最大限の耐えうる範囲[6]など）をもとに規定する方法や，事前に最大限の耐えうる角度にて測定した動的トルクにより規定する方法[7)8]などが用いられている．

したがって，ストレッチングの対象筋や二関節筋の影響，使用する機器などを考慮したうえで，ストレッチングの効果を捉えるために十分な妥当性と再現性を担保できる測定肢位および最終域の規定方法を決定する必要がある．

（3）測定機器と手順

関節可動域の測定に際しては，等速性運動機器[9]やゴニオメータ[10]，エレクトロゴニオメータ[11)12]，メジャー[13]，ビデオカメラ[14]，動作解析装置などが用いられる．

等速性運動機器では，機器の回転軸を関節の回転軸と一致させたうえで，機器のレバーアームが回転した角度を関節可動域として測定する（**図4-1**）．測定方法は機器により関節を一定の角速度で他動的に動かし，被験者が「痛みの直前」や「不快を感じる点」「最大限耐えられる範囲」などの主観に基づき，最終域にてスイッチや発声により自己申告する方法[9]が一般的である．その他には，

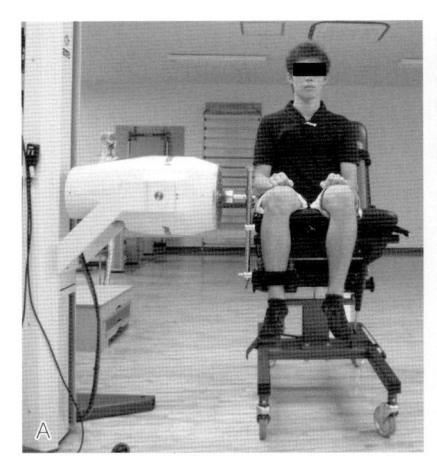

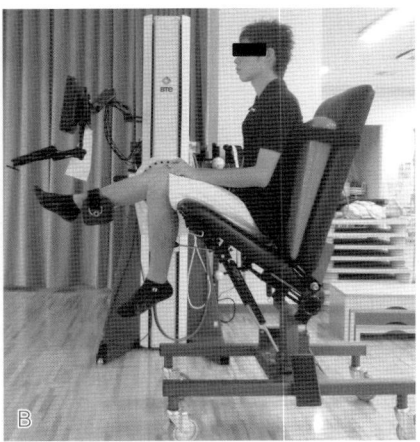

図4-1 等速性運動機器（BTE社製 PRIMUS RS）を用いた実験風景

　ハムストリングスを対象筋とした場合の等速性運動機器による関節可動域測定方法の一例を示す．
A：機器の回転軸を関節の回転軸と一致させる．
B：開始肢位は股関節の屈曲を強め，膝関節伸展に伴いハムストリングスの伸張感が生じ最終域に達するようにしている．

　事前に測定した最大限の耐えうる角度で得られた動的トルクを用いて，他動伸張時に一定の動的トルクが検出される点を最終域とする方法[5)7)]が用いられている．

　ゴニオメータやエレクトロゴニオメータは，検者や機器によって他動的に関節を動かした際，または被験者が自動的に関節を動かした際の関節角度を実際に基本軸と移動軸に合わせて測定する．特に，エレクトロゴニオメータの場合は，連続的にデータを記録することができるため，動作中の角度変化を捉えることも可能となる．

　メジャーは，長座体前屈のように，関節可動域を距離で捉える場合[13)]に用いることができる．

　ビデオカメラや動作解析装置では，動作中の関節角度が算出できる[15)]．撮影時にマーカーを貼付することにより基本軸と移動軸を決定し，ビデオカメラで撮影した動画を後から画像として処理して角度を算出することや，マーカーの移動した軌跡から関節角度の変化を経時的に測定することが可能である．測定の目的および設備に応じて，二次元または三次元の情報を使い分け，カメラの

位置や動作の統制を検討する必要がある．

（4）測定のコツ
- 被験者には事前に最終域感を繰り返し経験させ，慣れさせてから実験を行う
ストレッチングに関する多くの研究では，関節可動域の最終域を被験者の主観に基づいて規定しているため，被験者の最終域感が曖昧であると安定したデータが得られない場合がある．
- 被験者は他動的関節可動域測定時には十分にリラックスし，自動的関節可動域測定時には毎回最大限の能力を発揮できるようにする
- 測定肢位を十分に検討する
ストレッチングの効果を適切に捉えるために，二関節筋などを考慮し測定肢位の十分な検討と被験者に対する最終域感の確認には注意を払う必要がある．例えば，もともとの関節可動域が大きな被験者では，測定肢位によっては「組織の伸張感」など主観に基づいた最終域に達しない場合もあり，介入後の関節可動域の変化が捉えられない可能性がある．
- 基本軸と移動軸皮膚表面上などにマーキングを行うこと
- 固定などにより姿勢を可能なかぎり統制すること
- ゴニオメータで測定する場合，2名以上で測定するか補助具を用いる
ゴニオメータによる徒手での測定は，特に正確な測定を心がける．

2．関連する生理学的特徴

　ストレッチングによる関節可動域の変化には，大きく分けて2種類の要因が関与する[16]と考えられている．要因の1つは，筋腱複合体のスティフネスや筋長をはじめとする物理的な要因の変化[17]である．筋腱複合体の物質的な硬さや組織の伸張性の変化が関節可動域の値に影響を与えることは，多くのストレッチングに関する研究で想定されてきた．

　もう1つの要因は，感覚の変化である．前述のごとく，関節可動域の最終域は多くの場合，被験者の主観によって決定される．そのため，被験者の痛み感覚や許容できる最大限の伸張感の変化が関節可動域に影響を与えることが考えられ，こうした変化をストレッチングの研究では「stretch tolerance の変化」と表現している場合がある．近年の研究では，ストレッチング後の関節可動域の

変化は筋腱複合体の物理的な変化が伴わなくとも生じる場合があることから，stretch tolerance の変化が主たる要因であるとする報告[8)9)16)18)]も多い．

3．評価指標を検討した代表的文献

Magnusson SP, Simonsen EB, et al：A mechanism for altered flexibility in human skeletal muscle. *J Physiol* **497**：291-298, 1996[9)]
（1）実験概要
- 対象：健常男性 7 名のハムストリングス．
- ストレッチング方法：アクティブなスタティック・ストレッチング（45 秒×5 セット，セット間の休憩は 15～30 秒）を 1 日に 2 セッション，20 日間連続で行う．
- 評価指標：関節可動域，スティフネス，静的トルク，動的トルク（同一角度および最大値の比較），エネルギー（トルク-角度曲線下面積），他動伸張時の筋電図振幅．

（2）関節可動域測定
　等速性運動機器により 5°/秒の角速度で他動的に膝関節を伸展することで行う．被験者は閉眼し，股関節を屈曲した状態でシートに座り，機器が他動的に膝関節を伸展する過程でハムストリングスに痛みが生じる点に到達した瞬間に手に持ったスイッチを押し，その点を最終域とする．データ測定の前には一度練習を行い，被験者が完全にリラックスし，随意的な筋収縮を生じないよう指導する．

Batista LH, Vilar AC, et al：Active stretching improves flexibility, joint torque, and functional mobility in older women. *Am J Phys Med Rehabil* **88**：815-822, 2009[10)]
（1）実験概要
- 対象：高齢女性 12 名のハムストリングス．
- ストレッチング方法：アクティブなスタティック・ストレッチング（60 秒×7 セット，セット間の休憩は 30 秒）を週に 2 日，4 週間行う．
- 評価指標：関節可動域，timed up and go test，膝関節屈曲および伸展等尺性

筋力，求心性筋力（60°/秒），遠心性筋力（60°/秒）．

（2）関節可動域測定

関節可動域測定にはゴニオメータを用いる．測定は2名の検者が協力して行う．開始肢位は，背臥位にて，骨盤および大腿部をベルトで固定し，検査側股関節および膝関節を90°屈曲した肢位とする．1人目の検者は，膝関節を他動的に伸展させる．被験者がハムストリングスに痛みがなく，かつ最大限の伸張を感じる点を報告し，その点を最終域とする．最終域にて1人目の検者は膝関節を固定し，他方の検者が膝関節の側方からゴニオメータにて関節可動域を測定する．回転軸は大腿骨外側上顆に一致させ，基本軸は外側上顆と大転子を結び，移動軸は外側上顆と腓骨外果を結んだ線とする．関節可動域は3回測定し，最も大きかった値を採用する．膝関節が完全伸展に到達した場合は関節可動域を180°とし，解析対象に含める．

静的トルク

ストレッチングの効果を示す評価指標として用いられる他動的トルク（passive torque）には，大きく分けて2つの種類がある．1つ目はスタティック・ストレッチング中に生じる他動的な抵抗を測定した静的トルク（static passive torque）であり，2つ目は一定の角速度で関節を他動的に動かした際に生じる抵抗を測定した動的トルク（dynamic passive torque）である．どちらも英論文などにおいてpassive torqueという言葉で表現されることがあり，混同を避けるため本書では静的トルクおよび動的トルクと区別して表現することとする．

静的トルクは，スタティック・ストレッチングのように関節角度を一定に保った状態で，ストレッチング方向と逆向きに生じる生体からの抵抗を測定したものである（**図4-2**）．したがって，測定はスタティック・ストレッチング中に行うこととなる．

■単位：Nm（ときにN）
■同義あるいは類似評価指標名：passive tension, passive resistance, tightness など

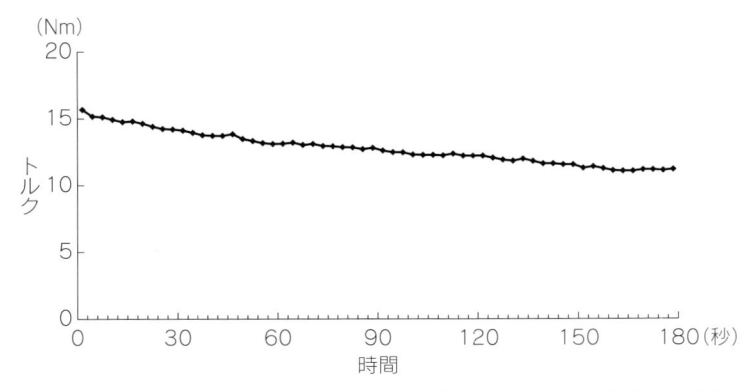

図4-2 スタティック・ストレッチング中の静的トルク変化の一例

　スタティック・ストレッチング中の静的トルクの経時的変化を示す．筋が安静時の筋長から一定の長さまで伸張された後にその位置で保持された場合，静的トルクはゆっくりと低下することが確認されている．この現象はストレス緩和と呼ばれる．

1．測定方法とコツ

（1）測定方法

　測定には等速性運動機器を用い，対象筋を伸張できるよう測定肢位を設定する．機器の回転軸は関節の回転軸と一致させ，スタティック・ストレッチング中の静的トルクは，筋伸張位にて関節角度を一定に保ち，ある一定時間測定する．被験者はストレッチング中リラックスし，随意的な筋収縮が生じないようにする．

（2）測定のコツ

- 測定中は被験者の不随意的筋収縮や体動を極力抑える
　実験中の筋活動の有無を，筋電図などにより確認することも有用である．
- 被験者には十分リラックスさせ，適切に測定肢位での固定[9)19)20)]を施す
　実験時には被験者の関節角度を一定に保った状態で静的トルクを測定するため，わずかな体動なども結果を変化させる要因となる場合がある．また，ベルトで固定する際には筋への過度な圧迫などは避けるよう留意する．
- 本実験の前に実際の測定を何度か被験者に経験させる

被験者に何度か測定を経験させることで，本実験では十分リラックスできる場合が多い．ただし，本実験当日に練習を行うことは，データの信頼性を損ねる可能性があるので避けるべきである．

2．関連する生理学的特徴

筋腱複合体などの生体組織は時間依存性の力学的特性を有しており，スタティック・ストレッチング（コンスタントアングル・ストレッチング）中にはその特性がストレス緩和（stress relaxation）という現象として現れる．

筋が安静時の筋長から一定の長さまで伸張された後にその位置で保持された場合，静的トルクはゆっくりと低下することが確認されている．この現象はストレス緩和と呼ばれ，数多くの先行研究において報告されている[20)-24)]．Magnussonら[20)]は，健常者と完全脊髄損傷患者のストレッチング中の静的トルクの変化の程度を比較しており，健常者と完全脊髄損傷患者のどちらにおいても，静的トルクが低下し，その程度には違いがないことを報告している．また，彼らは同時に筋電図を用いてストレッチング中の積分筋電図や周波数解析を比較しているが，ストレッチング中の変化はどちらの群でもみられていない．これらのことから，スタティック・ストレッチングによる静的トルクの低下には，力学的なストレス緩和が主な要因として関与していると考えられる．

3．評価指標を検討した代表的文献

McNair PJ, Dombroski EW, et al : Stretching at the ankle joint : viscoelastic responses to holds and continuous passive motion. *Med Sci Sports Exerc* **33** : 354-358, 2001[25)]

（1）実験概要
- 対象：健常者22名の下腿三頭筋．
- ストレッチング方法：60秒間×1回，30秒×2回，15秒×4回のスタティック・ストレッチング，または60秒間，5°/秒のサイクリック・ストレッチング（CPM）のいずれか．
- 評価指標：静的トルク，スティフネス．

（2）静的トルク測定

　静的トルクの測定は，等速性運動機器を用いて行う．被験者は背臥位となり，足関節を機器のストラップで固定する．まず，足関節を底背屈0°とした後，等速性運動機器にて，事前に測定しておいた被験者の最大可動域の80％の角度まで，5°/秒の角速度で他動的に背屈する．規定の角度に到達した後は，関節角度を保ち，各ストレッチング時間にて静的トルクを測定する．被験者はリラックスし，下肢筋を動かさないようにする．また，同時に表面筋電図にて足関節底屈筋群と背屈筋群の筋活動をモニタリングし，被験者がリラックスできているかどうかを確認する．最大随意収縮（maximum voluntary contraction）時の1％以上の筋活動が確認された場合は，対象から除外する．

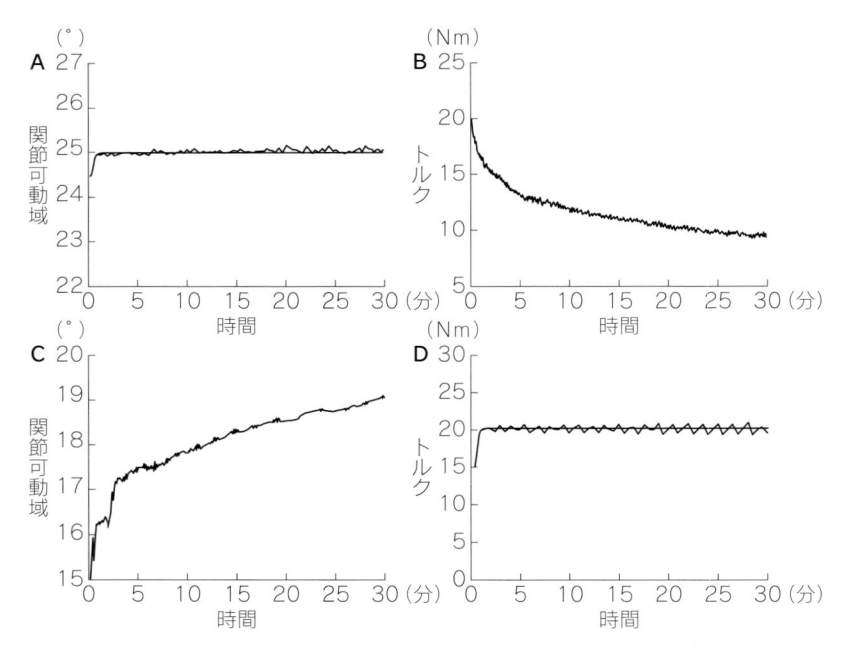

図4-3　スタティックおよびコンスタントトルク・ストレッチング中のトルクと関節可動域の変化〔Yeh et al, 2005 より改変[27]〕

A：スタティック・ストレッチングでみられるストレス緩和における関節角度の変化
B：スタティック・ストレッチングでみられるストレス緩和における静的トルクの変化
C：コンスタントトルク・ストレッチングでみられるクリープにおける関節角度の変化
D：コンスタントトルク・ストレッチングでみられるクリープにおけるトルクの変化

補足 コンスタントトルク・ストレッチング中の静的トルク

■単位：Nm

　スタティック・ストレッチングは，角度を一定に保つため静的トルクが減弱するが，コンスタントトルク・ストレッチングでは，トルクを一定に保つため，それに応じて角度が増加する[26)27)]（**図 4-3**）．

　粘弾性を有する組織に一定のトルクが負荷されると，徐々に伸張量が増加するなどの組織の変形が進む．これはクリープ（creep）と言われる現象であり，ストレス緩和と同様に生体組織における力学的特性の1つである[28)]（**図 4-4**）．Ryanら[29)]は，ヒトの下腿三頭筋に対してコンスタントトルク・ストレッチングを用いて，同様の現象を確認している．

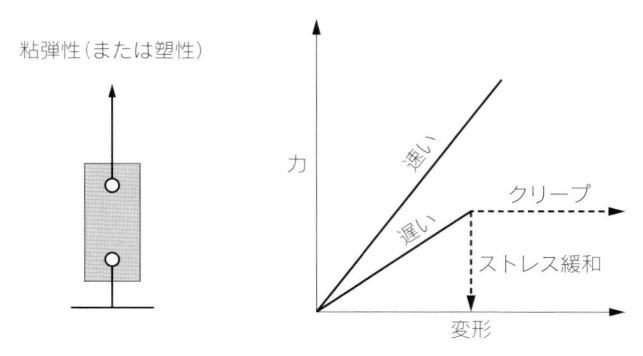

図 4-4　粘弾性を持つ物体の特性
〔Wright et al, 1960 より改変[28)]〕

　粘弾性を持つ物体は，変形が速く進むほど大きな力を生じさせる．変形量を一定に保った場合は力が減少し（ストレス緩和），力を一定に保った場合は徐々に変形が進む（クリープ）．

動的トルク

　動的トルクは，一定の角速度で関節を他動的に動かす過程で生じた抵抗を測定したものであり，組織の弾性や硬さの指標として用いられている．また，この際に得られた動的トルクと，そのトルクを測定した角度を対応させ，XY座標上に表したものが角度-トルク曲線である（**図4-5**）．ストレッチングの研究における動的トルクの測定は，ストレッチング前後や介入期間中に繰り返し行われる場合が多く，ストレッチングの効果を検討するために使用されている．

■単位：Nm（ときにN）

1. 測定方法とコツ

（1）測定機器と手順

　測定には等速性運動機器を使用する．測定肢位は，静的トルクと同様である

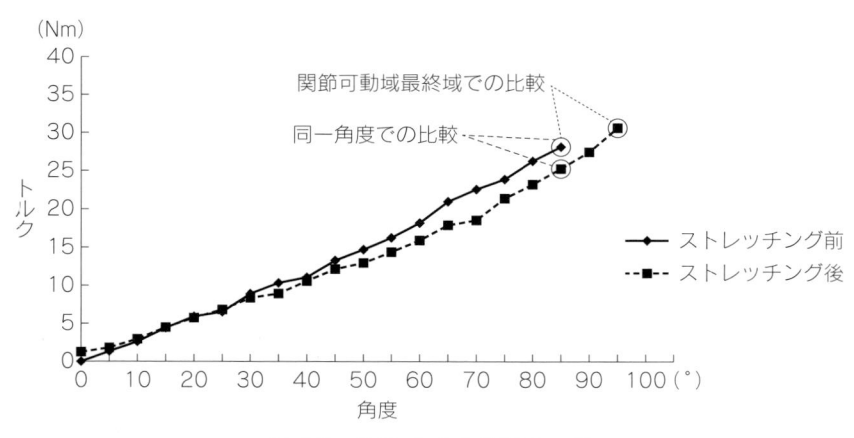

図4-5　角度-トルク曲線の一例

　角度-トルク曲線の一例を示す．動的トルクの比較には，各測定時の動的トルクを同一の角度において比較する場合と，それぞれの関節可動域最終域での動的トルクの値（またはそれぞれの動的トルクの最大値）を比較する場合がある．

場合が多く,関節角度増加に伴い対象筋が伸張されるようにする.測定は,機器の回転軸を関節の回転軸と一致させ,関節を一定の角速度で他動的に動かした過程で生じる抵抗を捉える.他動的に動かす際の角速度には,5°/秒[19)30)]や1°/秒[18)31)]が多く用いられており,実際に5°/秒の角速度で他動的に筋を伸張した場合,反射的な筋収縮が生じないことが先行研究で確認されている[32)].

動的トルクを測定する角度範囲は,対象筋や実験時の肢位などにより異なるが,大半は対象筋が弛緩した状態から対象筋を伸張し,被験者が対象筋に痛みがなく不快を感じる点まで,あるいは被験者が耐えうる点で測定する.

(2) 測定のコツ
- 測定中は被験者の不随意的筋収縮を極力抑える
  実験中の筋活動の有無を,筋電図などにより確認することも有用である.
- 被験者には十分リラックスさせ,体幹などの固定[9)19)20)]を確実に行う
  実験時には被験者の関節を他動的に動かした際のトルクを測定するため,静的トルク同様,僅かな体動なども結果を変化させる要因となる場合がある.また,ベルトで固定する際には筋への過度な圧迫などは避けるよう留意する.
- 基本軸と移動軸皮膚表面上などにマーキングを行う
- 関節軸と等速性運動機器の回転軸を合わせる
  動的トルクは角度と対応した測定であるため,関節軸と機器の回転軸のずれは測定結果に大きな影響を及ぼす.関節の回転運動が必ずしも完全な円運動ではないことを踏まえ,軸がずれにくいように調整することが必要である.
- 被験者には事前に最終域感を繰り返し経験させ,慣れさせてから実験を行う
  動的トルク測定の最終域は,関節可動域測定と同様に被験者の主観に基づいて規定されるため,被験者の最終域感が曖昧であると,安定したデータが得られないので留意する.

2. 関連する生理学的特徴

ある物体が力を受ける時,その物体の形や大きさが変化する.この応答は,物質の材質や力の大きさ,発揮される時間,物体の温度などに依存する.形や大きさの変化は「変形」と呼ばれ,ストレッチングで用いる「伸張」方向への力も変形を生じさせる.

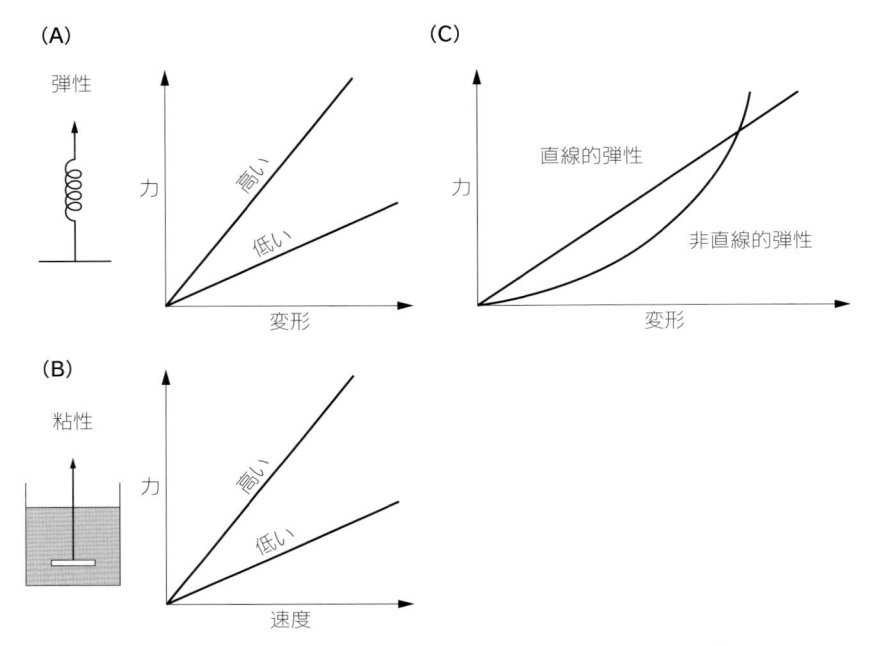

図 4-6　弾性，粘性について〔Wright et al, 1961 より改変[33)]〕

A：弾性は，変形-力関係において直線関係を示すばねモデルによって表される．より弾性の強い物体は，変形-力関係の傾きが大きい．
B：粘性は，ピストンモデルによって示される．粘性が高い物体ほど，速度増加に伴い，大きな力を生じる．
C：直線的弾性と非直線的弾性．粘弾性を有する生体組織で得られる変形-力関係は非直線的であり，筋腱複合体の角度-トルク曲線もその一例である．

　生体組織は，弾性（elasticity）や粘性（viscosity）を有している[33)]（**図 4-6**）．
　弾性とは，組織にかけられていた力が除かれた時に元の形に復元する性質である．弾性は物体そのものの中に存在する抵抗力の大きさであり，弾性を有する物体を伸張すると，フックの法則に従い直線的に抵抗が増加する．
　弾性範囲を超えて負荷がかかった物体が永久に変形する性質を塑性（plasticity）と言う．降伏点を超えると組織の塑性応答により，小さな力でも大きな変形が生じるようになる．例えば，粘土は極めて塑性的なふるまいを示す物質である．
　粘性は物体が剪断や流れを生み出すような負荷に抵抗する性質である．粘性は時間依存的で，速く動かせば動かすほど抵抗が大きい．

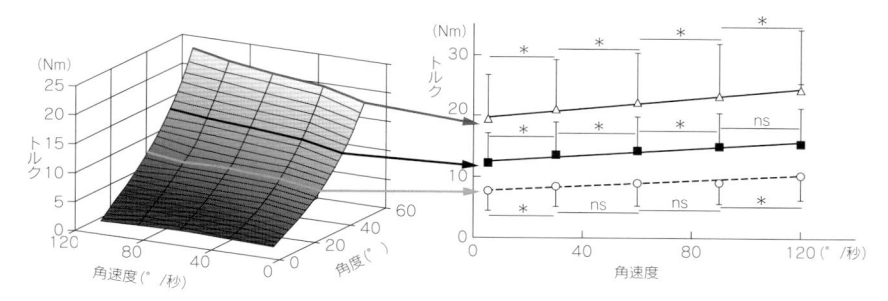

図 4-7 角速度の違いによる動的トルクの変化〔Nordez et al, 2008 より改変[34]〕
組織の粘性により，角速度が増大すると，同一の角度での動的トルクが大きくなる．

　生体組織は完全な弾性体ではなく，完全な塑性を有することもない．これらの特性が複合された性質を示し，これを粘弾性（viscoelasticity）と言う．筋腱複合体は粘弾性を有しており，そのため，筋を他動的に伸展させた際に得られる角度-トルク曲線は非直線的弾性を示す．例えば，Nordez ら[34]は，ハムストリングスにおける動的トルクを複数の角速度で測定している．その結果，それぞれの角度-トルク曲線が非直線的弾性を示すだけでなく，粘性により，角速度が大きいほど，同一角度での動的トルクが大きくなることを示している（**図4-7**）．

　動的トルクは同一角度の値を比較する場合と，それぞれの関節可動域最終域の値（またはそれぞれの動的トルクの最大値）を比較する場合があり，方法により解釈が異なる．

　同一角度の値を比較する場合，動的トルクは同じ程度の伸張量に対して生じた抵抗を表すと考えられ，柔軟性が高い，または筋の長さが長いほど低値を示すとされる．また，この差はとりわけ関節可動域の最終域近くで認められやすい[35]．

　それぞれの関節可動域最終域での動的トルクの値[18]，またはそれぞれの動的トルクの最大値[9]を比較する場合，その変化は stretch tolerance の変化として捉えられる場合が多い．前述のとおり，動的トルクを測定する角度範囲は被験者が対象筋に痛みを感じる直前の点まで，あるいは被験者が耐えうる最大限の範囲までなどと規定されている．したがって，関節可動域の最終域またはその付近で得られる動的トルクの値は，伸張刺激に対する痛み感覚に関連すると考えられる．しかしながら，先行研究においても，動的トルクの最大値の変化に

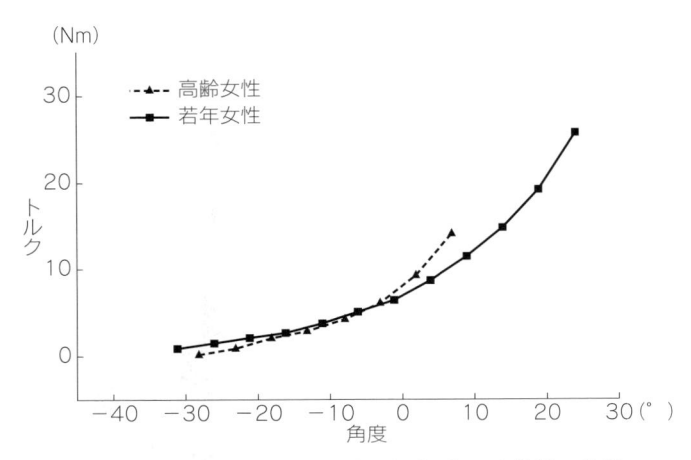

図4-8 高齢女性と若年女性の角度-トルク曲線の比較
〔Morse et al, 2008より改変[35]〕

高齢女性の動的トルクの最大値は若年女性に比べ低値であり，加齢によるstretch toleranceの低下がうかがわれる．また，高齢女性は可動域が狭く，角度-トルク曲線の傾きが急峻である．

は被験者の痛み感覚の変化や心理的要因の関与がうかがわれることが指摘されている[7)36)]が，その詳細は明らかになっていない．

Gajdosikら[37)38)]は，高齢女性と若年女性の動的トルクの最大値を比較し，高齢女性がより低値であったと報告しており，加齢によるstretch toleranceの低下がうかがわれる．また，高齢女性は関節可動域が狭く，角度-トルク曲線の傾きが急峻であり，若年女性と特徴が異なることも報告されている（**図4-8**）．

3. 評価指標を検討した代表的文献

Mizuno T, Matsumoto M, et al : Viscoelasticity of the muscle-tendon unit is returned more rapidly than range of motion after stretching. *Scand J Med Sci Sports* **23** : 23-30, 2013[18)]

（1）実験概要
- 対象：健常者11名の下腿三頭筋．
- ストレッチング方法：60秒間×5回のスタティック・ストレッチング．

●評価指標：動的トルク（背屈 0, 5, 10, 15°, 関節可動域最終域），関節可動域，筋腱複合体のスティフネス，筋健複合体の伸張量，筋のスティフネス，腱の変位量（各指標をストレッチング前およびストレッチング 0, 15, 30, 60, 90 分後のいずれかに測定し，計 5 回の実験を行う）．

(2) 動的トルク測定

　動的トルクの測定は等速性運動機器を用いて行う．被験者は膝関節完全伸展位でシートに座り，フットプレートに右足部を固定する．腓骨外果を等速性運動機器の回転軸に合わせ，足関節の角度は機器のフットプレートの角度とみなし，床への垂直線を底背屈 0°と定義する．

　等速性運動機器により，足関節を底屈 30°から被験者が不快を感じる点まで，1°/秒の角速度で他動的に足関節を背屈し動的トルクの測定を行う．得られた動的トルクの値は，足関節背屈 0, 5, 10, 15°, 関節可動域最終域でそれぞれ比較する．なお，測定中は被験者が完全にリラックスし，随意的な筋収縮を生じないよう指示する．

スティフネス

　スティフネスは，「ストレス-ストレイン」あるいは「負荷-変形」カーブの傾きとして示される[39]．変形の指標としては関節角度や組織の伸張量が用いられ，負荷の指標としてはトルクや力が用いられることが一般的である．詳細な算出方法については文献ごとに異なっているのが現状である．

■単位：Nm/deg, Nm/mm, N/deg, N/mm, Nm/rad など
■同義あるいは類似評価指標名：passive resistance, tightness, elasticity, flexibility index など

1. 測定方法とコツ

　スティフネスの測定および算出方法については，研究ごとに異なっているこ

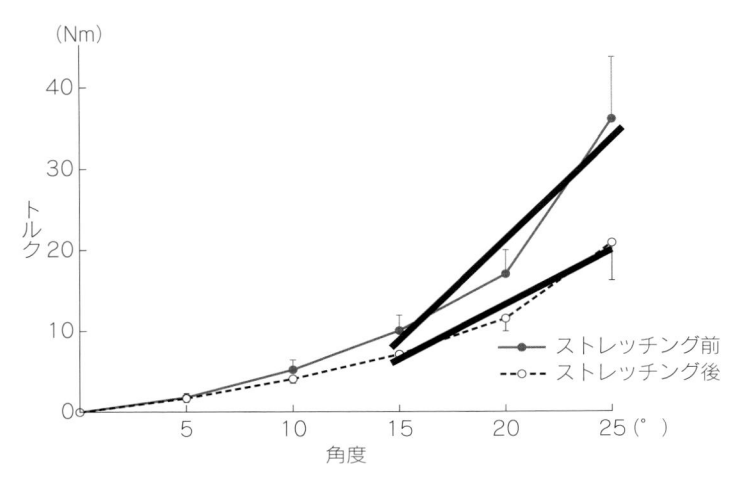

図4-9 他動的伸張時の角度-トルク曲線を用いたスティフネスの算出方法〔Morse et al, 2008 より改変[35]〕

足関節背屈 0〜25°の角度-トルク曲線を得たうえで，背屈 15〜25°間の回帰直線の傾きをスティフネスとして算出する．

とが現状であるため，そのうちの代表例をいくつか簡単に紹介する．

（1）他動的伸張時の角度-トルク曲線を用いる方法（単位：Nm/deg または Nm/rad）

スティフネスの算出には，他動伸張時の角度-トルク曲線の傾きを算出する方法が多く用いられている．この方法には等速性運動機器を使用し，前述の動的トルクと同様の測定が必要となる．

Guissard ら[40]や Kubo ら[41]は，下腿三頭筋を対象に，足関節背屈 0〜25°の角度-トルク曲線を得たうえで，背屈 15〜25°間の回帰直線の傾きを算出している（図 4-9）．

多くの研究では，各測定時に得られた角度-トルク曲線から，共通の角度領域における傾きを算出して比較する手法が用いられているが，一方で Reid ら[42)43)]は各測定時の角度-トルク曲線において，それぞれの曲線の最終 10%での傾きを算出し比較している．この場合，スティフネスを算出する角度範囲は共通ではなく，関節可動域最終域付近でのスティフネスの比較を行うこととなる．彼らは，このスティフネスの変化を stretch tolerance の変化と捉えて考察してい

ることより，動的トルクの最大値を比較する場合と類似したデータの解釈がなされていると考えられる．

このように，角度-トルクにおける傾きを算出してスティフネスを求める場合，その算出範囲によって結果の解釈が異なることに留意すべきである．

Magnussonら[19]は，数学的手法を用いて，角度-トルク曲線の角度を従属変数とする四次関数に近似し，その関数の導関数をスティフネスと定義している．

角度-トルク関数の近似式は以下のように表される．

T$(\theta) = m\theta^4 + n\theta^3 + o\theta^2 + p\theta + q$　（m，n，o，p，qは定数）

上記式はトルク（Nm）を表すので，上記式を角度θで微分したものは，

MTS$(\theta) = 4m\theta^3 + 3n\theta^2 + 2o\theta + p$　（m，n，o，p，は定数）

となり，単位は（Nm/deg）となる．実際にはスティフネスの関数に角度θの値を代入することで，ある角度でのスティフネスが数値として算出され，同一の角度でのスティフネスを比較することでストレッチングの効果を検討することとなる．

(2) 他動的伸張時の筋伸張量-張力曲線を用いる方法（エコー併用）（単位：N/mm，Nm/mm）

Morseら[35)44)]は，筋伸張時の角度-トルク曲線を用いて筋腱複合体のスティフネスを算出する他，超音波画像および数学的モデルの使用による筋腱移行部の変位量や腱の伸張量の算出から，長さ（mm）-張力（Nm，N）関係を用いて，筋のスティフネスや腱のスティフネスをそれぞれ算出する方法を示している[31)35)44)]．

(3) 筋収縮時の腱伸張量-張力曲線を用いる方法（単位：N/mm，Nm/mm）

多くの研究では他動的な負荷-変形関係からスティフネスを算出しているが，Kuboら[41)45)46)]やBurgessら[47)]は，超音波画像を用いて，等尺性収縮中の腱伸張（mm）-張力（Nm，N）関係を測定することにより，筋収縮時の腱スティフネス（tendon stiffness）を測定している（**図4-10**）．

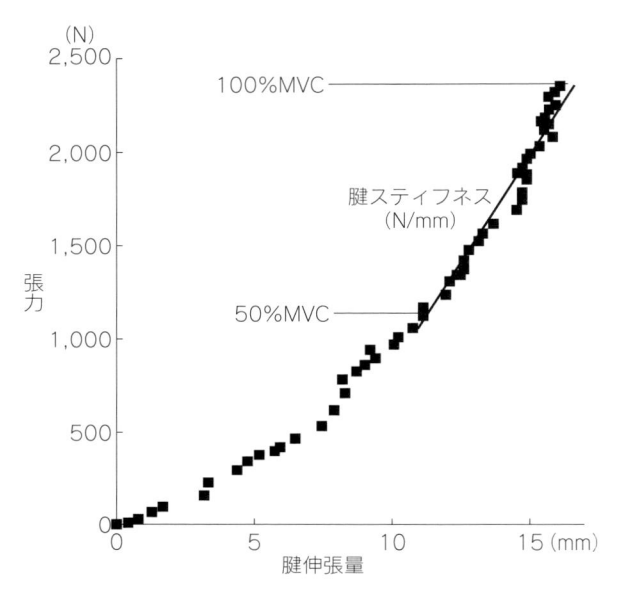

図 4-10　筋収縮時の腱伸張量-張力曲線を用いた腱スティフネスの算出方法
〔Kubo et al, 2007 より改変[46]〕

足関節底屈等尺性収縮時に得られた腱伸張量-張力曲線のうち，50% MVC 以上の張力が発揮された範囲における回帰直線の傾きを腱スティフネスとして算出する．

> **memo**　スティフネスの算出方法は研究ごとに異なっていることが現状である．これには，算出に用いる近似の方法の違いや測定肢位，対象筋や関節可動域などの特性によって異なる角度範囲の違いも影響していると考えられるため，それぞれの研究ごとに，どのような算出方法を用いることが妥当であるかの検討が必要である．

2．関連する生理学的特徴

筋腱複合体におけるスティフネスは，組織の粘弾性を反映するとされる．負

荷-変形のカーブが急峻である組織はスティフネスが高く，同じ力に対しての変形が少ないが，緩やかな傾きを示す組織はスティフネスが低く，同じ力に対しての変形が大きい．また，伸張量が増大するにつれて，角度-トルク曲線の傾きは急峻になり，スティフネスが高まる様子が捉えられる．筋腱複合体を他動的に伸張する際，その速度が高いほど角度-トルク曲線の傾きが大きいことは粘性的な性質であると考えられる．

スティフネスが高値であることは，傷害のリスクとなることも報告されている[48]．一方，スティフネスの値が筋力やジャンプなどの筋パフォーマンスと正の相関関係にあり，瞬発的なパフォーマンス時の力の伝導に寄与することが報告されている[49,50]．

3．評価指標を検討した代表的文献

Kubo K, Kanehisa H, et al : Effect of stretching training on the viscoelastic properties of human tendon structures in vivo. *J Appl Physiol* **92** : 595-601, 2002[41]

（1）実験概要
- 対象：健常男性8名の下腿三頭筋．
- ストレッチング方法：ランダムに選んだ片脚に対し，45秒×5セットのアクティブ・スタティック・ストレッチングを朝夕に1セッションずつ行い，連続20日間継続する．反対側はコントロール側とする．
- 評価指標：スティフネス（本文中では flexibility index），最大等尺性筋力，腱の最大伸張量，腱スティフネス，腱ヒステリシス，スティフネス測定時および足関節底屈等尺性収縮時の表面筋電図積分値（腓腹筋内側頭，外側頭，ヒラメ筋，前脛骨筋）．

（2）スティフネス測定

スティフネスは，等速性運動機器を用いて他動的伸張時の動的トルクおよび足関節角度を測定し，角度-トルク曲線の傾きを算出することで求める．被験者はシート上に腹臥位となり，ベルトを用いて腰部および肩甲帯をシートに固定する．膝関節は完全伸展位とし，足関節底背屈中間位でフットプレートに足部を固定する．

動的トルクおよび関節角度は，足関節底背屈中間位から背屈25°まで，足関節を5°/秒の角速度で他動的に背屈して測定する．なお，測定中は被験者が完全にリラックスし，随意的な筋収縮を生じないよう指示する．

スティフネスは，得られた角度-トルク曲線の15〜25°の範囲における回帰直線の傾きと定義する．

最大発揮筋力

筋力とは，筋が収縮することにより発生する張力，あるいはそれを生み出す筋の能力のことである[51]．ただし，生体において筋の張力を直接的に計測することは困難であり，実際には筋力は筋収縮によって生じる関節を運動中心とした角運動の大きさをトルクとして計測したものなど，間接的な指標により捉えられる．

筋収縮の分類は，筋の長さ変化という観点から以下のように分類される．

① 求心性または短縮性収縮（concentric contraction）
　筋が短縮しながら張力を発生させる収縮様式のこと．
② 遠心性または伸張性収縮（eccentric contraction）
　筋が伸張しながら張力を発生させる収縮様式のこと．
③ 等尺性収縮（isometric contraction）
　筋が収縮しても，筋の全長に変化がない（あるいは関節運動が起こらない）収縮様式のこと．
④ 等張性収縮（isotonic contraction）
　筋の張力が変化しない収縮様式のこと．
⑤ 等速性収縮（isokinetic contraction）
　可動域にわたって一定角速度で関節運動が行われる収縮様式のこと．

筋力の測定を行う際は，筋収縮様式をはじめ，測定する際の関節角度，角速度など，様々な条件設定を行う必要がある．

■単位：Nm，N，kg など
■同義あるいは類似評価指標名：1RM（単位：kg），仕事量（単位：J），パワー（単位：W）

1. 測定方法とコツ

(1) 測定機器と手順

最大発揮筋力の測定を行う際，等速性運動機器やハンドヘルドダイナモメーター（HHD）が用いられる．

等速性運動機器を用いる場合，対象とする関節運動ごとに機器の回転軸と関節の回転軸を一致させ，対象者の計測姿勢，シートやダイナモメーター（本体）の位置などを調整する．筋力を測定したい収縮様式や角速度に応じて，機器のプログラムを変更することで，様々な条件をコントロールすることができる．また，アタッチメントの変更により種々の関節運動に対応が可能である．

最大発揮筋力は随意収縮または電気刺激時に検出された最大のトルクが採用される．等尺性収縮では関節角度，収縮時間，収縮回数，収縮間の休憩時間などを規定する．等速性筋力では，測定する関節可動域，関節運動の角速度，測定回数，測定間の休憩時間などを規定する．加えて，測定を複数回行った際，それぞれの測定結果の解析対象や解析方法（複数回の平均値を用いるか，最大値を用いるかなど）を決定する．

RM（repetition maximum）もストレッチングの研究で用いられる場合がある[52]．RMはある決まった運動を何回連続で反復できるかを表す．また，1RMは，1回行える最大の負荷のことを表す．

類似指標である仕事量[53)54)]は，可動域全体にわたって発揮された力と距離の積である（**図4-11**）．**図4-11**においては，横軸に時間，縦軸に筋の発揮したトルクを表した際の曲線と横軸で囲まれた領域の面積が仕事量に相当する．また，仕事量については，必ずしも最大トルクが大きければ大きくなるというものではない．最大トルクが大きくても，トルクの曲線が沈み込む程度が大きければ曲線下の面積は小さくなり，仕事量が小さいことがある．

同様に，パワー[55]は仕事量を時間で除したもので，単位時間あたりの仕事量となり，仕事率を表す．

HHDは等速性運動機器と比べて小型で様々な場所で用いることが可能な他，価格も安価であるため，簡便に使用できるという利点がある．ただし，HHDを用いて測る筋力は，基本的に等尺性に限定される．等尺性収縮では，等速性運動機器同様に関節角度，収縮時間，収縮回数，収縮間の休憩時間などを規定する必要がある．HHDを用いた等尺性筋力測定には，make test と brake

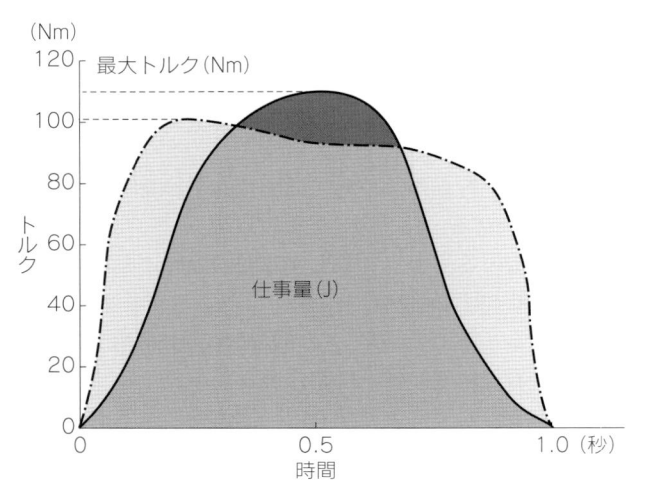

図 4-11 最大トルクと仕事量

筋収縮時の時間-トルク曲線から，最大トルク（筋力）や仕事量（図中，曲線下面積）が得られる．仕事量は，必ずしも最大トルクが大きければ大きくなるというものではない．図では最大トルクは実線部のほうが大きいが，仕事量は破線部のほうが大きい．

test の 2 種類がある．Make test は検者が固定している HHD に対して被験者がそれを押すことで圧力を測定するもので，brake test は被験者が一定の姿勢をとり，検者が HHD を被験者に対して押しつけ，同じ姿勢のまま耐えさせ，姿勢が崩れる瞬間の圧力を測定するものである．

（2）測定のコツ
- 筋力測定の際は，最大能力が引き出されるように条件を整える
- 検者からのかけ声を毎回同様に行う
- 複数回測定を行う際は，十分な休憩時間を設定する
- 等速性運動では，機器の回転軸を可能なかぎり関節の運動中心に合わせ，体節とレバーアームの長軸をなるべく平行にする
- シートへの身体の固定を十分行い，測定肢位を統一する
- HHD を用いる場合は，固定性や抵抗の与え方に十分注意する

　HHD では徒手や簡易な固定のもとでの測定となるため，測定時の環境設定

には十分な配慮を行う．Bohannon[56]は，HHD 使用時の測定肢位と固定部位，HHD の配置を肢節の重量に配慮して示しており，参考となる．
- 検者，被験者とも測定に慣れるよう練習を行う

2．関連する生理学的特徴

　収縮様式や角速度，関節角度によって最大発揮筋力は異なる．例えば，遠心性収縮と求心性収縮を比較すると，遠心性収縮のほうが発揮されるトルクは大きくなる．また，筋力と運動速度の関係については，求心性筋力は速度が増加するほど減少し，遠心性筋力は速度の増加に伴い増加する傾向にある．

　スタティック・ストレッチングの直後には最大発揮筋力が一時的に低下することが数多く報告されている．これには，筋活動量の低下[6)57)-59]や筋紡錘の感受性の低下[60]，筋の長さ-張力関係の変化[6)61)-63]，スティフネスの低下による力の伝導効率の低下[5]，興奮-収縮連関における障害[64]などが関与する可能性が指摘されているが，詳細なメカニズムは明らかになっておらず，さらなる検討が必要である．

3．評価指標を検討した代表的文献

Ferreira GN, Teixeira-Salmela LF, et al : Gains in flexibility related to measures of muscular performance : impact of flexibility on muscular performance. *Clin J Sport Med*　**17**：276-281, 2007[65]
（1）実験概要
- 対象：両側に短縮したハムストリングスを持つ者 30 名．
- ストレッチング方法：ハムストリングスに対するアクティブのスタティック・ストレッチング 30 秒×4 セットを両側に対して行い，週 5 日，6 週間継続する．
- 評価指標：膝関節屈曲・伸展求心性収縮（60°/秒，300°/秒）時の最大発揮筋力，仕事量，angle at peak torque，膝関節伸展可動域．

(2) 筋力測定

筋力の測定には等速性運動機器を用いる．被験者は，股関節を85°屈曲した姿勢でシートに座り，ベルトで身体を固定する．筋力測定時の膝関節の運動範囲は屈曲30〜100°までとする．測定の前には，被験者を方法に慣れさせるため，60°/秒，300°/秒の角速度でそれぞれ3回ずつ低強度で筋収縮を行わせ練習させる．筋力測定はまず，右膝関節の屈曲・伸展最大求心性収縮を60°/秒にて5回連続で行い，1分間の休憩の後，同様に300°/秒にて5回連続で行う．10分間の休憩の後，左側において同様に測定を繰り返す．検者は測定中被験者に対して，「できるだけ早く，できるだけ強く」収縮するようかけ声をかける．

Angle at peak torque

Angle at peak torque は，等速性筋力の測定時に最大のトルクが発揮された時点の角度である．筋力の発揮における長さ-張力関係を捉えるために用いられる（図4-12）．

また，等尺性筋力を複数の角度にて測定することにより，最も大きな筋力が発揮された角度を optimal angle とし，長さ-張力関係の変化を捉える場合もある．

■単位：°(deg) または rad
■同義あるいは類似評価指標名：peak torque angle, optimal angle

1．測定方法とコツ

(1) 測定機器と手順

Angle at peak torque は，等速性筋力を測定する際に得られるデータであるため，測定には等速性運動機器が用いられる．測定に際する機器の調整などは筋力の測定と同様である．

等速性収縮（求心性，または遠心性）の筋力を測定した際，最大のトルクが発揮された時点の角度を解析する[54)62)65)66)]．筋力測定に際し，測定する関節可動域，関節運動の角速度，収縮回数，収縮間の休憩時間などを規定する．加えて，

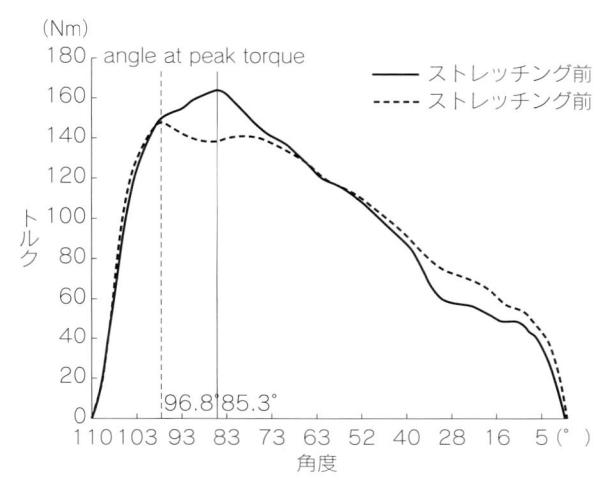

図 4-12　angle at peak torque の一例
〔Cramer et al, 2007 より改変[53]〕

最大のトルクが発揮された時点の角度を angle at peak torque とする.

測定を複数回行った際，それぞれの測定結果の解析対象や解析方法（複数回の平均値を用いるか，最大値を用いるかなど）を決定する．

等尺性収縮時の筋力から optimal angle を求める場合は，前述の等尺性筋力を複数の角度で測定し，角度による発揮筋力の違いを捉える[6)61]（**図 4-13**）.

（2）測定のコツ
- 全可動域にわたって被験者に最大能力発揮させるようにする
- 複数回の測定を行い，角度の平均値を結果として採用するなど，測定時のばらつきを抑える
- 関節の回転軸と等速性運動機器の回転軸の位置を十分調整する

Angle at peak torque はトルクと角度を対応させて測定するため，軸のずれは測定結果に大きな影響を及ぼす．関節の回転運動が必ずしも完全な円運動ではないことを踏まえ，関節と機器の位置関係は，軸がずれにくいように調整することが必要である．

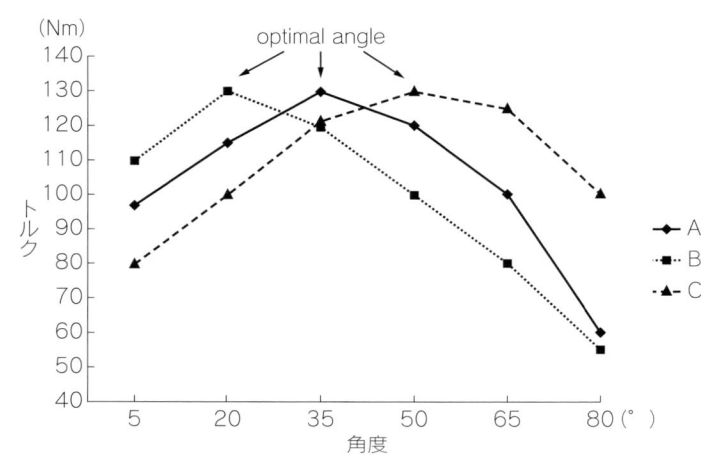

図 4-13　optimal angle の決定方法

optimal angle は複数角度における等尺性収縮時の最大トルクが発揮された角度である．A，B，C 3 名の最大トルクは同程度発揮できたが，optimal angle は異なっていた．

2．関連する生理学的特徴

　筋長の変化に伴い，筋から発生する張力は変化する．Ralston ら[67]は，筋長を変えて強縮を行わせると，筋の長さ-張力関係が得られることを示した（**図 4-14**）．静止筋で筋長を他動的に長くすると，筋腱複合体や結合組織，細胞膜などの膜構造による弾性から，静止張力が大きくなる．筋を収縮させて得られた全張力から静止張力を引くと，筋収縮によって発生した活動張力が得られる．静止張力は筋長増加に伴い増加するが，活動張力は一峰性の山型を示し，自然長より軽度伸張位で頂点となる．

　Shrier[68]は，長さ-張力関係の変化がスタティック・ストレッチング後の筋力低下に関与する可能性を指摘しており，実際にストレッチング後に長さ-張力関係の変化を認める報告が散見される[6)61)69]が，その詳細なメカニズムについては明らかでない．

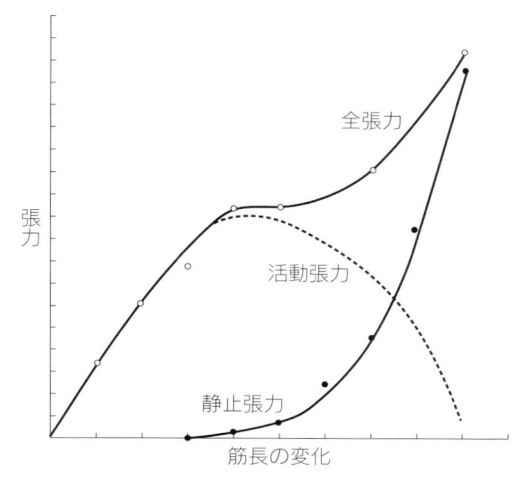

図 4-14 筋の長さ-張力関係
〔Ralston et al, 1947 より改変[67]〕

活動張力は，等尺性収縮時の全張力と静止張力の差として求められる．静止張力は筋長増加に伴い増加するが，活動張力は一峰性の山型を示す．

3．評価指標を検討した代表的文献

Cramer JT, Beck TW, et al : Acute effects of static stretching on characteristics of the isokinetic angle-torque relationship, surface electromyography, and mechanomyography. *J Sports Sci* **25** : 687-698, 2007[53]

（1）実験概要
- 対象：健常男性8名，女性10名の膝関節伸展筋群．
- ストレッチング方法：膝関節伸展筋群に対する1種類のアクティブ・スタティック・ストレッチング，3種類のスタティック・ストレッチングを各30秒×4回ずつ行う．
- 評価指標：2種類の膝関節伸展の求心性収縮（60°/秒，300°/秒）時の最大発揮筋力，仕事量，angle at peak torque，加速時間，膝関節屈曲可動域，筋電図振幅（大腿直筋），筋音図振幅（大腿直筋）．

(2) Angle at peak torque 測定

　Angle at peak torque の測定には等速性運動機器を用いる．被験者は，等速性運動機器の回転軸と膝関節の回転中心を合わせてシートに座り，大腿上部および体幹をベルトで固定する．対象側はキック動作を行う側の脚とし，2種類の角速度の筋力測定をランダムな順に行う．収縮における運動範囲は，被験者の最大限の可動域全域とする．測定の前には，各角速度において，3回ずつ低強度で筋収縮をさせ練習を行う．筋力測定は各角速度で3回ずつ行い，2種類の角速度での測定の間には2分間の休憩を設ける．解析対象には，3回のうち最も仕事量が大きくなった回の結果を用い，angle at peak torque の値を求める．

Rate of force development

　筋パフォーマンスの指標の1つとして，筋力測定時の時間-トルク関係から，筋力発揮開始時における単位時間あたりの筋力の増加率である rate of force development（RFD）がしばしば用いられる．

　RFD は，瞬発的な筋力の発揮率を表す評価指標として用いられ，スポーツ時などのパフォーマンスに大きく影響を与える指標であると考えられている．Andersen ら[70]は，スポーツ時の動作は多くが 250 ms 以内に最大限の筋力発揮を必要とすることを理由に，最大発揮筋力よりも RFD が重要な指標となる場合があるとしている．

■単位：Nm/msec または N/msec
■同義あるいは類似評価指標名：rate of torque development

1. 測定方法とコツ

(1) 測定機器と手順

　測定は，等速性運動機器を用いた筋力測定時に行うため，機器の設定などについては筋力測定と同様である．ただし，RFD の算出範囲は 10～200 ms 程度であることから，非常に短い時間の幅で求められるため，機器のサンプリング周波数が十分である必要がある．

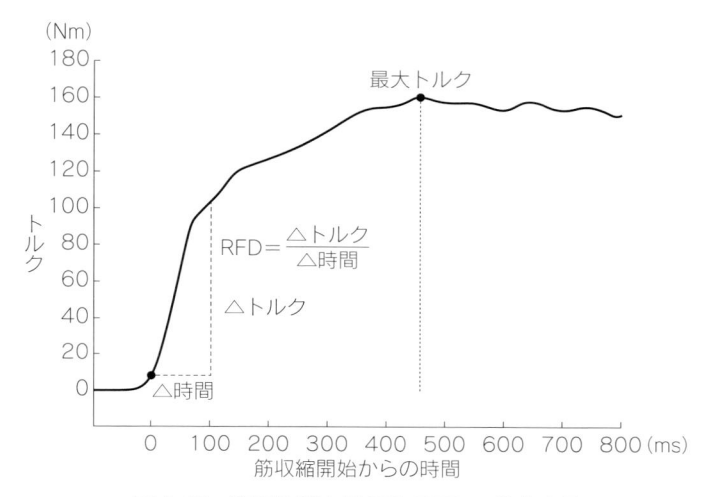

図 4-15 等尺性筋力発揮時 RFD の算出方法
〔Andersen et al, 2006 より改変[72]〕

筋収縮開始時点から一定時間における時間-トルク関係より，RFD を算出する（図では 0～100 ms を算出範囲としている）．

　筋収縮開始は，最大筋力の 2.5％，あるいは一定のトルクが発揮された点などと定め[71)72)]，この筋収縮閾値に達した時点を始点として，その点から一定時間における筋力の増加率を測定する（**図 4-15**）．増加率の算出は，筋力の変化量と経過した時間の比であるため，時間-トルク関係の回帰直線の傾きを求めるなどの方法がある[70)～73)]．

　また，電気刺激によって筋収縮を生じさせた際の RFD を求める方法もある[72)]（twitch RFD）．Twitch RFD は，刺激電極から電気刺激を与え，発揮筋力が上限となる刺激強度にて，筋収縮を生じさせた際の時間-トルク関係から随意収縮時の RFD と同様に算出する．

（2）測定のコツ
- 筋力を測定する際には，筋収縮開始の合図と同時になるべく早く最大の筋力を発揮させるが，中でも RFD では筋収縮開始時の筋力発揮の立ち上がりを捉えているため，特にそのことに留意する
- 測定の練習を繰り返し行わせる

2. 関連する生理学的特徴

　RFD は，様々な要因によって影響を受けると報告されており，筋線維タイプ[74]，筋腱複合体の粘弾性[49]，遠心性の神経活動[71]などとの関連性が指摘されている．

　また，RFD の中でも，筋収縮開始から 30 ms 程度の非常に速い時期と，100～200 ms 程度経過した時期では，異なる特徴を呈することが報告されている．Andersen ら[72]は，随意収縮時の RFD は，算出範囲が 40 ms 以下の場合は，twitch RFD との相関係数が高く，内在的な収縮要素との関連性を表し，算出範囲が 90 ms よりも長い場合は，最大トルクとの相関係数が高くなることを報告している（図 4-16）．

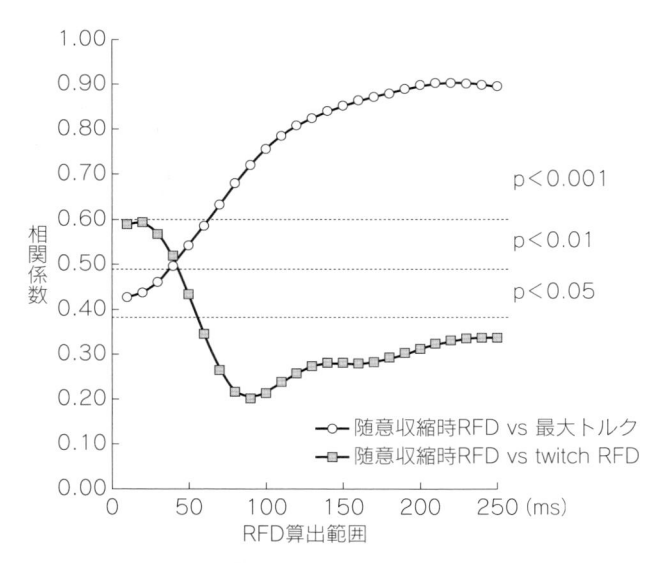

図 4-16　RFD 算出範囲の違いによる最大トルク，twitch RFD との相関係数の変化
〔Andersen et al, 2006 より改変[72]〕

　随意収縮時の RFD は，算出範囲が 40 ms 以下の場合は，twitch RFD との相関係数が高く，90 ms よりも長い場合は，最大トルクとの相関係数が高い（破線は有意水準の段階を示す）．

3. 評価指標を検討した代表的文献

Morais de Oliveira AL, Greco CC, et al：The rate of force development obtained at early contraction phase is not influenced by active static stretching. *J Strength Cond Res* **26**：2174-2179, 2012[73]

（1）実験概要
- 対象：健常者15名の大腿四頭筋.
- ストレッチング方法：大腿四頭筋のアクティブ・スタティック・ストレッチング（30秒×10回, セット間のインターバルは20秒）.
- 評価指標：膝関節伸展最大等尺性筋力, RFD（0～30 ms, 0～50 ms, 0～100 ms, 0～150 ms, 0～200 ms）.

（2）RFD測定

　RFDの測定には等速性運動機器を用いる．被験者は, 股関節屈曲85°にて等速性運動機器の回転軸と右膝関節の回転中心を合わせてシートに座り, 体幹上部をベルトで固定する．膝関節伸展最大等尺性収縮は膝関節屈曲60°の位置で3秒間とし, 60秒間の間隔を設けて2回行う．対象者には「できるだけ早く, かつできるだけ強く」膝関節を伸展するように指示し, 検者は強く声かけを行う．最大等尺性筋力は筋力がプラトーに達している1秒間の平均値とし, 2回の測定のうち, より大きな値を採用する．RFDは, 関節トルクが8 Nmに達した点を筋収縮開始の点として各算出範囲での時間-トルク関係の傾き（Δトルク/Δ時間）と定義する．

表面筋電図

　筋電図とは, 筋収縮に先立つ筋線維活動電位を導出し記録したものである．筋活動電位を導出する電極には, 針電極, ワイヤー電極, 表面電極がある．電極の種類により記録される活動電位の形は異なる．針電極は極めて限局された筋線維からの電位を導出するのに対し, 表面電極では広い範囲からの電位の合

計を捉えることとなる．そのため，針電極は運動単位電位の変化を捉えることに適しているが，運動単位の数的増加は捉えにくく，表面電極は筋全体の活動を捉えるのに適するとされている．ワイヤー電極はその中間的位置に属する．

　本章では，侵襲を伴わない表面筋電図（surface electromyography：sEMG）を用いた評価指標とその方法を紹介する．表面筋電図を用いた測定は，随意運動に伴い生じる筋線維活動電位を捉えた動作筋電図と，電気刺激などを与えることにより筋から生じる活動電位を捉えた誘発筋電図の2種類がある．

　筋電図は，多数の筋線維から発生する活動電位を記録している．表面筋電図は，皮膚上に設置した表面電極により活動単位を導出することになるため，電位発生源である筋線維から離れた位置で記録することとなる．したがって，表面筋電図では常に他の組織が介在した状態での記録となり，細胞外液の性質や筋線維周囲の組織構造，記録電極の位置などに影響を受ける．オシロスコープ上などで見られる筋電図の波形は，個々の筋線維から発生した活動電位が，他の組織を介在して伝導され，電極に時間的，空間的に到達した時間軸で合計した複合波形である．筋活動の増加に伴い，運動単位の動員と発火頻度の増加により活動電位は互いに干渉した波形となる．

1．測定方法とコツ

　表面筋電図測定に際しては，まず目的となる筋を決定し，導出方法や電極設置部位，電極間隔を決定する．

　筋電図波形を計測する際には，筋電図を構成する入力部や増幅部，記録部，スピーカなどの機器の設定を行うことが必要となる．さらに，導出方法，電極設置部位，電極間距離の決定や皮膚の処理方法，フィルタ，増幅度，アーチファクト対策などを決定する．

（1）導出方法

　導出方法には，単極導出法と双極導出法がある．単極導出法は，記録したい部位に探査電極を置き，基準電極を身体の他の部位に設置する．基準電極は，骨突出部や腱部に設置される場合が多い．モーションアーチファクトやクロストークの影響を受けやすく，動作時の筋電図波形を導出する方法としてはあまり適さないとされる．

双極導出法は，1対の探査電極を筋腹に置き筋電図を導出する．この場合は両探査電極の筋電位の差として筋電図が記録される．

（2）電極設置部位

通常，表面電極は，筋腹の中央に設置することが多いが，波形の再現性を高めるためには，神経支配帯を避けて神経支配帯と停止部の間に設置する方法もある．

また，筋から直接活動電位を得ることが難しい表面電極では，筋と電極の間に存在する脂肪組織や皮膚，体毛などの影響を受けるため設置部位に配慮が必要である．体毛はできれば剃り，皮膚に対してはアルコールで皮膚の汚れや皮脂を落とし，サンドペーパーや研磨剤入りのペーストで皮膚の角質を削るなどの配慮が必要になる場合がある．

（3）電極間距離

双極誘導では電極間距離を設定する必要がある．電極間距離は測定の際に一定にしておく必要があり，クロストークの影響を考慮する．電極間距離が大きいと電極の設置位置のずれによる影響を小さくでき，活動範囲を導出する範囲を広げることができるが，クロストークの影響を受けやすくなる．クロストークとは，目的としている筋以外の近傍の筋からの活動電位を導出してしまうことであり，これを防ぐために電極間距離は，小さくしなければならない．一般には，電極間距離は 10〜20 mm 程度が多く用いられる．

（4）測定のコツ

電極設置位置について
- 電極と筋線維との間の組織ができるだけ少ない箇所にする
- 設置電極は電気的変化の少ない骨突起部に貼付する
- motor end plate をまたがないようにすると再現性が高い
- マーキングを施し常に同じ場所に設置する
- 測定肢位や動作の妨げにならない位置に貼付する
- 筋線維の走行に沿って貼付する
- クロストークを最小限に抑えた位置にする
- 電極設置後，ベースラインが安定してから測定を開始する
- 発汗はデータのばらつきやノイズ発生を引き起こすため，注意する

- ●動きを伴う場合は電極がはがれやすいため,必要に応じて固定する
- ●皮膚と電極との間に空間を空けない
- ●ペーストの量は多すぎず,かつ少なすぎないようにする

A 動作筋電図

　ストレッチングの研究においては,主に動作筋電図は,① 最大筋力発揮時の筋線維活動電位の定量的な解析,② 他動的なストレッチング中や他動的トルクの測定中に筋線維活動が生じていないことの確認の2種類の目的で用いられることが多い.
■単位:mV,V,% MVC,など

1. 測定方法とコツ

(1) 最大筋力発揮時の筋線維活動電位の定量的な解析

　最大筋力発揮時の筋線維活動電位の計測は,多くの場合は等尺性収縮中の筋活動を表面電極から導出して行う[75](図4-17).ただし,先行研究では等速性収縮時の筋活動も指標として用いられている[58].

　筋電図波形の解析のうち,定量的な方法がいくつか確立している.定量化処理のためにはまず整流を行う.整流には,筋電図のうちの陰性波形を基線上に折り返し,絶対値に表した全波整流と陰性波形を除外した半波整流があり,この処理によって定量化後の値が異なるため注意する.

　整流後の波形を定量的に解析する中でも多く用いられているのは,積分波形[13)76)](integrated EMG),積分波形を単位時間で除した平均波形(移動平均),実効値または二乗平均(root mean square:RMS)[75]などである.また,% MVCとして正規化を行う場合[6]もある.動作筋電図においては導出部位や皮下組織の厚み,インピーダンスなどの影響を受けるため正規化が有用となる.個人間の活動量を捉えるうえでは,正規化は特に重要である.

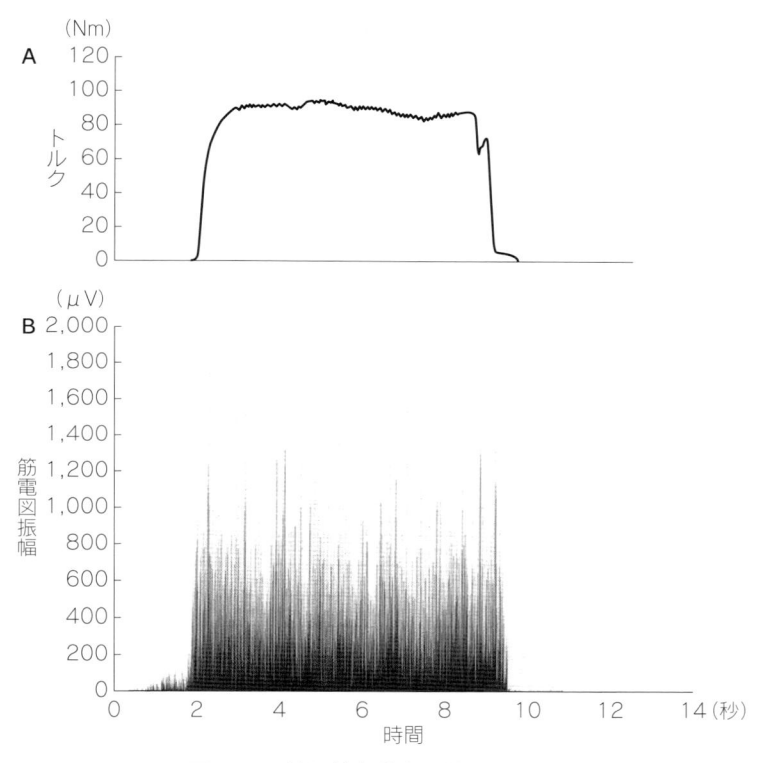

図 4-17　等尺性収縮中の筋活動の一例
A：最大等尺性収縮中の発揮トルク
B：最大等尺性収縮中の筋電図波形（全波整流）

（2）他動的なストレッチング中や他動的トルクの測定中に筋線維活動が生じていないことの確認

　ストレッチング中の筋線維活動の有無を確認するため，ストレッチングの対象筋やその拮抗筋の筋電図を導出し，筋電図振幅を観察する（**図 4-18**）．ストレッチング中に被験者が十分リラックスできているかどうかを確認するうえで客観的で有用なデータとなる．McNair ら[25]は，1% MVC を上回るような振幅が確認された場合はストレッチング中のリラックスが十分できていなかった可能性があり，解析対象から除外するなどの対策を講じている．

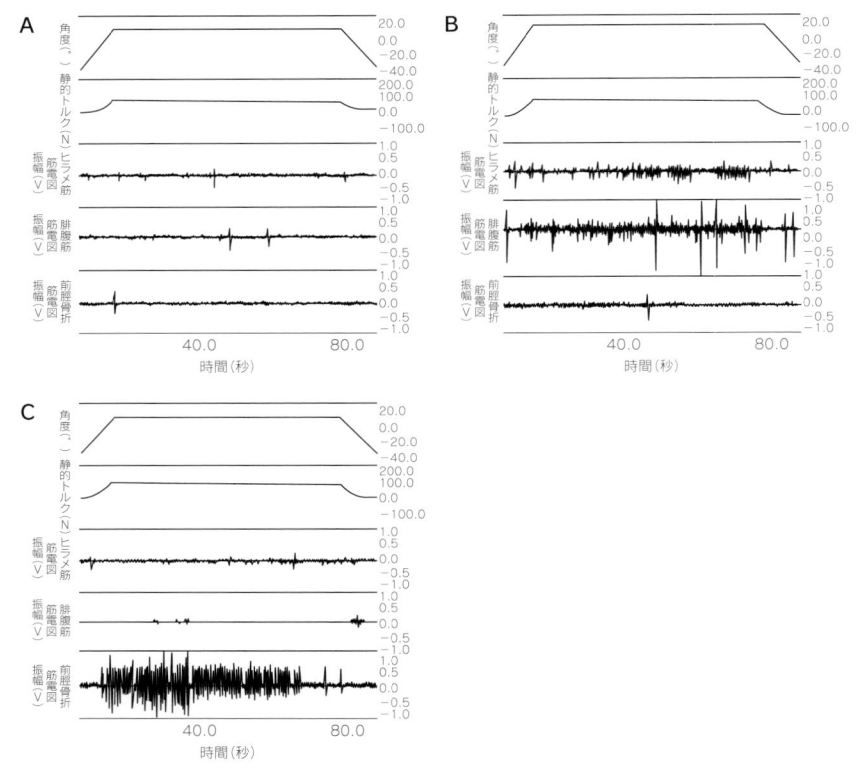

図 4-18　下腿三頭筋に対するスタティック・ストレッチング中の静的トルクおよび筋電図活動〔Gajdosik et al, 2006 より改変[80]〕

A：下腿三頭筋および前脛骨筋の筋活動が 1% MVC 以下である場合の一例
B：下腿三頭筋の筋活動が 1% MVC 以上である場合の一例
C：前脛骨筋の筋活動が 1% MVC 以上である場合の一例

（3）他の計測装置との併用

　動作筋電図の計測の際には，等速性運動機器をはじめとした他の機器との併用をする場合が多く想定される．したがって，他の機器のデータとの同期が必要になり，同一の記録機器に記録しない場合はトリガ信号を用いる必要がある．トリガ信号の例には，光や音，フットスイッチ，ビデオ映像などがあり，筋電図記録装置と他のデータ記録装置に同時に記録されるようにする．

（4）測定のコツ

動作筋電図では，前述の電極設置位置に加えて動作によるリード線の揺れや電極のずれによる雑音（モーションアーチファクト）が生じる可能性がある．モーションアーチファクトは下記の方法などにより抑えることができる可能性がある．
- リード線を短くする，またはまとめる
- 電極の固定を確実に行う
- サンドペーパーなどにより皮膚抵抗を十分に落とす
- 30 Hz の低域遮断フィルタを用いる
- 前置増幅器を用いる
- 電極は，作動増幅器を組み込んだアクティブ電極を用いる

2. 関連する生理学的特徴

1つのα運動神経細胞とそれが支配する筋線維群をまとめて運動単位（motor unit）と呼び，運動の機能的な最小単位となる．α運動神経細胞にインパルスの発射が起こると，運動単位内のすべての筋線維が収縮する．1つの運動単位の領域は，他の運動単位領域とオーバーラップしながら筋全体に広がっている．運動単位領域の大きさは，筋によって異なるとされており，四肢筋ではおよそ直径が5～10 mm程度とされている．

1つの神経細胞が支配する筋線維の数を神経支配比と呼び，この神経支配比は一般に精密な運動をする筋ほど小さく，粗大で強力な運動をする筋ほど大きいとされる．

運動単位は，支配している筋線維によって3種類のタイプに分類され，それぞれ異なる性質を有している（**表4-1**）．

筋収縮の強さは，① 動員する運動単位の種類と総数，② α運動神経細胞発火頻度，③ 運動単位の活動時相による調節，の3つにより調整される．

（1）動員する運動単位の種類と総数（運動単位の空間的活動参加，recruitment）

筋収縮を漸増させると新たな運動単位が活動に参加する．動員される運動単位が増加するほど収縮に参加する筋線維数が増加し，収縮力が大きくなる．

表 4-1　筋線維タイプと特徴

	S 型	FR 型	FF 型
収縮速度	遅い	速い	速い
疲労	極めてしにくい	しにくい	しやすい
運動ニューロンサイズ	小	中	大
神経支配比	小	中	大
リクルートメント閾値	低	中	高
支配する筋線維タイプ	type Ⅰ（slow twitch, oxidative：SO 型）	type ⅡA（fast twitch, glycolytic, oxidative：FOG 型）	type ⅡB（fast twitch, glycolytic：FG 型）

・S 型（slow twitch, fatigue resistant）
・FR 型（fast twitch, fatigue resistant）
・FF 型（fast twitch, fatigable）

　運動単位を構成する神経線維が反復して興奮するための閾値は，神経細胞体の小さいS型，次いでFR型，FF型の順に低く，運動に際して運動単位もこの順序で動員されるとされており，これをサイズの原理（size principle）と言う．

（2）α運動神経細胞発火頻度（運動単位の時間的活動参加，rate coding）
　筋収縮を漸増させていく場合，参加した運動単位は発火頻度を増加させて対応する．連続的な神経興奮に対しては，筋は完全な弛緩を挟まず連続的に収縮する（強縮する）．強縮の過程では，ある一定の水準までは神経の興奮頻度が高まるにつれて収縮は加重され，より強い収縮力を発揮する．

（3）運動単位の活動時相による調節
　複数の運動単位の活動同期化は，瞬発的に大きな力の発揮が必要な場合に有利となる．意識の集中による中枢神経系での同期プログラム，着地時の反力による反射的同期などにより誘発される．一方で，各運動単位の非同期的な活動は，特に発火頻度が低い場合に筋全体としてスムーズに収縮が行え，さらに収縮時間が延長される利点がある．
　筋電図は筋線維からの活動電位を表しているのであって，必ずしも筋力を反映しているわけではない．上述のような生理学的機序に基づき，一般には，筋の収縮張力増加とともに，表面筋電図から得られる筋活動量も大きくなるとさ

れているが，その関係は厳密には直線的ではない場合もある．さらに，筋力の発揮には，筋線維の太さや筋の収縮様式，収縮速度，長さ-張力関係の変化などの影響も含まれるため，筋電図と筋力の関係を知るためには，様々な情報を考慮に入れておく必要がある．

スタティック・ストレッチング後には一時的に発揮筋力が低下することが知られており[77)-79)]，その要因の1つとして，神経生理学的変化が関与する可能性が示唆されている[6)]．Kayら[59)]は，ストレッチング後の筋力低下の割合と筋力発揮時の筋電図振幅低下の割合の間に正の相関関係が認められたと報告している．

スタティック・ストレッチング中の筋電図活動について，Gajdosik[80)]は，ストレッチングの対象筋またはその拮抗筋に最大等尺性収縮時の筋電図振幅の1%を上回るような筋活動がみられる場合とみられない場合とで，静的トルクの変化に差が生じることを報告している．さらに，筋活動がみられるグループにおいては，ストレッチング対象筋の筋電活動の程度と静的トルクの低下率との間には負の相関，ストレッチング対象筋の拮抗筋の筋電活動の程度と静的トルクの低下率との間に正の相関を認めたと報告している（図 4-19）．

さらに，Cooperら[81)]は，脳卒中片麻痺患者のmodified Ashworth scaleの値とストレッチング中の筋電図振幅の間に正の相関が認められたことを報告しており，痙性とストレッチング中の筋活動に関連性があることを指摘している（図 4-20）．

3. 評価指標を検討した代表的文献

Babault N, Kouassi BY, et al : Acute effects of 15 min static or contract-relax stretching modalities on plantar flexors neuromuscular properties. *J Sci Med Sport* **13** : 247-252, 2010[75)]

（1）実験概要
- 対象：健常男性20名の下腿三頭筋．
- ストレッチング方法：スタティック・ストレッチング（30秒×20セット，セット間の休憩は15秒）またはPNFストレッチング（hold-relax）（6秒間の50% MVC以下の等尺性収縮と24秒間のスタティック・ストレッチング×20セット，セット間の休憩は15秒）のいずれかを行う．
- 評価指標：ヒラメ筋および腓腹筋の筋電図振幅（RMS），電気刺激時の最大底

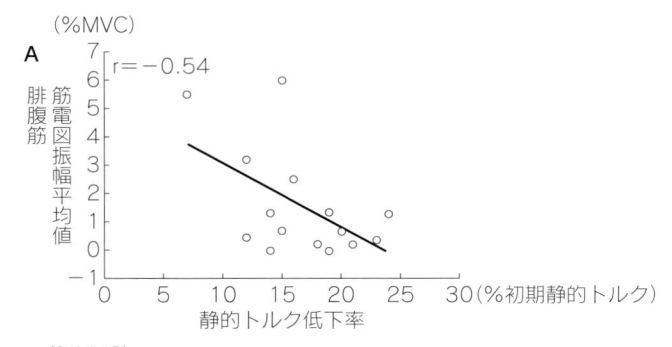

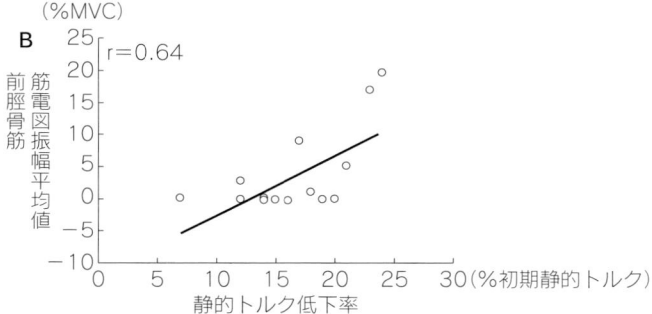

図 4-19 スタティック・ストレッチング中の静的トルク低下率と筋電図振幅との相関関係
〔Gajdosik et al, 2006 より改変[80]〕

下腿三頭筋に対するスタティック・ストレッチング中に腓腹筋または前脛骨筋に 1% MVC 以上の筋活動がみられる場合の静的トルク低下率と筋電図振幅の関係を示す．
A：腓腹筋の筋電図振幅と静的トルクの低下率との間に負の相関が認められた．
B：前脛骨筋の筋電図振幅と静的トルクの低下率との間に正の相関が認められた．

屈トルク，ヒラメ筋および腓腹筋の M 波振幅，最大等尺性筋力．

（2）筋電図測定

最大等尺性収縮時の表面筋電図測定に際し，2 組の塩化銀の電極（直径 10 mm，電極間距離 20 mm）を使用する．電極はヒラメ筋においては下腿中央線上で，腓腹筋の外側頭および内側頭が合流してアキレス腱に移行する点の 5

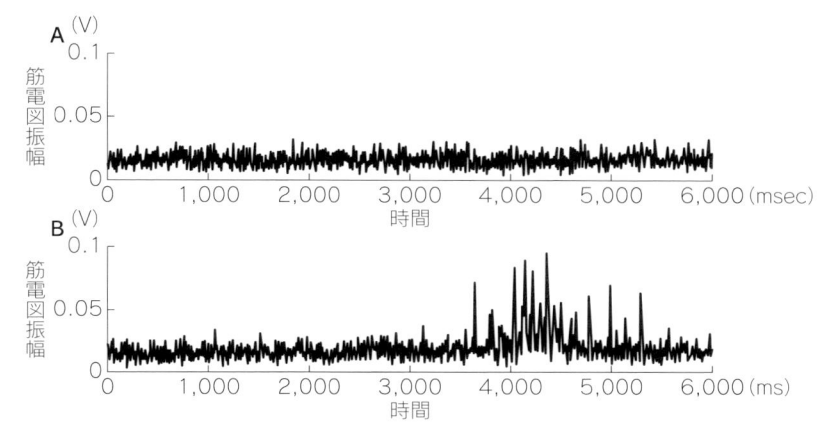

図4-20　脳卒中片麻痺患者の筋電図活動の一例
〔Cooper et al, 2005より改変[81]〕

A：安静時
B：ストレッチング中
安静時に比較して，ストレッチング中には著明な筋電図振幅の増加が認められた．

cm遠位に貼付する．また，腓腹筋内側頭においては筋腹中央に長軸方向に並べて貼付する．基準電極は，反対側下肢の膝蓋骨上に固定する．皮膚と電極の接触面でのインピーダンスは，剃毛，サンドペーパーによる研磨，アルコールによる洗浄によって $2,000\Omega$ 以下にする．筋電図信号は10Hzから2,000Hzの周波数帯を増幅器にて処理する．筋電図振幅は，等尺性筋力がプラトーに達してからの500ms間にて，RMS処理したものをデータとして採用する．

B 誘発筋電図

　筋電図の中でも末梢神経を電気刺激し，その神経支配下の筋から誘発される反応を記録する検査を誘発筋電図と言う．
　ストレッチングの研究に用いられている誘発筋電図の代表的な評価指標には，M波，H反射などがある．運動神経を刺激して，末梢に伝達された刺激が筋を通して生じる活動電位をM波またはM反応と言う．また，筋紡錘由来のIa線維の興奮が脊髄に到達し，同名筋を支配する運動ニューロンを興奮させる

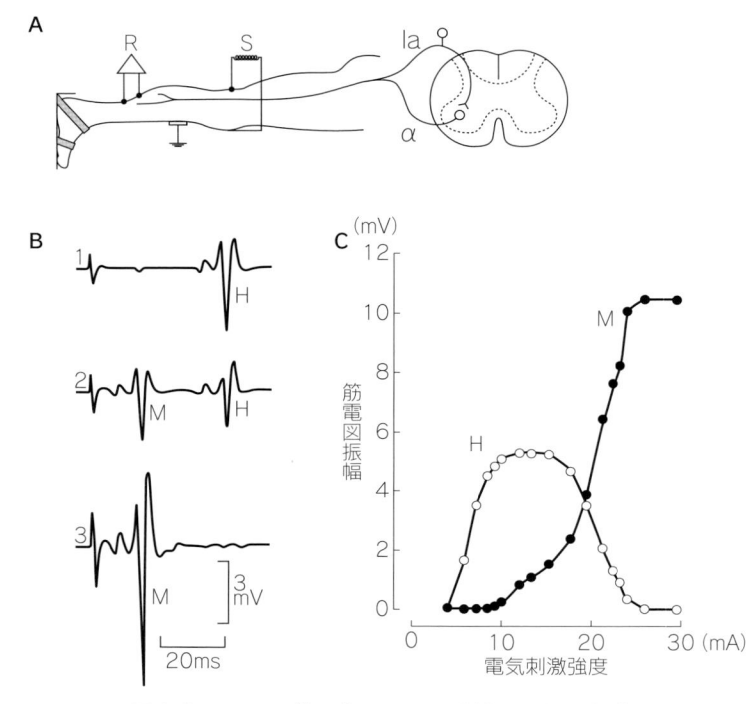

図 4-21　ヒラメ筋における H 反射および M 波測定
〔Guissard et al, 1988 より改変[82]〕

A：刺激電極（S）および記録電極（R）の位置を示す.
B：刺激強度の漸増に伴い H 反射，続いて M 波が確認できる．さらに強度を漸増すると，M 波振幅増加と H 反射振幅低下が起こり，M 波振幅が最大に到達する前に H 反射は消失する.
C：電気刺激強度と H 反射および M 波振幅の関係を示す.

ことにより生じる活動電位を H 反射と言う[51)82)]（**図 4-21**）.

　また，脊髄運動ニューロンの興奮性を捉える指標として，H 反射と M 波との振幅の比を求めることも多い．両者の比を求める際には，H/M 最大比（Hmax/Mmax）や H/M 閾値比（Hth/Mth）などが用いられる．また，電気刺激の他，急速な他動伸張により伸張反射を生じさせた際に得られる波形（S 波）や打腱器で叩打することにより腱反射を生じさせた際に得られる波形（T 波）が測定される場合もある.

■単位：mV，V，など

1. 測定方法とコツ

H反射およびM波の測定方法を以下に示す．

(1) 実験姿勢

H反射はヒラメ筋や橈側手根屈筋で測定する場合が多い．H反射は姿勢や上肢の動作の影響を極めて受けやすく，計測中同一の姿勢を保つ必要がある．姿勢の変化により筋長が変わり筋紡錘の活動性も変動し，運動ニューロンの興奮性も変化してしまう．また，頸部の動きなどによってもH反射は変動する．

さらに，H反射の振幅は精神状態などによっても変動するため，被験者には一定の集中力を保たせる．

ヒラメ筋での測定では，膝関節を軽度屈曲させ足関節は短下肢装具などにより底背屈0°に固定するか，固定せず軽度底屈位とする．

(2) 刺激条件

電気刺激の部位や，その条件を設定する必要がある．陰極と陽極が固定された刺激電極を用いる場合は，電気刺激は神経の走行に沿って行う．刺激波形は持続時間1 msの矩形波が多く用いられる．

電気刺激を連続して行いH反射を誘発していく場合，最初の刺激によるH反射振幅よりも，2発目，3発目と振幅は徐々に低下していき，徐々に一定の値になる．このH反射振幅低下の程度は高頻度刺激でより顕著となるため，刺激間隔には配慮が必要である．刺激頻度は概ね0.3 Hz前後が用いられている場合が多い．

(3) H反射，M波の同定

具体的には，ヒラメ筋での測定では脛骨神経への電気刺激強度を漸増させていくと，まず潜時20～30 msに現れる波形がH反射であり，この時の刺激強度はH反射の刺激閾値となる．次に刺激強度を高めていくと，潜時5～10 msにM波が現れ，この時の刺激強度がM波の刺激閾値となる．H反射の振幅は，M波の出現および振幅の増加に伴い低下していくため，低下する前のH波振幅の最大を計測する．M波振幅が最大に達する頃にはH反射は消失する．さらに刺激強度を漸増させ，M波の最大振幅を求める．

（4）測定のコツ
- 計測中の姿勢を同一に保つ
  H反射は姿勢や他の部位の動作の影響を受けやすいため，姿勢の変化には十分に配慮する必要がある．
- 被験者が集中力を一定に保てるよう配慮する
  H反射は精神状態にも影響されることが知られている．照明を暗くするなどの環境への配慮も重要である．
- 電気刺激部位は，神経の走行に注意し，正確に定める
- 最も低い電流で反応がみられる部位を選択する

2. 関連する生理学的特徴

H反射およびM波を誘発する場合，H反射はM波が出現する前に現れる．これは，Ia線維の閾値が運動神経よりも低いことによる．また，その後刺激強度を高めていくとM波振幅増加とH波振幅低下が起こり，M波振幅が最大に到達する前にH反射は消失する．これは，刺激強度の上昇に伴いインパルスが逆行性に運動神経を上行し，Ia線維から脊髄を介して運動神経を下行してH反射を発生させるインパルスと衝突するためと考えられている．そのため，H反射の同定は，① 被験筋とその脊髄節までの距離に見合った潜時であること，② 閾値がM波よりも低いこと，③ M波振幅の増加に伴いH反射振幅が減少または消失することなどを根拠とする[83]．

3. 評価指標を検討した代表的文献

Guissard N, Duchateau J : Effect of static stretch training on neural and mechanical properties of the human plantar-flexor muscles. *Muscle Nerve* **29** : 248-255, 2004[40]

(1) 実験概要
- 対象：健常男性12名の下腿三頭筋.
- ストレッチング方法：アクティブ・スタティック・ストレッチング（30秒×5セット×4種類，セット間の休憩は30秒）を週5日，6週間継続する.
- 評価指標：Hmax/Mmax，Tmax/Mmax，足関節背屈可動域，スティフネス，最大動的トルク，最大等尺性筋力，随意収縮時および電気刺激時のRFD.

(2) 誘発筋電図測定

誘発筋電図については針電極を用いて膝窩にて脛骨神経を刺激し，電気刺激は1msの矩形波とする．電気刺激は5秒に1回の頻度（0.2Hz）で，H反射およびM波の最大振幅が得られるまで行う．H反射およびM波はヒラメ筋にて双極導出法で導出し，銀の表面電極（直径8mm，電極間距離30mm）を使用する．電極は下腿中央線上に貼付し，近位のものは腓腹筋の外側頭および内側頭が合流してアキレス腱に移行する点の3〜4cm遠位に貼付する．基準電極は，刺激電極と記録電極の中間地点で脛骨上とする．筋電図信号は10〜1,000Hzの周波数帯を増幅器にて処理する．サンプリング周波数は10kHzとする．

超音波画像

超音波画像を用いた評価により，筋腱複合体，筋腱移行部，腱の伸張量や筋束の長さの変化および筋線維の走行する角度の変化を捉える方法が用いられている．

筋腱複合体，筋腱移行部，腱の伸張量の変化は，一定の可動域において関節を他動的に動かした際にどれだけ組織の長さが変化したかを捉えられている．

また，同様に筋束長の変化も測定されている．

筋線維の走行する角度については，腓腹筋の羽状角角度が関節角度によってどのように変化するかが捉えられている．

いずれも詳細な算出方法については文献ごとに異なっているのが現状である．
■単位：mm, °(deg)，など

1．測定方法とコツ

筋腱複合体の伸張量，筋腱移行部の変位量，腱の伸張量，筋束長変化，羽状角角度の算出方法については研究ごとに異なっていることが現状であるが，そのうちの代表例を簡単に紹介する．

これらの変化は，超音波画像 B モードでリニアプローブを用いて測定する．本章では，下腿三頭筋を対象にした測定方法を述べることとする．

（1）筋腱複合体の伸張量の算出（単位：mm）

関節角度による筋腱複合体全体の伸張量を算出する際には，まず超音波画像によるランドマークの同定などによって筋腱複合体全体の長さを測定しておく[18)31)35)44)84)85)．また，屍体などによるバイオメカニクスモデルの数式を用い，関節角度が 1° 変化するごとに筋腱複合体全体の長さが何％変化するのかを求めることが可能である．この数式に関節角度を代入した筋腱複合体全体の伸張率（ΔL）と，筋腱複合体全体の長さの積を求めることで，筋腱複合体の伸張量が求められる．

（2）筋腱移行部の変位量の算出（単位：mm）

まず，筋腱移行部にエコープローブを当て，開始肢位で，筋腱移行部から近位に設置した指標までの距離を測定しておく．次に，関節運動に伴い変化する筋腱移行部から近位に設置した指標までの距離を測定する．これにより，測定した 2 つの値の差を求めることで，筋腱移行部の変位量が算出できる[18)31)35)44)84)85)（**図 4-22，23**）．

（3）腱の伸張量（単位：mm）

上述した筋腱複合体の伸張量と，筋腱移行部の変位量を算出しその差を求め

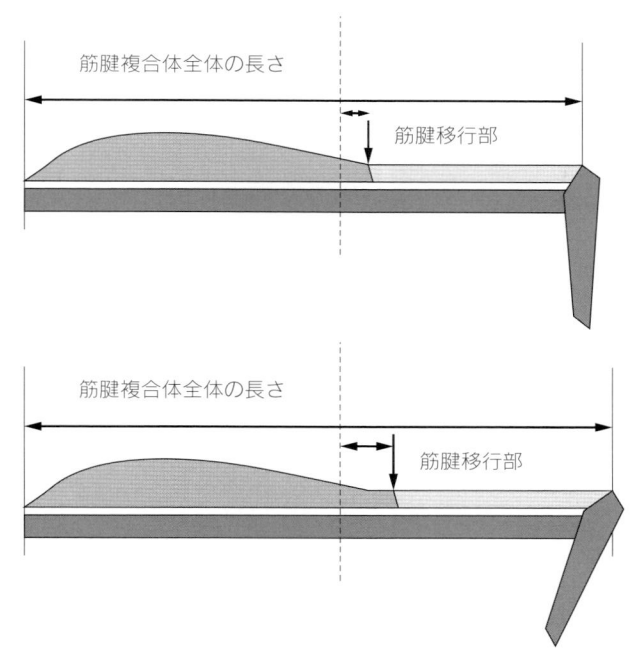

図 4-22　筋腱複合体の長さ変化と筋腱移行部の移動
〔Morse et al, 2008 より改変[35]〕

ることで腱の伸張量を求めることができる[35]．これは筋腱移行部の変位量が筋腱移行部よりも近位にある組織の伸張によって生じたものであると考えられるため，筋腱複合体全体における伸張量と筋腱移行部よりも近位での組織の伸張量の差を求めることで，残る腱での組織伸張量が算出できると考えられるためである．

（4）筋束長（単位：mm）および羽状角（単位：°〔deg〕）の変化

　筋束長および羽状角の変化は，筋腹中央にエコープローブを当てて測定する．
　超音波画像は，皮膚および腓腹筋の筋束，表層腱膜，深層腱膜が識別できるように調整する．腓腹筋の羽状角は筋束と深層腱膜の成す角として測定する（**図4-24**）．また，筋束の長さは羽状角を利用し，表層腱膜から深層腱膜までの距離（腓腹筋の筋厚）を羽状角の正弦で除して（筋厚/$\sin\theta$）算出する[31]．Nakamuraら[31]は，さらに羽状角の余弦で除した値（筋束長/$\cos\theta$）を長軸方向の筋束長と

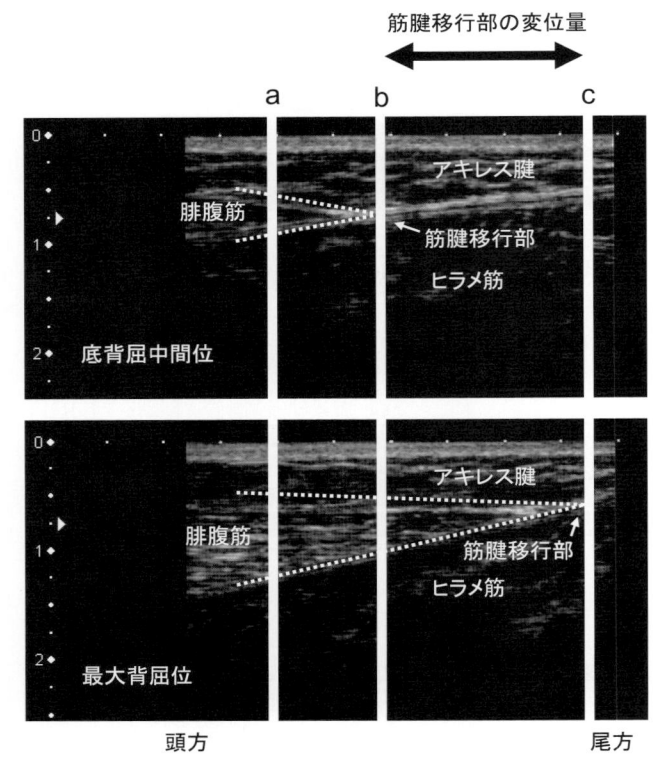

図 4-23　超音波画像による筋腱移行部の変位量測定

筋腱移行部よりも近位に設置した指標（a）から筋腱移行部（b）までの距離（a-b 間）を測定しておく．そして，関節角度を変化させ，筋腱移行部の位置が遠位に移動した際（c）に，再度指標から筋腱移行部までの距離（a-c 間）を測定する．2つの距離の差を求めることで，筋腱移行部の変位量が算出できる．

して算出している．

　Abellaneda ら[86]は，筋束全体が超音波画像に含まれない際に超音波画像中に含まれる範囲の筋束長を直接測定し，画像に含まれない範囲については画像端部の筋厚を羽状角の余弦で除することで算出し，筋束全体の長さを算出している（**図 4-25**）．

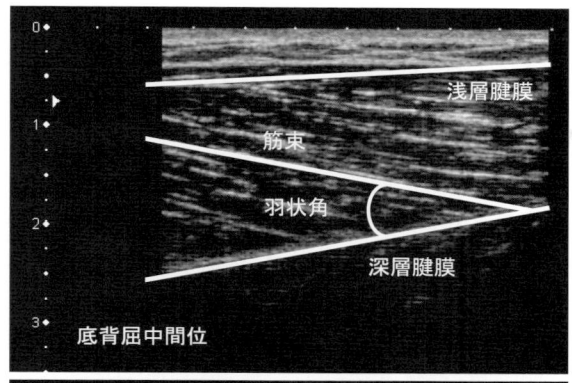

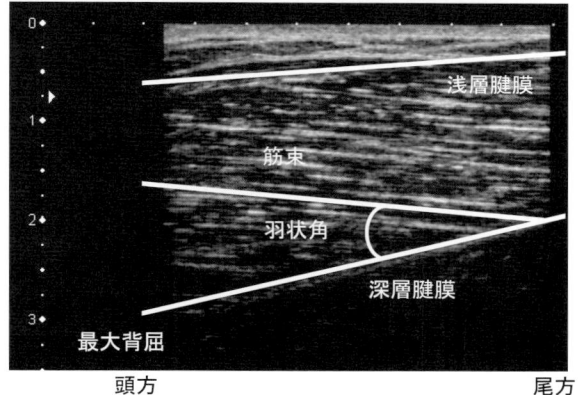

図 4-24 超音波画像による腓腹筋羽状角の測定
図中に浅層腱膜,深層腱膜,筋束と羽状角を示す.羽状角は,筋束と深層腱膜の成す角として測定する.

(5) 測定のコツ
- 被験者の測定肢位を常に一定にする
- 骨指標や反射マーカーを画像に入れ,常に同じ部位で撮像できているかを確認する
- プローブの押し込みは最小限にするか,押し込み圧を常に一定にする
  プローブを押し当てることで,プローブ直下の組織が変形するため,注意が必要である.
- プローブの押し当て角度は常に一定にする

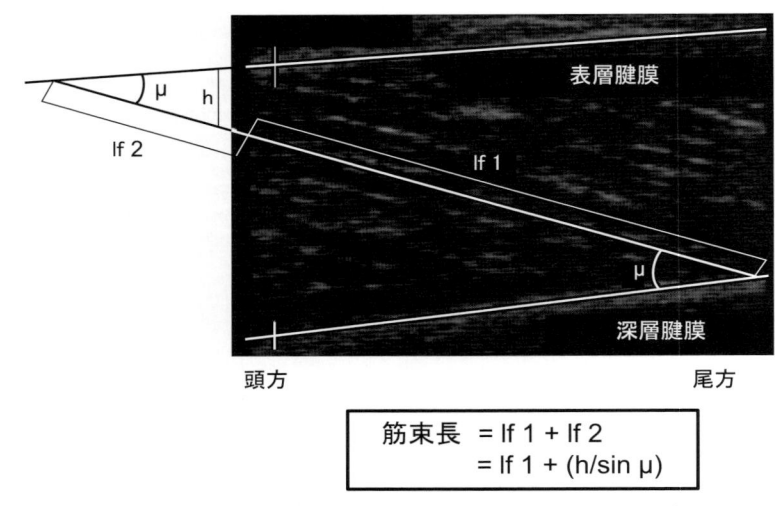

図 4-25 筋束長の算出〔Abellaneda et al, 2009 より改変[86]〕
筋束全体が超音波画像に含まれない際は，超音波画像中に含まれる範囲の筋束長を直接測定し，画像に含まれない範囲については，画像端部の筋厚を羽状角の余弦で除することで算出し，筋束全体の長さを算出している．

$$筋束長 = lf\,1 + lf\,2 = lf\,1 + (h/\sin \mu)$$

プローブの押し当て角度によって撮像される組織の厚さ，角度などが変わるため，配慮が必要である．
● 目的の部位に合った形状・周波数のプローブを使用する

2. 関連する生理学的特徴

Abellaneda ら[86]は足関節背屈角度の増加に伴い，筋束長が直線的に増加し，羽状角が直線的に小さくなることを示している．また，背屈30°における筋腱複合体全体の伸張に対する寄与率は，筋で71.8%，腱で28.2%であった．また，同時に動的トルクを測定した際，背屈30°にて低い動的トルクを示した被験者のグループは高い動的トルクを示した被験者に比べて筋の伸張量が大きかったことを報告している．

3. 評価指標を検討した代表的文献

Morse CI, Degens H, et al : The acute effect of stretching on the passive stiffness of the human gastrocnemius muscle tendon unit. *J Physiol* **586** : 97-106, 2008[35]

(1) 実験概要
- 対象：健常男性8名の下腿三頭筋.
- ストレッチング方法：1分×5回のスタティック・ストレッチング.
- 評価指標：筋腱複合体の伸張量, 筋腱移行部の変位量, 腱の伸張量, 筋束長, 羽状角, 関節可動域, 動的トルク, スティフネス, 筋電図振幅.

(2) 超音波装置による測定

　超音波装置については, Bモード矢状面撮影, 10 cmのリニアプローブを使用する. 筋腱複合体の伸張量は, まずエコーによる腓腹筋の付着部の同定からまず筋腱複合体の長さを測定し, 関節角度の変化による筋腱複合体の伸張率の式との積により算出する.
関節角度の変化による筋腱複合体の伸張率を算出する式は,

$$\triangle L = -22.185 + 0.30141\ (90+\theta A) + 0.00061\ (90+\theta A)^2\quad (\theta A は足関節角度)$$

とし, 足関節角度は底背屈0°から背屈25°まで, 5°間隔で変化させて算出する. 　筋腱移行部の変位量を算出する際には, 超音波装置プローブを筋腱移行部周囲に当て, 筋腱移行部よりも近位の皮膚に微小孔の空いた細いテープを張り付けることで, 基準となる指標を設ける. 筋腱移行部の変位量は, 足関節底背屈0°から5°ずつ背屈した時の指標から筋腱移行部までの距離の差を求めることで算出する. また, 筋腱複合体の伸張量から, 筋腱移行部の変位量を引いた値を腱の伸張量として算出する. 羽状角および筋束長の測定に際しては, 超音波装置プローブを腓腹筋内側頭の長さの中点でかつ正中に当てる. 筋束長は表層腱膜から深層腱膜までの距離とし, 羽状角は筋束と深層腱膜の成す角とする.

パフォーマンス

 ストレッチングの効果を検討する研究の中で，様々なパフォーマンス指標が検討されている．本項では，パフォーマンスの評価で多く用いられているスプリントタイムおよびジャンプパフォーマンスについて解説する．

A　スプリントタイム

 ストレッチング後のパフォーマンス変化を捉えるための方法の1つとして，スプリントタイム測定がしばしば用いられる．
■単位：sec

1. 測定方法とコツ

 スプリントタイム測定の際の条件は様々であり，研究の目的やデザインに合わせて決定する必要がある．プロトコルを精密にすることで，最大パフォーマンス発揮による疲労などのばらつきを最小限にとどめる努力が求められる．
 具体的には，以下の点などを配慮する必要がある．
- 何回測定を行うか
- 測定を複数回行った際は，どの値を採用するか（最大値，平均値，各々を記録）
- 測定と測定の間の休憩時間はどうするか
- 走る距離はどうするか
- 測定方法は人が行うか，機器によって自動測定するか
- 競技場の環境や風向きおよび風速に対する配慮
- 静止した状態からの一定距離のタイムを測定し，加速の過程を含める（stationary sprint）か，最高速度に達してからの一定距離のタイムを測定する（flying sprint）か

2. 関連する生理学的特徴

Comfortら[87]は，プロラグビー選手とレクリエーションレベルでの競技者におけるスクワットの1RMと，5, 10, 20 mのスプリントタイムを測定しており，レクリエーションレベルでの競技者においては10 mスプリントタイムと1RM，または20 mスプリントタイムと1RMの間に有意な負の相関を認めたが，プロラグビー選手においては相関関係が認められなかったことを報告している．

このように，スプリントは瞬発力を要するパフォーマンスの例として用いられるが，対象者によっては必ずしも筋力と相関するものではないことを踏まえておく必要がある．

3. 評価指標を検討した代表的文献

Stewart M, Adams R, et al : Warm-up or stretch as preparation for sprint performance? *J Sci Med Sport* **10** : 403-410, 2007[88]

(1) 実験概要
- 対象者：優秀な19歳以下の男子ラグビー選手14名．
- ストレッチング方法：大腿四頭筋，ハムストリングス，下腿三頭筋を対象に，コーチの指導のもと，合計12分間のストレッチング，またはサーキット走などのwarm up，warm upとストレッチングの両方，warm upを一切行わない，の4通り．
- 評価指標：40 mスプリントタイム．

(2) スプリントタイム測定

測定は3回行い，1, 2, 3回目のすべてのタイムを結果として用いる．測定と測定の間の休憩時間は3分間とする．測定は，光刺激を合図に静止状態からスタートし，陸上トラックにて自動測定で行う．国際陸上連盟の規定に倣い，風速および風向きを記録する．

B ジャンプパフォーマンス

　スプリントタイムと同様に，垂直跳びの跳躍高もストレッチング後のパフォーマンスの変化を捉えるためにしばしば使用されている．
■単位：cm，m

1. 測定方法とコツ

　ストレッチングの研究で用いられている代表的なジャンプパフォーマンスの種類と測定方法を紹介する．運動様式の違いなどにより，数種類の方法のジャンプが用いられる（**図4-26**）．

（1）ジャンプの種類
　① countermovement jump：CMJ
　CMJはジャンプの際，動作開始の姿勢から膝関節の屈曲や足関節の背屈を強めて反動をつけてから行う．筋の伸張-短縮サイクル（stretch-shortening cycle：SSC）を利用するジャンプ動作となる．測定に際しては，反動をつける際の沈み込む深さや関節角度，動作のスピードを規定する場合と被験者に自由に行わせる場合などがある．
　② squat jump：SJ（static jump, concentric jump）
　SJはCMJとは異なり，まず動作開始時の姿勢を膝関節を屈曲させた状態として，この姿勢をいったん保持してから反動をつけずにそのままジャンプする方法である．動作開始時の姿勢における関節角度を規定することで，統一する場合が多い．
　③ drop jump：DJ
　DJは，20～30 cm程度の高さの台から勢いをつけずに降り，着地と同時にジャンプして行う．その際，接地時間は極力短くするようにし（Youngら[89]は接地時間をおよそ200 msと規定している），膝関節角度の変化を最小限にとどめるようにする．

図 4-26 ジャンプパフォーマンスの種類
A : countermovement jump
B : squat jump
C : drop jump

（2）測定機器

　垂直跳びの測定は，① 床反力からの推定，② デジタル垂直跳び測定器による計測，③ 測定ボードによる計測，④ 滞空時間からの推定などの方法が用い

られている.床反力計を用いた場合,離地時の垂直方向の床反力から加速度を算出し,速度を求めることで跳躍高を計算することができる.また,滞空時間からの推定は,

跳躍高 = $g \cdot t^2/8$ (g:重力加速度,m/s^2,t:滞空時間,sec)

などの計算式が用いられる場合が多い.
　また,床反力計を用いた測定時には,踏み切り時や着地時の床反力,接地時間,滞空時間などを合わせて測定することができる.

(3) 測定のコツ
　ジャンプの方法を詳細に規定することで,再現性を高める必要がある.
- 手を殿部に当てたままの状態でジャンプする
  下肢筋に依存するパフォーマンスの変化を捉えたい場合は,上肢動作の影響を省くための配慮が有効となる.
- ジャンプ動作を繰り返し練習する
- ジャンプ試行間の休憩時間を規定し疲労の影響などをできるかぎり統制する
- CMJ や SJ においては,関節角度や目線の高さの基準を用いて沈み込み時や測定開始時の姿勢を一定にする
- CMJ においては,メトロノームや声かけによりスピードを一定にする
  動作のスピードにより,SSC への影響などが生じると考えられる.
- SJ においては,ジャンプ時に開始時の姿勢よりも膝関節が屈曲しないように注意する
- DJ においては,できるだけ接地時間を短くし,膝関節の屈曲を最小限にする

2. 関連する生理学的特徴

　ジャンプパフォーマンスのようなダイナミックな動作においては,「反動」によって支えられている場合が多い.つまり,関節の回転運動が,主動作の直前に逆方向に運動することとなるため,その動作を構成する主動筋はいったん引き伸ばされた後に短縮することになり,この活動動態を伸張-短縮サイクルと呼ぶ[90].

反動動作においては，伸張前の予備的緊張，急激な伸張による伸張反射と筋の増強効果，筋腱複合体の弾性要素などが貢献していると考えられている[90]．
　Cavagna[91]は，運動における弾性要素の貢献について，強縮中のカエル摘出筋を外部から強制伸張させその直後に一定の速度で短縮させたところ，伸張せずに短縮させた場合と比べて筋の仕事量が大きくなることを示した．また，強制伸張した場合でも伸張後に短縮へ移行するまでの時間が長いと強制伸張の効果が失われてしまうことも確認されている．
　また，反動動作は主動筋の伸張を最初に引き起こすが，この急速な伸張は50 ms程度の短潜時の単シナプス性伸張反射および長潜時の伸張反射をもたらし，活動筋のスティフネスを向上させる[92,93]．さらに，筋の伸張により収縮要素自体の張力も増加することが報告されており，これは増強効果[94]と呼ばれる．

3. 評価指標を検討した代表的文献

Behm DG, Kibele A : Effects of differing intensities of static stretching on jump performance. *Eur J Appl Physiol* **101** : 587-594, 2007[95]
(1) 実験概要
- 対象者：健常者10名．
- ストレッチング方法：下腿三頭筋に対し，不快を感じる点 (point of discomfort : POD)，75% POD，50% PODのうちいずれかの強度で，30秒×4回のスタティック・ストレッチングを行う．
- 評価指標：ゆっくりと膝関節を70°まで屈曲させて行うCMJ (CMJ 70°)，小さく，速く反動をつけて行うCMJ (short amplitude CMJ)，被験者自らが膝の屈曲角度と運動スピードを決めて行うCMJ (CMJ preferred)，膝関節を70°屈曲位にした姿勢から行うSJ，DJの5種類の跳躍高とする．

(2) ジャンプパフォーマンス測定
　DJは24 cmの台から行い，被験者には接地時間を極力短くし (200 ms程度)，膝関節および股関節の屈曲を最小限にとどめるよう指導し，下腿三頭筋のSSCの影響が大きくなるようにする．
　測定には床反力計を用いる．それぞれのジャンプを2回ずつ行い，各ジャンプの跳躍高の最高値を解析対象に採用する．ジャンプ試行間の休憩は1分とす

る．測定の順序はランダムとしたが，最初の測定は床反力計が被験者の体重を必要とするため，1回目の測定はDJ以外のいずれかとなる．

痛み

痛みとは，「組織の実質的あるいは潜在的損傷に結びつくか，このような傷害を表す言葉を使って述べられる不快な感覚および情動体験」（国際疼痛学会，1994）として定義されている．痛みは主観的な感覚であるがゆえに定量化することは非常に困難とされるが，痛みの量的評価は同一被験者の痛みの経時的推移を評価することに有用で，治療効果の判定にも利用できるとされることから，ストレッチングの研究においても痛みの評価を行っているものがある．

痛みの評価には様々なスケール，評価表，質問票（主観的評価）などが用いられるが，本書では痛みの量的評価法として視覚的アナログスケール（visual analogue scale：VAS），数値評価スケール（numerical rating scale：NRS），face pain rating scaleを，痛みの質的評価法としてマクギル疼痛質問票（McGill pain questionnaire：MPQ）を取り上げ，疾患特異的評価法の例としてローランド・モリス機能障害質問票（Roland-Morris disability questionnaire：RDQ），オズウェストリー腰痛障害質問票（Oswestry diasability index：ODI），neck disability index（NDI）を紹介する．

1．痛みの量的評価

1）視覚的アナログスケール（visual analogue scale：VAS）

VASは100 mmの直線やスケールを用いて，「痛みなし」を0 mm，「今まで経験した中で最も痛く耐えがたい痛み」を100 mmとして，痛みがどの程度か対象者自身に直線上に印をつけてもらい，0からの距離を測定し痛みの強さとして評価する．

(1) 特徴

VASの再現性を示す相関係数は5分間のインターバルでは0.99，24時間のインターバルでは0.97と高い値を示すことが報告されている[96]．また，6段階の侵害熱刺激により実験的に引き起こされた痛みを用いた検討によりVASの妥当性も示されている[97]．そのため，「理学療法診療ガイドライン第1版（2011）」においても，推奨グレードはAとなっている．しかし，慢性痛患者においてVASに正確に回答できないものは11％であった[98]との報告から，急性痛に比べて信頼性が低いとされているため使用の際には注意が必要である．

2）数値評価スケール（numerical rating scale：NRS）

NRSとは，0〜10の数値を等間隔で並べ，「痛みなし」を0，「これ以上耐えられない痛み」を10として対象者に痛みの数値を選択してもらい評価する．

(1) 特徴

NRSが信頼性，妥当性を有することが検証されており[99]，VASと有意に相関し，回帰直線の傾きは1.1であることが報告されている[100]．さらに，慢性痛患者においてNRSに正確に回答できないのは2％であり，VASの11％よりも少ないことが示されている[98]．そのため，NRSは対象者の理解が得られやすく，痛みの強度の評価に有用であると考えられる．「理学療法診療ガイドライン第1版（2011）」においては，VAS同様に推奨グレードはAとなっている．

3）Face pain rating scale

フェイススケールとは，「痛みがまったくなく，とても幸せである」の表情から「これ以上考えられないほど強い痛み」の表情まで6種類の顔面の表情を選択させる方法である．

(1) 特徴

フェイススケールは信頼性，妥当性を有し，小児の多くがVAS，NRS，語句評価スケール（verbal rating scale：VRS）よりもフェイススケールを好むことが報告されており[101]，短時間で評価が行える利点がある．一方，フェイススケールは痛みを表現した表情のスケール間において痛みの強度が等間隔でないことから，痛みの強度を定量化できないことが欠点であるとされる．

2．痛みの質的評価

1）マクギル疼痛質問票（McGill pain questionnaire：MPQ）

　MPQは，痛みの性質と強度に関する質問票である．1～20群に分類され，78個の痛みを表す形容詞がそれぞれの群に類似の数個ずつに分けて配置されている．1～10群は痛みの感覚的表現，11～15群は痛みの感情的表現，16群は痛みの評価的表現，17～20群はその他の痛みに関する表現がそれぞれ含まれる．各群において，痛みを表す言葉は各領域で最も軽い痛みを示す言葉から順番に配列されており，最も軽いものを1点とし，順次1点ずつ点数が上がっていく．対象者は20群それぞれに1つずつ単語を選択し，これらの各合計点により痛みの性質を評価し，痛みの強さを present pain intensity（PPI）による6段階にて評価する．

（1）特徴

　MPQは，主観的な痛みを客観的に評価するために開発された．MPQについて，検証的因子分析を用いた検討では，「感覚」「情動」「評価」の3因子から構成されることが示されており[102]，日本語版MPQにおいても同様の因子構造を保っていることが示されている[103,104]．日本語版MPQは高い再現性を有するが，内的整合性の不十分性が指摘されており[103]，注意が必要である．また，日本語版MPQはVAS，NRS，VRSとの相関があることから同時妥当性が示されている．よって，日本語版MPQは痛みの性質および強度の評価に有用であると考えられるが，その一方で文化や言語の違いにより表現法が異なること，選択肢が多く回答に20分ほどの時間を要することなどの問題点がある．また，所要時間の問題に対応するため，簡易版マクギル疼痛質問票（short-form McGill pain questionnaire：SF-MPQ）が存在する．

3. 疾患特異的評価法

1) ローランド・モリス機能障害質問票（Roland-Morris disability questionnaire：RDQ）

　RDQ は，腰痛による日常生活の機能障害の程度を評価するために開発され，国際的に最も使用されている腰痛質問票の1つである．腰痛のために歩く，立つ，座る，服を着る，家事をするなどの基本的な日常生活活動（activity of daily living：ADL）に関する24項目から成り，各項目で障害があれば1点ずつ加算し合計24点満点で評価する．

(1) 特徴

　RDQ はオリジナルにおいても，日本語版においても信頼性が示されている[105)-107)]．また，日本語版 RDQ は SF-36 の「身体機能」「身体の痛み」「日常役割機能（身体）」と高い相関を示し，基準関連妥当性が示されている．RDQ は本邦の 2,966 名のデータをもとに国民標準値が性別・年代別に算出されており，国民標準値との比較が可能である[108)109)]．腰痛有訴者の RDQ は男性では平均 3.7 点，女性では平均 4.2 点であり，男女ともに年齢が高くなるほどスコアは高くなる傾向を示し，特に 70 歳代の女性ではスコアが高いことが報告されている．そのため，RDQ は腰痛による日常生活への機能障害の程度の評価に有用であると考えられるが，RDQ には心理的側面を測定する項目が 24 項目中 1 項目のみであるという欠点があり，SF-36 の「心の健康」や「活力」との相関は低いことが報告されている[107)]．

2) オズウェストリー腰痛障害質問票（Oswestry diasability index：ODI）

　ODI は，RDQ と並び世界的に使用頻度の高い腰痛による ADL/QOL 障害評価法の1つである．痛みの強さおよび腰痛のために歩く，立つ，座る，セルフケア，睡眠などの ADL に関する10項目から成り，各項目 0〜5 点で評点し，合計 50 点満点で評価する．

(1) 特徴

　ODI はオリジナル，日本語版ともに信頼性が示されている[110)-115)]．日本語版

ODI には睡眠や社会生活などの項目も含まれるため，SF-36 の「身体的健康」だけではなく「精神的健康」のサブスケールとも十分な相関を示している点が特徴である．本邦の ODI 基準値が報告されていないため，RDQ に比べてわが国での使用頻度は低いが，腰痛による日常生活への機能障害の程度の評価に有用であると考えられる．多くの症例では ODI，RDQ のどちらを用いても十分対応可能であるが，ODI では床効果，RDQ では天井効果が認められることから，より重症の母集団では ODI，軽症の母集団には RDQ の使用が勧められている[116)117)]．

3）Neck disability index（NDI）

NDI は，頸部疼痛障害による ADL/QOL 障害評価法である．NDI は，痛みの強さ，頭痛の有無，自己管理，運搬，仕事，運転，読書，集中力，睡眠，レクリエーションの 10 項目から成り，各項目 0〜5 点で評点し，合計 50 点満点で評価する．0〜4 点は障害なし，5〜14 点は軽度障害，15〜24 点は中等度障害，25〜34 点で重度障害，35〜50 点で完全な障害と定義される．

（1）特徴

NDI は信頼性が示されており，VAS，MPQ との相関があり基準関連妥当性を有することが報告されている[118)]．さらに，1966〜2008 年に発表された NDI に関する論文のシステマティックレビューでは，neck pain and disability scale（NPAD），Northwick Park neck pain questionnaire（NPQ），disability rating index（DRI），VAS との高い相関を示し，構成概念妥当性を有することや，エフェクトサイズや標準化反応平均（standardized response mean：SRM）を用いた検討から，変化に対する反応性を有することが明らかとなっている[119)]．そのため，NDI は頸部痛の評価に有用であると考えられるが，日本語版についての検証はいまだ不十分である．

4. 評価指標を検討した代表的文献

Ylinen J, Kautiainen H, et al : Stretching exercises vs manual therapy in treatment of chronic neck pain : a randomized, controlled cross-over trial. *J Rehabil Med* **39** : 126-132, 2007[120]

(1) 実験概要
- 対象者：慢性頸部痛患者125名（最初の4週間徒手療法を受け，その後8週間ストレッチングを行う群と，最初の4週間ストレッチングを行い，その後8週間徒手療法を受ける群に分け，介入前，介入4週後，介入12週後に評価する）.
- ストレッチング方法：僧帽筋上部線維，斜角筋群，頸部伸展筋群に対するスタティック・ストレッチングをそれぞれ30秒×3回ずつ行い，最後に3〜5秒間頭部を後方に移動させる運動を5回繰り返すことを，週に5日の頻度で行う.
- 評価指標：頸部の疼痛強度（平均，夜間の2種類），頸部のこわばり，しびれ，頭痛，仕事に関する制限度，余暇活動や身体活動に関する制限度（以上いずれもVAS），NDI，neck and shoulder pain and disability index を評価する.

(2) VAS, NDI 測定

頸部の疼痛強度に関する VAS は，評価の前の1週間に関して，平均した痛みの強度と夜間に限定した痛みの強度を評価する．VAS の100 mm で，両端の間に目印のないものを用い，0 mm は「痛みがない」状態，100 mm は「耐えられない痛み」とする．NDI は合計得点にて結果を比較する．

文献

1) 坂上　昇：関節の機能と関節可動域. 細田多穂, 他（編）：理学療法ハンドブック 改訂第4版「第1巻 理学療法の基礎と評価」. 協同医書出版社, pp165-228, 2010
2) Norkin CC, White JD：関節可動域測定法. 木村哲彦（監訳）, 協同医書出版, pp3-12, 2002
3) Young W, Elias G, et al：Effects of static stretching volume and intensity on plantar flexor explosive force production and range of motion. *J Sports Med Phys Fitness*　**46**：403-411, 2006
4) Magnusson SP：Passive properties of human skeletal muscle during stretch maneuvers. A review. *Scand J Med Sci Sports*　**8**：65-77, 1998
5) Ryan ED, Beck TW, et al：Do practical durations of stretching alter muscle strength? A dose-response study. *Med Sci Sports Exerc*　**40**：1529-1537, 2008
6) Fowles JR, Sale DG, et al：Reduced strength after passive stretch of the human plantarflexors. *J Appl Physiol*　**89**：1179-1188, 2000
7) Folpp H, Deall S, et al：Can apparent increases in muscle extensibility with regular stretch be explained by changes in tolerance to stretch? *Aust J Physiother*　**52**：45-50, 2006
8) Ben M, Harvey LA：Regular stretch does not increase muscle extensibility：a randomized controlled trial. *Scand J Med Sci Sports*　**20**：136-144, 2010
9) Magnusson SP, Simonsen EB, et al：A mechanism for altered flexibility in human skeletal muscle. *J Physiol*　**497**　(Pt 1)：291-298, 1996
10) Batista LH, Vilar AC, et al：Active stretching improves flexibility, joint torque, and functional mobility in older women. *Am J Phys Med Rehabil*　**88**：815-822, 2009
11) Boyce D, Brosky JAJr.：Determining the minimal number of cyclic passive stretch repetitions recommended for an acute increase in an indirect measure of hamstring length. *Physiother Theory Pract*　**24**：113-120, 2008
12) Chan SP, Hong Y, et al：Flexibility and passive resistance of the hamstrings of young adults using two different static stretching protocols. *Scand J Med Sci Sports*　**11**：81-86, 2001
13) Power K, Behm D, et al：An acute bout of static stretching：effects on force and jumping performance. *Med Sci Sports Exerc*　**36**：1389-1396, 2004
14) Cronin J, Nash M, et al：The acute effects of hamstring stretching and vibration on dynamic knee joint range of motion and jump performance. *Phys Ther Sport*　**9**：89-96, 2008
15) Young W, Clothier P, et al：Acute effects of static stretching on hip flexor and quadriceps flexibility, range of motion and foot speed in kicking a football. *J Sci Med Sport*　**7**：23-31, 2004
16) Weppler CH, Magnusson SP：Increasing muscle extensibility：a matter of increasing length or modifying sensation? *Phys Ther*　**90**：438-449, 2010
17) Marshall PW, Cashman A, et al：A randomized controlled trial for the effect of passive stretching on measures of hamstring extensibility, passive stiffness, strength, and stretch tolerance. *J Sci Med Sport*　**14**：535-540, 2011
18) Mizuno T, Matsumoto M, et al：Viscoelasticity of the muscle-tendon unit is returned more rapidly than range of motion after stretching. *Scand J Med Sci Sports*　**23**：23-30, 2013
19) Magnusson SP, Simonsen EB, et al：Biomechanical responses to repeated stretches in

human hamstring muscle in vivo. *Am J Sports Med* 24：622-628, 1996
20) Magnusson SP, Simonsen EB, et al：Viscoelastic stress relaxation during static stretch in human skeletal muscle in the absence of EMG activity. *Scand J Med Sci Sports* 6：323-328, 1996
21) Magnusson SP, Simonsen EB, et al：Determinants of musculoskeletal flexibility：viscoelastic properties, cross-sectional area, EMG and stretch tolerance. *Scand J Med Sci Sports* 7：195-202, 1997
22) Magnusson SP, Aagaard P, et al：Passive tensile stress and energy of the human hamstring muscles in vivo. *Scand J Med Sci Sports* 10：351-359, 2000
23) Magnusson SP, Aagaard P, et al：Passive energy absorption by human muscle-tendon unit is unaffected by increase in intramuscular temperature. *J Appl Physiol* 88：1215-1220, 2000
24) Duong B, Low M, et al：Time course of stress relaxation and recovery in human ankles. *Clin Biomech (Bristol, Avon)* 16：601-607, 2001
25) McNair PJ, Dombroski EW, et al：Stretching at the ankle joint：viscoelastic responses to holds and continuous passive motion. *Med Sci Sports Exerc* 33：354-358, 2001
26) Herda TJ, Costa PB, et al：The time course of the effects of constant-angle and constant-torque stretching on the muscle-tendon unit. *Scand J Med Sci Sports* (epub ahead of print)
27) Yeh CY, Tsai KH, et al：Effects of prolonged muscle stretching with constant torque or constant angle on hypertonic calf muscles. *Arch Phys Med Rehabil* 86：235-241, 2005
28) Wright V, Johns RJ：Observations on the measurement of joint stiffness. *Arthritis & Rheumatism* 3：328-340, 1960
29) Ryan ED, Herda TJ, et al：Viscoelastic creep in the human skeletal muscle-tendon unit. *Eur J Appl Physiol* 108：207-211, 2010
30) Ryan ED, Herda TJ, et al：Determining the minimum number of passive stretches necessary to alter musculotendinous stiffness. *J Sports Sci* 27：957-961, 2009
31) Nakamura M, Ikezoe T, et al：Acute and prolonged effect of static stretching on the passive stiffness of the human gastrocnemius muscle tendon unit in vivo. *J Orthop Res* 29：1759-1763, 2011
32) Lamontagne A, Malouin F, et al：Viscoelastic behavior of plantar flexor muscle-tendon unit at rest. *J Orthop Sports Phys Ther* 26：244-252, 1997
33) Wright V, Johns RJ：Quantitative and qualitative analysis of joint stiffness in normal subjects and in patients with connective tissue diseases. *Ann Rheum Dis* 20：36-46, 1961
34) Nordez A, Casari P, et al：Effects of stretching velocity on passive resistance developed by the knee musculo-articular complex：contributions of frictional and viscoelastic behaviours. *Eur J Appl Physiol* 103：243-250, 2008
35) Morse CI, Degens H, et al：The acute effect of stretching on the passive stiffness of the human gastrocnemius muscle tendon unit. *J Physiol* 586：97-106, 2008
36) Law RY, Harvey LA, et al：Stretch exercises increase tolerance to stretch in patients with chronic musculoskeletal pain：a randomized controlled trial. *Phys Ther* 89：1016-1026, 2009
37) Gajdosik RL, Vander Linden DW, et al：Slow passive stretch and release characteristics of the calf muscles of older women with limited dorsiflexion range of motion. *Clin Biomech (Bristol, Avon)* 19：398-406, 2004
38) Gajdosik RL, Vander Linden DW, et al：Viscoelastic properties of short calf muscle-

tendon units of older women: effects of slow and fast passive dorsiflexion stretches in vivo. *Eur J Appl Physiol* **95**: 131-139, 2005
39) Alter MJ（著），山本利春（監訳）：柔軟性の科学．大修館書店，pp77-104，2010
40) Guissard N, Duchateau J: Effect of static stretch training on neural and mechanical properties of the human plantar-flexor muscles. *Muscle Nerve* **29**: 248-255, 2004
41) Kubo K, Kanehisa H, et al: Effect of stretching training on the viscoelastic properties of human tendon structures in vivo. *J Appl Physiol* **92**: 595-601, 2002
42) Reid DA, McNair PJ: Passive force, angle, and stiffness changes after stretching of hamstring muscles. *Med Sci Sports Exerc* **36**: 1944-1948, 2004
43) Reid DA, McNair PJ: Effects of an acute hamstring stretch in people with and without osteoarthritis of the knee. *Physiotherapy* **96**: 14-21, 2010
44) Morse CI: Gender differences in the passive stiffness of the human gastrocnemius muscle during stretch. *Eur J Appl Physiol* **111**: 2149-2154, 2011
45) Kubo K, Kanehisa H, et al: Influence of static stretching on viscoelastic properties of human tendon structures in vivo. *J Appl Physiol* **90**: 520-527, 2001
46) Kubo K, Morimoto M, et al: Influences of tendon stiffness, joint stiffness, and electromyographic activity on jump performances using single joint. *Eur J Appl Physiol* **99**: 235-243, 2007
47) Burgess KE, Graham-Smith P, et al: Effect of acute tensile loading on gender-specific tendon structural and mechanical properties. *J Orthop Res* **27**: 510-516, 2009
48) Watsford ML, Murphy AJ, et al: A prospective study of the relationship between lower body stiffness and hamstring injury in professional Australian rules footballers. *Am J Sports Med* **38**: 2058-2064, 2010
49) Bojsen-Møller J, Magnusson SP, et al: Muscle performance during maximal isometric and dynamic contractions is influenced by the stiffness of the tendinous structures. *J Appl Physiol* **99**: 986-994, 2005
50) Wilson GJ, Murphy AJ, et al: Musculotendinous stiffness: its relationship to eccentric, isomeric, and concentric performance. *J Appl Physiol* **76**: 2714-2719, 1994
51) 大西秀明，間瀬教史，他：神経－筋機能の計測．内山　靖，他（編）：計測法入門．協同医書出版社，pp33-144，2001
52) Winchester JB, Nelson AG, et al: Static stretching impairs sprint performance in collegiate track and field athletes. *J Strength Cond Res* **22**: 13-19, 2008
53) Cramer JT, Beck TW, et al: Acute effects of static stretching on characteristics of the isokinetic angle-torque relationship, surface electromyography, and mechanomyography. *J Sports Sci* **25**: 687-698, 2007
54) LaRoche DP, Lussier MV, et al: Chronic stretching and voluntary muscle force. *J Strength Cond Res* **22**: 589-596, 2008
55) Yamaguchi T, Ishii K: Effects of static stretching for 30 seconds and dynamic stretching on leg extension power. *J Strength Cond Res* **19**: 677-683, 2005
56) Bohannon RW：携帯用筋力計による筋力検査．Amundsen LR（編），高橋正明，乗安整而（監訳）：筋力検査マニュアル―機器検査から徒手検査まで．医歯薬出版，pp59-75，1996
57) Marek SM, Cramer JT, et al: Acute Effects of Static and Proprioceptive Neuromuscular Facilitation Stretching on Muscle Strength and Power Output. *J Athl Train* **40**: 94-103, 2005
58) Cramer JT, Housh TJ, et al: The acute effects of static stretching on peak torque, mean

power output, electromyography, and mechanomyography. *Eur J Appl Physiol* **93**:530-539, 2005
59) Kay AD, Blazevich AJ:Moderate-duration static stretch reduces active and passive plantar flexor moment but not Achilles tendon stiffness or active muscle length. *J Appl Physiol* **106**:1249-1256, 2009
60) Avela J, Kyröläinen H, et al:Altered reflex sensitivity after repeated and prolonged passive muscle stretching. *J Appl Physiol* **86**:1283-1291, 1999
61) McHugh MP, Nesse M:Effect of stretching on strength loss and pain after eccentric exercise. *Med Sci Sports Exerc* **40**:566-573, 2008
62) Cramer JT, Housh TJ, et al:Acute effects of static stretching on peak torque in women. *J Strength Cond Res* **18**:236-241, 2004
63) Nelson AG, Guillory IK, et al:Inhibition of maximal voluntary isokinetic torque production following stretching is velocity-specific. *J Strength Cond Res* **15**:241-246, 2001
64) Esposito F, Limonta E, et al:Time course of stretching-induced changes in mechanomyogram and force characteristics. *J Electromyogr Kinesiol* **21**:795-802, 2011
65) Ferreira GN, Teixeira-Salmela LF, et al:Gains in flexibility related to measures of muscular performance:impact of flexibility on muscular performance. *Clin J Sport Med* **17**:276-281, 2007
66) Cramer JT, Housh TJ, et al:An acute bout of static stretching does not affect maximal eccentric isokinetic peak torque, the joint angle at peak torque, mean power, electromyography, or mechanomyography. *J Orthop Sports Phys Ther* **37**:130-139, 2007
67) Ralston HJ, Inman VT, et al:Mechanics of human isolated voluntary muscle. *Am J Physiol* **151**:612-620, 1947
68) Shrier I:Does stretching improve performance? A systematic and critical review of the literature. *Clin J Sport Med* **14**:267-273, 2004
69) Cramer JT, Housh TJ, et al:Acute effects of static stretching on peak torque in women. *J Strength Cond Res* **18**:236-241, 2004
70) Andersen LL, Andersen JL, et al:Early and late rate of force development:differential adaptive responses to resistance training? *Scand J Med Sci Sports* **20**:e162-169, 2010
71) Aagaard P, Simonsen EB, et al:Increased rate of force development and neural drive of human skeletal muscle following resistance training. *J Appl Physiol* **93**:1318-1326, 2002
72) Andersen LL, Aagaard P:Influence of maximal muscle strength and intrinsic muscle contractile properties on contractile rate of force development. *Eur J Appl Physiol* **96**:46-52, 2006
73) Morais de Oliveira AL, Greco CC, et al:The rate of force development obtained at early contraction phase is not influenced by active static stretching. *J Strength Cond Res* **26**:2174-2179, 2012
74) Harridge SD, Bottinelli R, et al:Whole-muscle and single-fibre contractile properties and myosin heavy chain isoforms in humans. *Pflugers Arch* **432**:913-920, 1996
75) Babault N, Kouassi BY, et al:Acute effects of 15 min static or contract-relax stretching modalities on plantar flexors neuromuscular properties. *J Sci Med Sport* **13**:247-252, 2010
76) McBride JM, Deane R, et al:Effect of stretching on agonist-antagonist muscle activity

and muscle force output during single and multiple joint isometric contractions. *Scand J Med Sci Sports* 17：54-60, 2007

77) Kay AD, Blazevich AJ：Effect of acute static stretch on maximal muscle performance：a systematic review. *Med Sci Sports Exerc* 44：154-164, 2012

78) Samson M, Button DC, et al：Effects of dynamic and static stretching within general and activity specific warm-up protocols. *Journal of Sports Science and Medicine* 11：279-285, 2012

79) Simic L, Sarabon N, et al：Does pre-exercise static stretching inhibit maximal muscular performance? A meta-analytical review. *Scand J Med Sci Sports* 23：131-148, 2013

80) Gajdosik RL：Influence of a low-level contractile response from the soleus, gastrocnemius and tibialis anterior muscles on viscoelastic stress-relaxation of aged human calf muscle-tendon units. *Eur J Appl Physiol* 96：379-388, 2006

81) Cooper A, Musa IM, et al：Electromyography characterization of stretch responses in hemiparetic stroke patients and their relationship with the Modified Ashworth scale. *Clin Rehabil* 19：760-766, 2005

82) Guissard N, Duchateau J, et al：Muscle stretching and motoneuron excitability. *Eur J Appl Physiol Occup Physiol* 58：47-52, 1988

83) 千野直一（編），千野直一，木村彰男，他（著）：臨床筋電図・電気診断学入門 第3版．医学書院，pp23-42, 1997

84) Mizuno T, Matsumoto M, et al：Decrements in Stiffness are Restored within 10 min. *Int J Sports Med* 2012（Epub ahead of print）

85) Nakamura M, Ikezoe T, et al：Effects of a 4-week static stretch training program on passive stiffness of human gastrocnemius muscle-tendon unit in vivo. *Eur J Appl Physiol* 112：2749-2755, 2012

86) Abellaneda S, Guissard N, et al：The relative lengthening of the myotendinous structures in the medial gastrocnemius during passive stretching differs among individuals. *J Appl Physiol* 106：169-177, 2009

87) Comfort P, Bullock N, et al：A comparison of maximal squat strength and 5-, 10-, and 20-meter sprint times, in athletes and recreationally trained men. *J Strength Cond Res* 26：937-940, 2012

88) Stewart M, Adams R, et al：Warm-up or stretch as preparation for sprint performance? *J Sci Med Sport* 10：403-410, 2007

89) Young WB, Behm DG：Effects of running, static stretching and practice jumps on explosive force production and jumping performance. *J Sports Med Phys Fitness* 43：21-27, 2003

90) 深代千之：反動動作のバイオメカニクス：伸長-短縮サイクルにおける筋腱複合体の動態．体育學研究 45：457-471, 2000

91) Cavagna GA：Storage and utilization of elastic energy in skeletal muscle. *Exerc Sport Sci Rev* 5：89-129, 1977

92) Horita T, Komi PV, et al：Stretch shortening cycle fatigue：interactions among joint stiffness, reflex, and muscle mechanical performance in the drop jump. *Eur J Appl Physiol Occup Physiol* 73：393-403, 1996

93) Gollhofer A, Strojnik V, et al：Behaviour of triceps surae muscle-tendon complex in different jump conditions. *Eur J Appl Physiol Occup Physiol* 64：283-291, 1992

94) Komi PV：Physiological and biomechanical correlates of muscle function：effects of

muscle structure and stretch-shortening cycle on force and speed. *Exerc Sport Sci Rev* 12：81-121, 1984
95) Behm DG, Kibele A：Effects of differing intensities of static stretching on jump performance. *Eur J Appl Physiol* 101：587-594, 2007
96) Revill SI, Robinson JO, et al：The reliability of a linear analogue for evaluating pain. *Anaesthesia* 31：1191-1198, 1976
97) Price DD, McGrath PA, et al：The validation of visual analogue scales as ratio scale measures for chronic and experimental pain. *Pain* 17：45-56, 1983
98) Kremer E, Atkinson JH, et al：Measurement of pain：patient preference does not confound pain measurement. *Pain* 10：241-248, 1981
99) Williamson A, Hoggart B：Pain：a review of three commonly used pain rating scales. *J Clin Nurs* 14：798-804, 2005
100) Bijur PE, Latimer CT, et al：Validation of a verbally administered numerical rating scale of acute pain for use in the emergency department. *Acad Emerg Med* 10：390-392, 2003
101) Wong DL, Baker CM：Pain in children：comparison of assessment scales. *Pediatr Nurs* 14：9-17, 1988
102) Lowe NK, Walker SN, et al：Confirming the theoretical structure of the McGill Pain Questionnaire in acute clinical pain. *Pain* 46：53-60, 1991
103) Hasegawa M, Hattori S, et al：The McGill Pain Questionnaire, Japanese version, reconsidered：confirming the theoretical structure. *Pain Res Manag* 6：173-180, 2001
104) Hasegawa M, Mishima M, et al：Confirming the theoretical structure of the Japanese version of the McGill Pain Questionnaire in chronic pain. *Pain Med* 2：52-59, 2001
105) Roland M, Morris R：A study of the natural history of back pain. Part I：development of a reliable and sensitive measure of disability in low-back pain. *Spine*（*Phila Pa 1976*） 8：141-144, 1983
106) Hsieh CY, Phillips RB, et al：Functional outcomes of low back pain：comparison of four treatment groups in a randomized controlled trial. *J Manipulative Physiol Ther* 15：4-9, 1992
107) Suzukamo Y, Fukuhara S, et al：Validation of the Japanese version of the Roland-Morris Disability Questionnaire. *J Orthop Sci* 8：543-548, 2003
108) 鈴鴨よしみ, 高橋奈津子, 他：腰痛のアウトカム研究. *Pharma Medica* 25：9-12, 2007
109) 鈴鴨よしみ, 福原俊一：腰痛治療—新たなアプローチ—腰痛のアウトカム研究. ペインクリニック 28：24-31, 2007
110) Fairbank JC, Couper J, et al：The Oswestry low back pain disability questionnaire. *Physiotherapy* 66：271-273, 1980
111) Fairbank JC, Pynsent PB：The Oswestry Disability Index. *Spine*（*Phila Pa 1976*） 25：2940-2952；discussion 2952, 2000
112) Gronblad M, Hupli M, et al：Intercorrelation and test-retest reliability of the Pain Disability Index（PDI）and the Oswestry Disability Questionnaire（ODQ）and their correlation with pain intensity in low back pain patients. *Clin J Pain* 9：189-195, 1993
113) Strong J, Ashton R, et al：Function and the patient with chronic low back pain. *Clin J Pain* 10：191-196, 1994
114) Fujiwara A, Kobayashi N, et al：Association of the Japanese Orthopaedic Association score with the Oswestry Disability Index, Roland-Morris Disability Questionnaire, and short-form 36. *Spine*（*Phila Pa 1976*） 28：1601-1607, 2003

115) Hashimoto H, Komagata M, et al : Discriminative validity and responsiveness of the Oswestry Disability Index among Japanese outpatients with lumbar conditions. *Eur Spine J* 15 : 1645-1650, 2006
116) Kopec JA, Esdaile JM, et al : The Quebec Back Pain Disability Scale. Measurement properties. *Spine (Phila Pa 1976)* 20 : 341-352, 1995
117) Roland M, Fairbank J : The Roland-Morris Disability Questionnaire and the Oswestry Disability Questionnaire. *Spine (Phila Pa 1976)* 25 : 3115-3124, 2000
118) Vernon H, Mior S : The Neck Disability Index : a study of reliability and validity. *J Manipulative Physiol Ther* 14 : 409-415, 1991
119) MacDermid JC, Walton DM, et al : Measurement properties of the neck disability index : a systematic review. *J Orthop Sports Phys Ther* 39 : 400-417, 2009
120) Ylinen J, Kautiainen H, et al : Stretching exercises vs manual therapy in treatment of chronic neck pain : a randomized, controlled cross-over trial. *J Rehabil Med* 39 : 126-132, 2007

第5章

ストレッチング効果の検証

本章では，これまでの先行研究の結果から，ストレッチングの効果を多角的に検証することを試みる．ストレッチング効果を検討する研究は今日に至るまで枚挙にいとまがなく，そのアウトカムは最も多く検討がなされている柔軟性の他，筋力やパフォーマンス，電気生理，痛み，QOL，自律神経活動など実に多彩である．また，その対象は健常者に限らず，高齢者や疾患を有する者，スポーツ選手も含まれており，様々な場面でストレッチング効果が検証されてきていることがわかる．さらに，各種ストレッチング方法（第1章　ストレッチングの種類）によって，その効果には違いがあることも明らかになりつつある．

　したがって，一口にストレッチングと言っても，期待する効果や対象によって適切なストレッチング方法や種類，実施の是非が異なることが考えられる．しかし，そうした方法論の構築はあまり進んでいないのが現状である．ストレッチングと同じく筋を主たるターゲットとする筋力トレーニングにおいては，目的や対象に応じた精密な方法論の構築が進んできたが，ストレッチングにおいては，いまだその段階には至っていない．

　そこで，まずは最も多く研究成果が蓄積されているスタティック・ストレッチングを中心に，これまでの数多くの先行研究の結果を，評価指標および対象者別に整理し紹介する．各文献については，ストレッチングの方法や対象筋，結果について記載し，それらを統合して著者らの見解を「小まとめ」として記載した．項目によってはエビデンスの蓄積が不十分であり，まとめるに至らない段階である部分も散見されると思われるが，本章では，あえて現時点での見解を示すこととした．したがって，今後新たなエビデンスの蓄積により「小まとめ」の見解が変化していくことも十分想定される．

健常者

1. 関節可動域に対する効果

1) 短期間のストレッチングによる効果

(1) 1回のスタティック・ストレッチングはどれくらいの時間で効果が出現するか

　健常者の大腿四頭筋を対象に，ストレッチング時間を10，20，30，60秒の4種類設定し，スタティック・ストレッチングを行った．結果，介入前と比較して，膝関節屈曲可動域は30，60秒のストレッチングで有意に増加した[1]．

　健常者の下腿三頭筋を対象に，2，4，8分のスタティック・ストレッチングを行った．結果，介入前と比較して，足関節背屈可動域はすべての群において介入直後に増大した[2]（図5-1）．

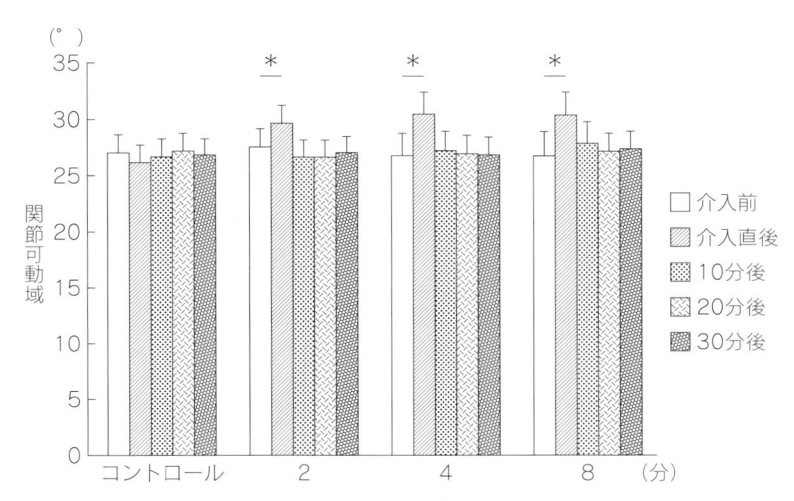

図5-1　スタティック・ストレッチングの施行時間と関節可動域の変化
〔Ryan et al, 2008 から改変[2]〕　　　＊：$p<0.05$，（Mean±SE）

小まとめ

健常者を対象とした1回のみのスタティック・ストレッチングでは，その直後に関節可動域を改善する効果が認められ，ストレッチングの時間は30秒以上が効果的である．

（2）複数回のスタティック・ストレッチングは関節可動域を改善するか

健常者のハムストリングスを対象に，15秒のスタティック・ストレッチングを10回行った．結果，介入前と比較して膝関節伸展可動域は5回目のストレッチングまで有意に増加し，最も関節可動域が増加したのは1回目のストレッチングだった[3]（**図 5-2**）．

ハムストリングスを対象に，15秒×3回×2種類または30秒×3回×2種類のスタティック・ストレッチングを行った．結果，介入前と比較して，どちらの群においてもハムストリングスの筋力が低下し，膝関節伸展可動域が増大した[4]．

健常男性の下腿三頭筋を対象に，1分のスタティック・ストレッチングを5回行った．結果，介入前と比較して，足関節背屈可動域と筋腱複合体の伸張量が有意に増加した[5]．

等速性運動機器を用い，ハムストリングスを対象に，5°/秒の速度でアイソキ

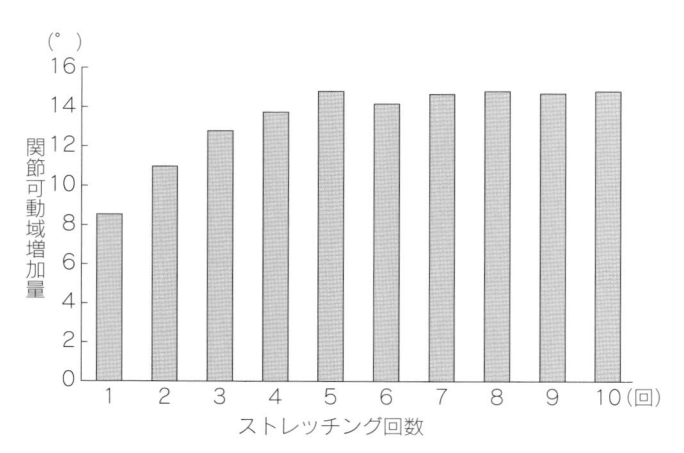

図 5-2 スタティック・ストレッチングの繰り返し回数と関節可動域の変化〔Boyce et al, 2008 から改変[3]〕

ネティック・ストレッチングを5回行った後，30秒のスタティック・ストレッチングを5回行った．結果，介入前と比較して，スタティック・ストレッチング後に膝関節伸展可動域が有意に増大した[6]．

> **― 小まとめ ―**
> 　複数回のスタティック・ストレッチングは関節可動域を改善し，その効果は1回目に著明である．

（3）スタティック・ストレッチング後の関節可動域増大はどれくらい効果が持続するか

　健常者の大腿四頭筋，ハムストリングス，下腿三頭筋を対象に，45秒のスタティック・ストレッチングを6回行った．結果，コントロール群と比較して長座体前屈は有意に高値を示し，120分後まで持続した[7]．

　体の硬い健常男性のハムストリングスを対象に，30秒のスタティック・ストレッチングを4回行った．結果，介入前と比較して膝関節伸展可動域はストレッチング1,3分後まで増大したが，6分後以降は差が認められなくなった[8]．

　健常者の下腿三頭筋を対象に，2,4,8分のスタティック・ストレッチングを行った．結果，介入前と比較して足関節背屈可動域はすべての群で増大したが，10分後には元に戻った[2]．

　健常男性の下腿三頭筋を対象に，1分のスタティック・ストレッチングを5回行った．結果，介入前と比較して，足関節背屈可動域はストレッチング直後，15,30分後に有意に高値を示した[9]（**図5-3**）．

> **― 小まとめ ―**
> 　スタティック・ストレッチング後の関節可動域増大は，ストレッチング時間，対象とする筋によって異なる．

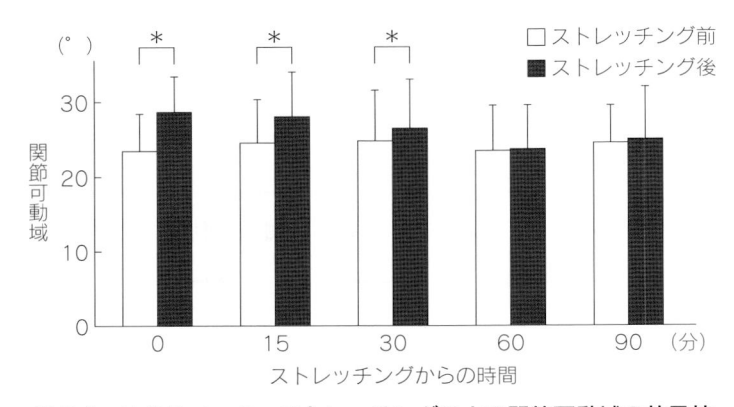

図5-3　スタティック・ストレッチングによる関節可動域の効果持続時間〔Mizuno et al, 2013から改変[9]〕
＊：p＜0.05，(Mean±SD)

（4）ストレッチング方法の違いにより関節可動域の変化に差が出るか

　健常女性のハムストリングスおよび大腿四頭筋を対象に，20分のスタティック・ストレッチングまたはバリスティック・ストレッチングを行った．結果，バリスティック・ストレッチングと比較して，スタティック・ストレッチングの股関節屈曲可動域は有意に増加した[10]（**図5-4**）．

　健常学生の腰部脊柱筋群，大腿四頭筋，ハムストリングスを対象に，30秒×3回のスタティック・ストレッチングまたはバリスティック・ストレッチングを行った．結果，ストレッチング方法の違いによって腰椎屈曲，膝関節，足関節底屈の各関節可動域に差は認められなかった[11]．

　健常者の大腿四頭筋を対象に，30秒のスタティック・ストレッチングまたはPNFストレッチング（hold-relax）を4回行った．結果，介入前と比較して，どちらのストレッチング様式においても膝関節屈曲可動域が増加した[12]．

　健常者のハムストリングスを対象に，30秒のスタティック・ストレッチング単独またはハムストリングスの等尺性収縮とスタティック・ストレッチングを組み合わせたPNFストレッチングを行った．結果，どちらのストレッチング方法においても介入後に膝関節伸展可動域が有意に増加した．さらに，スタティック・ストレッチングと比較して，PNFストレッチングの増加角度は有意に大きかった[13]．

　健常男性の下肢筋群を対象に，30秒×2回×7種類のスタティック・ストレッ

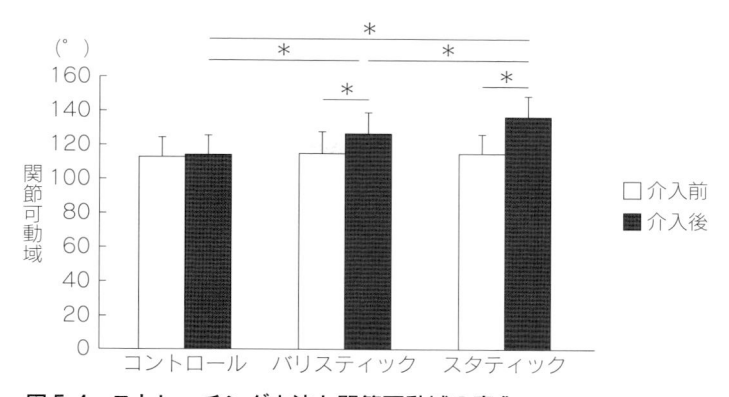

図5-4 ストレッチング方法と関節可動域の変化
〔Bacurau et al, 2009 から改変[10]〕 *：p<0.05,（Mean±SD）

チングまたは11種類のダイナミック・ストレッチングを行った．結果，非介入時と比較して，長座体前屈はスタティック・ストレッチングおよびダイナミック・ストレッチング後に有意に増加した[14]．

健常者のハムストリングスを対象に，ウォーミングアップ後に30秒のスタティック・ストレッチングまたはダイナミック・ストレッチングを3セット行った．結果，ウォーミングアップ後と比較して，スタティック・ストレッチング後の膝関節伸展可動域は有意に増加したが，ダイナミック・ストレッチング後の膝関節伸展可動域は有意に低下した[15]．

健常男性のハムストリングスを対象に，30秒のコンスタントアングル・ストレッチング（スタティック・ストレッチング）またはコンスタントトルク・ストレッチングをそれぞれ16セット行った．結果，介入前と比較して，両群ともに，膝関節伸展可動域が有意に増加した[16]．

―― 小まとめ ――――――――――――
　関節可動域に対する効果は，スタティック・ストレッチングでは認められるものの，スタティック・ストレッチングと他のストレッチングの比較では一定した見解は得られていない．

2）長期間のストレッチングによる効果
（1）長期間のストレッチングは関節可動域を増加させるか

　健常男性のハムストリングスを対象に，30秒のスタティック・ストレッチングを1日3回，週に5日行い，6週間継続した．結果，介入前と比較して，膝関節伸展可動域が有意に増大した[17]．

　健常者のハムストリングスを対象に，30秒のスタティック・ストレッチングを1日3回，週に3日行い，3週間継続した．結果，介入前と比較して，膝関節伸展可動域が有意に増大した[18]．

　健常者のハムストリングスを対象に，20分のスタティック・ストレッチングを4週間継続した．結果，介入前と比較して，股関節屈曲可動域が有意に増大した[19]．

　健常男性のハムストリングスおよび下腿三頭筋を対象に，30秒のスタティック・ストレッチングを1日4回，週に4日行い，6週間継続した．結果，介入前と比較して，膝関節伸展可動域が有意に増大した[20]．

　健常女性の下腿三頭筋を対象に，15秒のスタティック・ストレッチングを1日10回，週5日行い，6週間継続した．結果，コントロール群と比較して，足関節背屈可動域が有意に増加した[21]．

　健常者の下腿三頭筋を対象に，1日合計10分のスタティック・ストレッチングを週5日行い，6週間継続した．結果，介入前と比較して，足関節背屈可動域が有意に増大した[22]（図5-5）．

　健常者の下肢筋群を対象に，15秒のストレッチングを1日3回，週に3日行い，10週間継続した．結果，ストレッチング前と比較して，長座体前屈が有意に増大した[23]．

　13〜15歳の若年健常学生の大腿四頭筋およびハムストリングスを対象に，スプリント・トレーニングに加え，20秒のスタティック・ストレッチングを1日2回行い，6週間継続した．結果，介入前と比較して，長座体前屈が有意に増大した[24]．

― 小まとめ ―

　健常者を対象とした長期間のスタティック・ストレッチングは，関節可動域を改善させる．

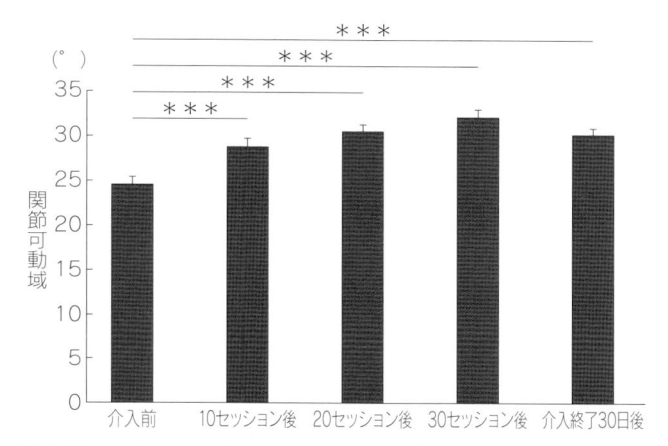

図5-5 スタティック・ストレッチングの介入回数と関節可動域の変化〔Guissard et al, 2004 から改変[22]〕

***：p＜0.001，(Mean±SE)

（2）ストレッチング方法の違いにより関節可動域の変化に差が出るか

　健常者の下腿三頭筋を対象に，20秒のスタティック・ストレッチングまたはバリスティック・ストレッチングを1日5回行い，6週間継続した．結果，介入前と比較して，両群とも足関節背屈可動域は有意に増加した[25]．

　健常者の下腿三頭筋を対象に，15秒のPNFストレッチング（contract-relax antagonist contract technique）を1日5回行い，6週間継続した．結果，コントロール群と比較して，介入後の足関節背屈可動域は有意に高値を示した[26]．

　健常男性のハムストリングスおよび下腿三頭筋を対象に，30秒のスタティック・ストレッチングまたはPNFストレッチング（contract-relax）を1日4回，週に4日行い，6週間継続した．結果，介入前と比較して，両群ともに膝関節伸展可動域は有意に増大した[20]（**図5-6**）．

小まとめ

　関節可動域に対する長期間のストレッチングの効果は，各ストレッチング方法とも認められるが，明確な違いはない．

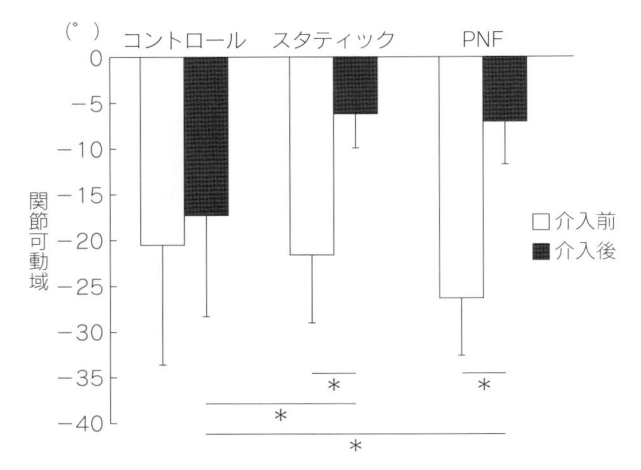

図 5-6　ストレッチング方法と関節可動域の変化（長期間）
〔Yuktasir et al, 2009 から改変[20]〕
＊：p＜0.05，（Mean±SD）

2．静的トルク，動的トルクに対する効果

1）短期間のストレッチングによる効果
（1）静的トルクはスタティック・ストレッチング中に減弱するか

　健常者のハムストリングスを対象に，90秒のスタティック・ストレッチングを行った．結果，ストレッチング開始時と比較して，終了時の静的トルクは25〜28％低下した[27]．

　健常者の下腿三頭筋を対象に，60秒のスタティック・ストレッチングを行った．結果，静的トルクはストレッチング開始から20秒までの間に大きく低下した[28]（**図 5-7**）．

　健常者の下腿三頭筋を対象に，42分のスタティック・ストレッチングを行った．結果，ストレッチング開始時と比較して，静的トルクは5分間で約20％低下し，終了時には42％低下した[29]．

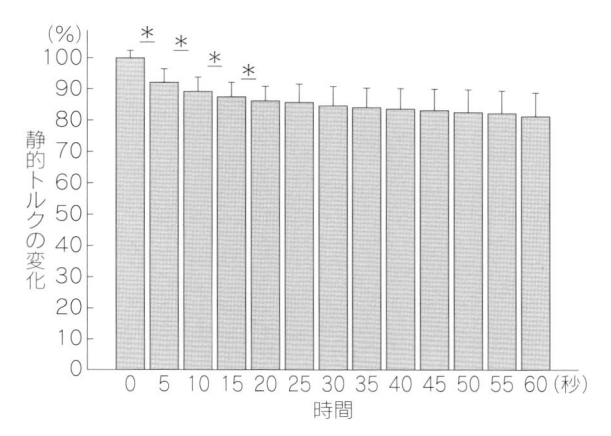

図5-7 スタティック・ストレッチングによる静的トルクの変化〔McNair et al, 2001 から改変[28]〕
* : p<0.05, (Mean±SD)

> ─ 小まとめ ─
> 　健常者を対象としてスタティック・ストレッチングを行うと，静的トルクは短時間で減弱し，時間経過に伴いさらに減弱傾向を示す．

（2）同一角度での動的トルクはスタティック・ストレッチングで低下するか

　健常者の下腿三頭筋を対象に，60秒のスタティック・ストレッチングを3回行った．結果，ストレッチング前と比較して，動的トルクが有意に低下した[30]．

　健常者の下腿三頭筋を対象に，30秒のスタティック・ストレッチングを行った．結果，ストレッチング前と比較して，動的トルクは有意に低下するが，1時間後にストレッチング前の値に戻った[31]．

　健常男性の下腿三頭筋を対象に，1分のスタティック・ストレッチングを5回行った．結果，介入前と比較して，動的トルクは有意に低下した[5]（**図5-8**）．

　健常女性の下腿三頭筋を対象に，120秒のスタティック・ストレッチングを5回行った．結果，介入前と比較して，動的トルクは有意に低下した[32]．

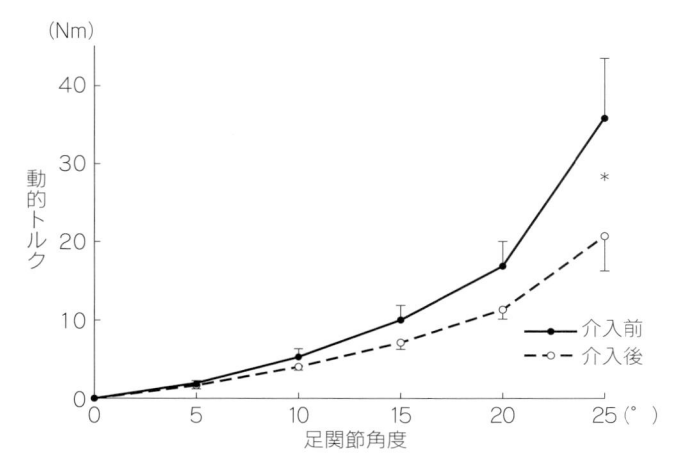

図5-8 スタティック・ストレッチングによる動的トルクの変化
〔Morse et al, 2008 から改変[5]〕

$*$：$p<0.05$，（Mean±SD）

---小まとめ---

健常者を対象としたスタティック・ストレッチングは，同一角度での動的トルクを低下させる．

（3）ストレッチング方法の違いにより動的トルクの変化に差が出るか

健常者の下腿三頭筋を対象に，合計60秒のスタティック・ストレッチングまたはサイクリック・ストレッチングを行った．結果，介入前と比較して，両群ともに動的トルクは有意に低下したが，その程度はスタティック・ストレッチングのほうが有意に大きかった[28]．

---小まとめ---

スタティック・ストレッチングとサイクリック・ストレッチングは動的トルクを低下させるが，その変化の程度に違いがみられる．

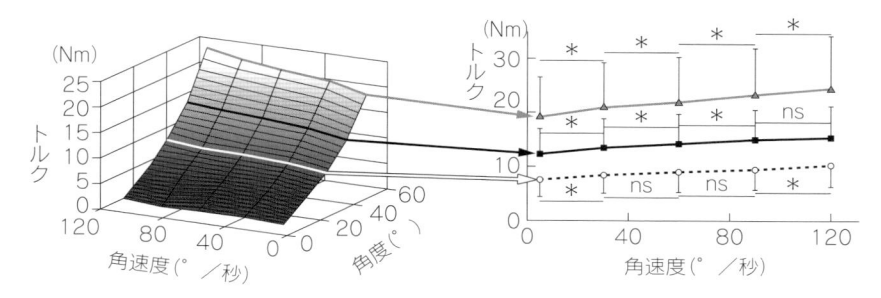

図5-9　角速度の違いによる動的トルクの変化〔Nordez et al, 2008 から改変[33]〕
＊：p＜0.05，(Mean±SD)

（4）サイクリック（またはアイソキネティック）・ストレッチング中の動的トルクは速度の違いにより差が出るか

健常男性のハムストリングスを対象に，5種類の速度（5，30，60，90，120°/秒）でサイクリック・ストレッチングを5回行った．結果，ストレッチング速度の上昇に伴い，ストレッチング中の動的トルクが増加した[33]（**図5-9**）．

高齢女性または成人女性の下腿三頭筋を対象に，速い速度（120°/秒）または遅い速度（5°/秒）でアイソキネティック・ストレッチングを行った．結果，遅い速度と比較して，動的トルクは速い速度で高値を示した[34]．

小まとめ

動的トルクはストレッチングのスピードが速いほど大きくなる．

（5）スタティック・ストレッチングは stretch tolerance を増加させるか

健常男性の下腿三頭筋を対象に，1分のスタティック・ストレッチングを5回行った．結果，ストレッチング前と比較して，関節可動域最終域での動的トルクはストレッチング0，15，30，60，90分後で有意に増加した[9]．

身体の硬い男女のハムストリングスを対象に，30秒のスタティック・ストレッチングを10回行った．結果，ストレッチング前と比較して，動的トルクの最大値が有意に増加した[35]（**図5-10**）．

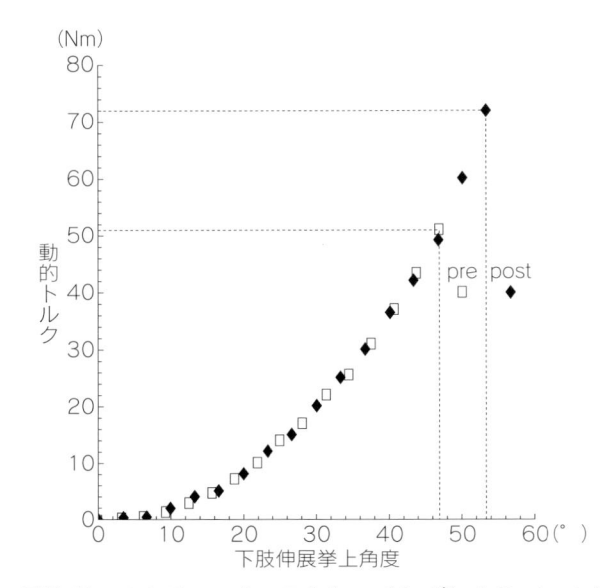

図5-10 スタティック・ストレッチングによる stretch tolerance の変化
〔Halbertsma et al, 1996 から改変[35]〕

小まとめ

スタティック・ストレッチングは stretch tolerance（動的トルクの最大値）を増加させる．

2）長期間のストレッチングによる効果

（1）同一角度での動的トルクは長期間のスタティック・ストレッチングで低下するか

健常者の下腿三頭筋を対象に，1日合計10分のスタティック・ストレッチングを週5日行い，6週間継続した．結果，介入前と比較して，動的トルクが有意に低下した[22]（**図5-11**）．

健常者の下腿三頭筋を対象に，20秒のスタティック・ストレッチングを1日5回行い，6週間継続した．結果，介入前と比較して，動的トルクは有意に低下

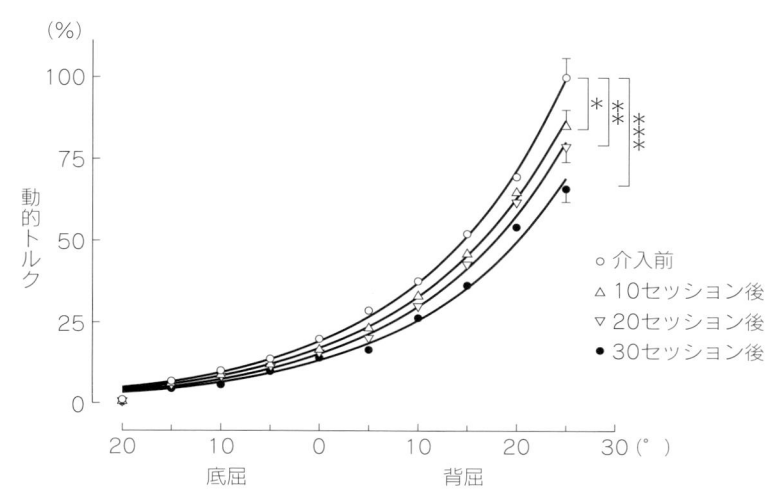

図 5-11　スタティック・ストレッチングの介入回数と動的トルクの変化
〔Guissard et al, 2004 から改変[22]〕
* : p＜0.05, ** : p＜0.01, *** : p＜0.001, (Mean±SE)

した[25]．

　健常者の下腿三頭筋を対象に，45秒のスタティック・ストレッチングを1日10回行い，20日間継続した．結果，介入前と比較して，動的トルクが有意に低下した[36]．

　健常者の下腿三頭筋を対象に，60秒のスタティック・ストレッチングを1日2回行い，4週間継続した．結果，介入前と比較して，動的トルクが有意に低下した[37]．

　健常者のハムストリングスを対象に，45秒のスタティック・ストレッチングを1日10回行い，20日間継続した．結果，介入前と比較して，動的トルクは変化しなかった[38]．

小まとめ

　健常者を対象とした長期のスタティック・ストレッチングは，同一角度での動的トルクを減少させる．

(2) 長期間のスタティック・ストレッチングは stretch tolerance を増加させるか

　健常男性のハムストリングスを対象に，30秒のスタティック・ストレッチングを1日3回，週5日行い，6週間継続した．結果，介入前と比較して，最終域の動的トルクが有意に増加した[17]．

　健常女性の下腿三頭筋を対象に，15秒のスタティック・ストレッチングを1日10回，週5日行い，6週間継続した．結果，コントロール群と比較して，動的トルクの最大値が有意に増加した[21]．

　健常者のハムストリングスを対象に，20分のスタティック・ストレッチングを週5日行い，4週間継続した．結果，介入前と比較して，動的トルクの最大値は有意に増加した[19]．

　健常者のハムストリングスを対象に，30分のスタティック・ストレッチングを週5日行い，6週間継続した．結果，介入前と比較して，動的トルクの最大値は有意に増加した[39]．

　健常者のハムストリングスを対象に，合計6分のスタティック・ストレッチングを週5日行い，4週間継続した．結果，介入前と比較して，動的トルクの最大値に差がなかった[40]．

> **小まとめ**
> 　長期間のスタティック・ストレッチングは stretch tolerance（動的トルクの最大値）を増加させる．

(3) ストレッチング方法の違いにより動的トルクの変化に差が出るか

　健常者の下腿三頭筋を対象に，20秒のスタティック・ストレッチングまたはバリスティック・ストレッチングを1日5回行い，6週間継続した．結果，介入前と比較して，動的トルクはスタティック・ストレッチング後に有意に低下したが，バリスティック・ストレッチング後は変化しなかった[25]（**図5-12**）．

　健常者の下腿三頭筋を対象に，15秒のPNFストレッチングを1日5回行い，6週間継続した．結果，コントロール群と比較して，足関節の動的トルクに差は認められなかった[26]．

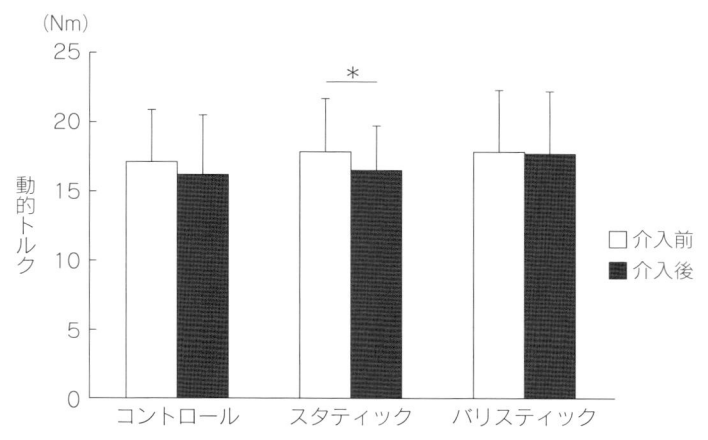

図 5-12　ストレッチング方法と動的トルクの変化（長期間）
〔Mahieu et al, 2007 から改変[25]〕　＊：p<0.05，（Mean±SD）

> **小まとめ**
>
> 　長期間のスタティック・ストレッチングは動的トルクを低下させるが，バリスティック・ストレッチングおよび PNF ストレッチングでは動的トルクを変化させない可能性がある．

3．スティフネスに対する効果

1）短期間のストレッチングによる効果
（1）スタティック・ストレッチングはスティフネスを低下させるか
　健常者の下腿三頭筋を対象に，2，4，8分のスタティック・ストレッチングを行った．結果，介入前と比較して，すべての群でスティフネスが低下した．また，コントロールと比較して，2分ストレッチングを行った群ではストレッチング直後のみ，4分および8分ストレッチングを行った群はストレッチング10分後までスティフネスが低値を示した[41]（**図 5-13**）．
　健常男性の下腿三頭筋を対象に，1分のスタティック・ストレッチングを5回行った．結果，介入前と比較して，スティフネスは有意に低下した[5]．

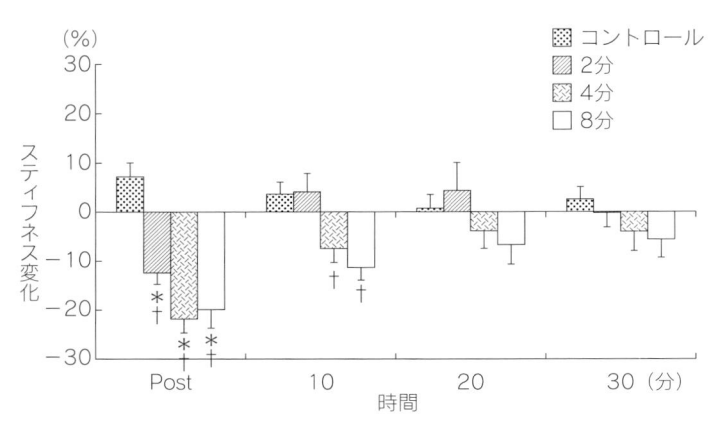

図 5-13 スタティック・ストレッチングの施行時間とスティフネスの変化〔Ryan et al, 2008 から改変[41]〕
*：p＜0.05（vs. 介入前），†：p＜0.05（vs. 非介入時），（Mean±SE）

---小まとめ---

スタティック・ストレッチングはスティフネスを低下させ，その効果はストレッチング時間に依存する可能性がある．

（2）スタティック・ストレッチングは腱スティフネスを低下させるか

健常者の下腿三頭筋を対象に，5分のスタティック・ストレッチングを行った．結果，介入前と比較して，腱スティフネスが低下した[42]（**図 5-14**）．

健常者の下腿三頭筋を対象に，60秒のスタティック・ストレッチングを行った．結果，介入前と比較して，腱スティフネスに変化は認められなかった[30]．

---小まとめ---

スタティック・ストレッチングによる腱スティフネスの変化の程度は，ストレッチング時間に依存する可能性がある．

（3）ストレッチング方法の違いによりスティフネスの変化に差が出るか

健常者の下腿三頭筋を対象に，30秒のコンスタントトルク・ストレッチング

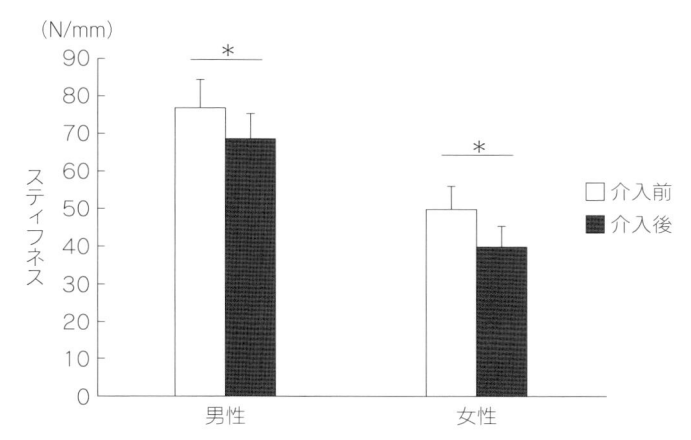

図 5-14 スタティック・ストレッチングによる腱スティフネスの変化
〔Burgess et al, 2009 から改変[42]〕　＊：p＜0.05，(Mean±SE)

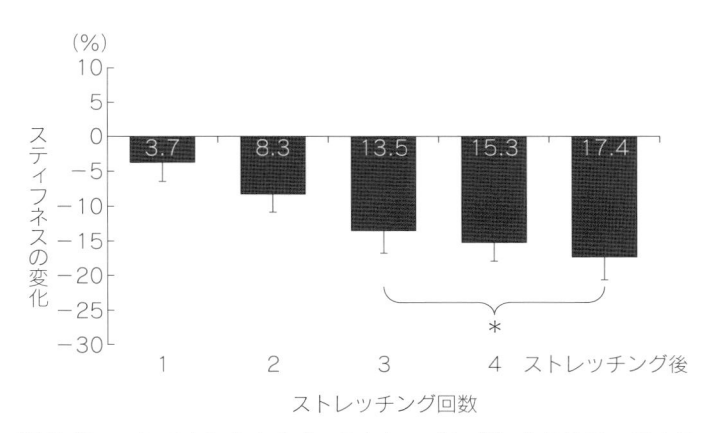

図 5-15 コンスタントトルク・ストレッチングによるスティフネスの変化〔Ryan et al, 2009 から改変[43]〕
＊：p＜0.05，(Mean±SE)

を4回行った．結果，介入前と比較して，スティフネスは3回以上のストレッチングにより有意に低下した[43]（**図 5-15**）．

　健常男性のハムストリングスを対象に，30秒のコンスタントアングル・ストレッチング（スタティック・ストレッチング）またはコンスタントトルク・ス

トレッチングをそれぞれ16セット行った．結果，介入前と比較してスティフネスはコンスタントトルク・ストレッチングでのみ有意に低下した[16]．

健常者の下腿三頭筋を対象に，合計60秒のスタティック・ストレッチングまたはサイクリック・ストレッチングを行った．結果，介入前と比較して，スティフネスはサイクリック・ストレッチング後に有意に低下したが，スタティック・ストレッチング後には変化は認められなかった[28]．

小まとめ

コンスタントトルク・ストレッチング，サイクリック・ストレッチングは，スタティック・ストレッチングよりスティフネスを低下させる可能性がある．

2）長期間のストレッチングによる効果
（1）長期間のスタティック・ストレッチングはスティフネスを低下させるか

健常者の下腿三頭筋を対象に，1日合計10分のストレッチングを週5日行い，6週間継続した．結果，介入前と比較して，同一可動範囲におけるスティフネスは低下した[22]（図5-16）．

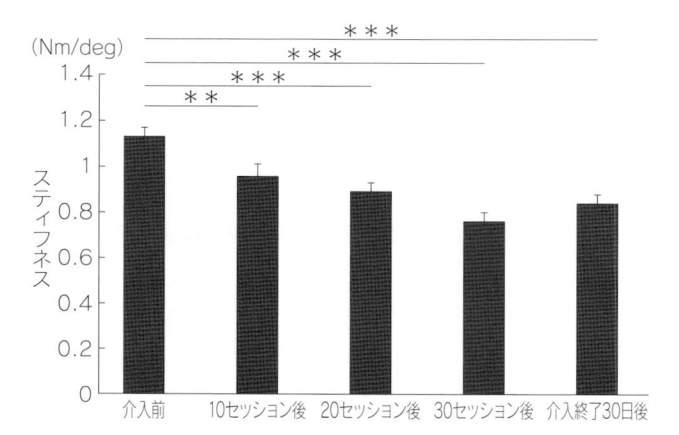

図5-16　スタティック・ストレッチングの介入回数とスティフネスの変化〔Guissard et al, 2004 から改変[22]〕
　　　　　　　　＊＊：$p<0.01$，＊＊＊：$p<0.001$，（Mean±SE）

健常者の下腿三頭筋を対象に，45秒のスタティック・ストレッチングを1日10回行い，20日間継続した．結果，介入前と比較して，スティフネスが有意に低下した[36]．

健常者のハムストリングスを対象に，合計6分のスタティック・ストレッチングを週5回行い，4週間継続した．結果，介入前と比較して，スティフネスが有意に低下した[40]．

健常女性の下腿三頭筋を対象に，15秒のスタティック・ストレッチングを1日10回，週5日行い，6週間継続した．結果，スティフネスはストレッチング後に変化しなかった[21]．

─ 小まとめ ─
長期間のスタティック・ストレッチングはスティフネスを低下させる．

（2）ストレッチング方法の違いにより腱スティフネスの変化に差が出るか

健常者の下腿三頭筋を対象に，20秒のスタティック・ストレッチングまたはバリスティック・ストレッチングを1日5回行い，6週間継続した．結果，介入前と比較して，腱スティフネスはスタティック・ストレッチング後に変化しなかったが，バリスティック・ストレッチング後に有意に低下した[25]（**図 5-17**）．

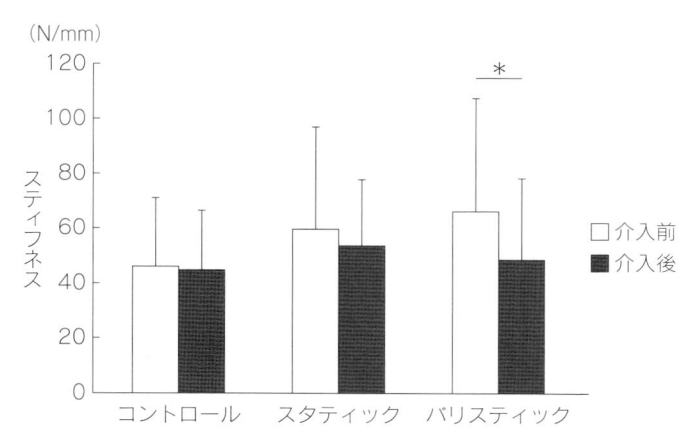

図 5-17　ストレッチング方法と腱スティフネスの変化（長期間）
〔Mahieu et al, 2007 から改変[25]〕　＊：$p<0.05$, (Mean±SD)

> **小まとめ**
> 長期間のバリスティック・ストレッチングは腱スティフネスを低下させる可能性がある.

4. 筋力に対する効果

1) 短期間のストレッチングによる効果
(1) スタティック・ストレッチングは筋力を低下させるか

　健常者の下腿三頭筋を対象に, 2, 4, 8分のスタティック・ストレッチングを行った. 結果, 介入前と比較して, 随意および電気刺激による足関節底屈等尺性収縮時のピークトルクおよび twitch RFD (第4章 83ページ参照) が有意に低下した[2].

　健常者の大腿四頭筋を対象に, ストレッチング時間を10, 20, 30, 60秒の4種類設定し, スタティック・ストレッチングを行った. 結果, 介入前と比較して, 膝関節伸展等尺性収縮時および60, 180°/秒での求心性収縮時のピークトルクは30, 60秒のストレッチングで有意に低下した[1] (**図5-18**).

　健常者のハムストリングスを対象に, 90秒のスタティック・ストレッチング

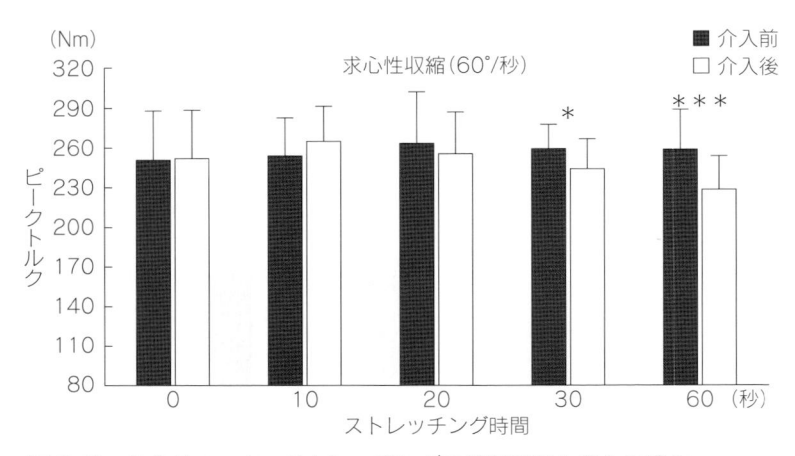

図5-18　スタティック・ストレッチングの施行時間と筋力の変化
〔Siatras et al, 2008 から改変[1]〕　　＊: p<0.05, ＊＊＊: p<0.001, (Mean±SD)

を6回行った．結果，介入前と比較して，膝関節屈曲角度が大きい（ハムストリングス短縮位）ほど膝関節屈曲等尺性筋力は低下したが，伸展位（ハムストリングス伸張位）では等尺性筋力は変化しなかった[44]．

　健常者の大腿四頭筋を対象に，30秒のスタティック・ストレッチングを4回行った．結果，介入前と比較して，60°/秒での膝関節伸展求心性筋力は有意に低下した[45]．

　健常者の大腿四頭筋を対象に，30秒のスタティック・ストレッチングを4回行った．結果，介入前と比較して，60，300°/秒での膝関節伸展求心性筋力は有意に低下した．また，angle at peak torque（第4章78ページ参照）は変化しなかった[46]．

　健常者の大腿四頭筋を対象に，30秒のスタティック・ストレッチングを4種類，それぞれ4回行った．結果，ストレッチング前と比較して，60，180°/秒での膝関節伸展遠心性筋力，angle at peak torque は変化しなかった[47]．

　健常者の大腿四頭筋，ハムストリングス，下腿三頭筋を対象に，45秒のスタティック・ストレッチングを3回行った．結果，コントロール群と比較して，膝関節伸展等尺性筋力に差は認められなかった[48]．

　健常者の大腿四頭筋，ハムストリングス，下腿三頭筋を対象に，45秒のスタティック・ストレッチングを6回行った．結果，コントロール群と比較して，随意および電気刺激による膝関節伸展等尺性収縮時の発揮トルクは有意に低下した[7]．

　健常者の下腿三頭筋を対象に，30秒のスタティック・ストレッチングまたは6秒の等尺性収縮後に，24秒のスタティック・ストレッチングを行う contract-relax をそれぞれ20回行った．結果，介入前と比較して，両群ともに足関節底屈最大等尺性筋力は有意に低下した[49]．

　健常女性の下腿三頭筋を対象に，120秒のスタティック・ストレッチングを5回行った．結果，介入前と比較して，足関節底屈等尺性筋力は有意に低下した[32]．

　健常者の手関節掌屈筋を対象に，10秒のスタティック・ストレッチングを10回行った．結果，コントロール群と比較して，4回目のストレッチング以降，握力は有意に低値を示した[50]．

　健常者の下腿三頭筋を対象に，135秒のスタティック・ストレッチングを13回行った．結果，介入前と比較して，随意および電気刺激による足関節底屈等尺性収縮時の最大筋力はストレッチング60分後まで有意に低下し続けた．また，電気刺激による等尺性収縮時の optimal angle（第4章78ページ参照）はス

トレッチング直後のみ有意に増加した[51]．

> **小まとめ**
> 健常者を対象としたスタティック・ストレッチングは等尺性筋力を低下させ，他の収縮様式においても低下させる傾向がある．

（2）ストレッチング方法の違いにより筋力の変化に差が出るか
　健常女性のハムストリングスおよび大腿四頭筋を対象に，20分のスタティック・ストレッチングまたはバリスティック・ストレッチングを行った．結果，バリスティック・ストレッチングと比較して，スタティック・ストレッチングのレッグプレス1RMは有意に低下した[10]（**図5-19**）．
　健常者の大腿四頭筋を対象に，30秒のスタティック・ストレッチングまたはPNFストレッチング（hold-relax）を4回行った．結果，介入前と比較して，両群ともに60，300°/秒での膝関節伸展求心性収縮時の平均パワーは有意に低下した[12]．
　健常者の下腿三頭筋を対象に，30秒のスタティック・ストレッチングまたは6秒の等尺性収縮後に，24秒のスタティック・ストレッチングを行うcontract-relaxをそれぞれ20回行った．結果，ストレッチング前と比較して，両群とも

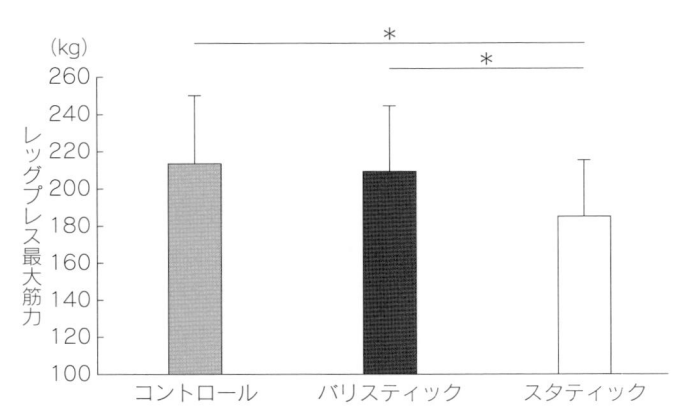

図5-19　ストレッチング方法とレッグプレス最大筋力の変化
〔Bacurau et al, 2009から改変[10]〕
＊：p＜0.0001，（Mean±SD）

に足関節底屈最大等尺性筋力は有意に低下した[49]．

　健常学生の胸部筋群，肩関節周囲筋群，上腕三頭筋，大腿四頭筋，ハムストリングスを対象に，30秒×3回のスタティック・ストレッチングまたはダイナミック・ストレッチングを行った．結果，ストレッチング方法の違いによってベンチプレス，レッグプレスの1RMに差はなかった[11]．

　女性競技者の大腿四頭筋およびハムストリングスを対象に，20秒×2回のスタティック・ストレッチングまたはダイナミック・ストレッチングを行った．結果，介入前と比較して，スタティック・ストレッチングを行った群では，60，180°/秒での膝関節伸展および屈曲求心性筋力，遠心性筋力はいずれも低下した．一方，ダイナミック・ストレッチングを行った群では，60，180°/秒での膝関節伸展および屈曲求心性筋力，遠心性筋力はいずれも有意に増加した[52]．

　健常女性の大腿四頭筋を対象に，30秒×3回のスタティック・ストレッチング，またはダイナミック・ストレッチングおよび20秒×3回のPNFストレッチング（contract-relax）を行った．結果，介入前と比較して，スタティック・ストレッチングおよびPNFストレッチングでは60，180°/秒での膝関節伸展求心性収縮時の発揮パワーは変化しなかった．また，ダイナミック・ストレッチング後の発揮パワーの増加率は，スタティック・ストレッチングおよびPNFストレッチングよりも有意に高値を示した[53]．

　健常者の下肢筋群を対象に，30秒のスタティック・ストレッチングまたはダイナミック・ストレッチングを行った．結果，コントロール群と比較して，下肢伸展パワーはスタティック・ストレッチングでは変化せず，ダイナミック・ストレッチングでは有意に増加した[54]（**図5-20**）．

　健常男性のハムストリングスを対象に，30秒のコンスタントアングル・ストレッチング（スタティック・ストレッチング）またはコンスタントトルク・ストレッチングをそれぞれ16セット行った．結果，介入前と比較して，両群ともに，膝関節屈曲最大等尺性筋力は有意に低下した[16]．

小まとめ

　ダイナミック・ストレッチングは筋力を増加させるが，スタティック・ストレッチング，PNFストレッチング，バリスティック・ストレッチングは筋力を低下させる傾向がある．

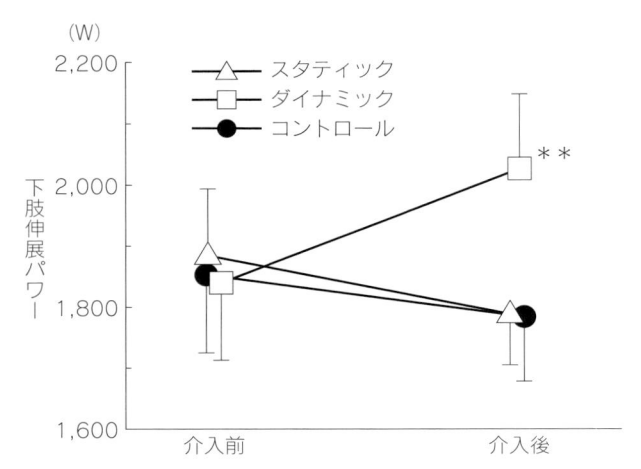

図 5-20　ストレッチング方法と下肢伸展パワーの変化
〔Yamaguchi et al, 2005 から改変[54]〕
**：p＜0.01，(Mean±SE)

2）長期間のストレッチングによる効果
(1) 長期間のスタティック・ストレッチングは筋力を低下させるか

　健常者の下腿三頭筋を対象に，1日合計10分のスタティック・ストレッチングを週5日行い，6週間継続した．結果，介入前と比較して，足関節底屈最大等尺性筋力は変化しなかった[22]．

　健常者の下肢筋群を対象に，15秒のストレッチングを1日3回，週に3日行い，10週間継続した．結果，ストレッチング前と比較して，膝関節屈曲1RM，伸展1RMは有意に増加した[23]（**図 5-21**）．

--- 小まとめ ---

　長期間のスタティック・ストレッチングは，短期効果とは異なり，筋力を低下させない可能性がある．

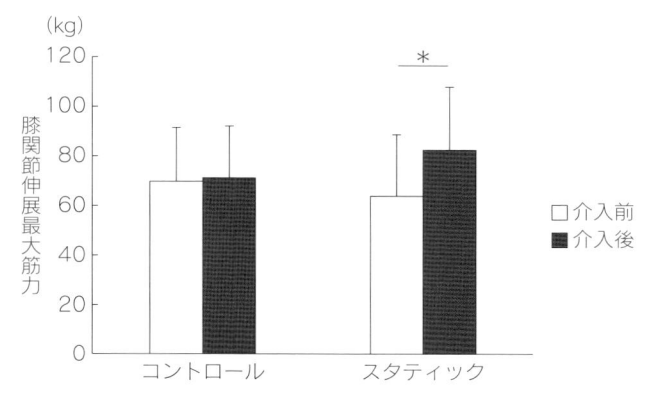

図 5-21　スタティック・ストレッチングと膝関節伸展最大筋力の変化（長期間）
〔Kokkonen et al, 2007 から改変[23]〕
＊：p＜0.05，(Mean±SD)

5．筋電図への影響

1）短期間のストレッチングによる動作筋電図への影響
（1）スタティック・ストレッチングは筋活動を変化させるか

　健常者の大腿四頭筋を対象に，30秒のスタティック・ストレッチングまたはPNFストレッチングを4回行った．結果，介入前と比較して，60，300°/秒での膝関節伸展求心性収縮時の大腿直筋および外側広筋のEMG振幅は，両群ともに有意に低下した[12]．

　健常者の大腿四頭筋を対象に，30秒のスタティック・ストレッチングを4回行った．結果，介入前と比較して，60，240°/秒での膝関節伸展求心性収縮時の大腿直筋および外側広筋のEMG振幅は有意に低下した[45]．

　健常者の大腿四頭筋を対象に，30秒のスタティック・ストレッチングを4回行った．結果，介入前と比較して，60，300°/秒での膝関節伸展求心性収縮時の大腿直筋のEMG振幅が低下した[46]．

　健常者の下腿三頭筋を対象に，60秒のスタティック・ストレッチングを行った．結果，介入前と比較して，足関節底屈等尺性収縮時の下腿三頭筋のEMG振幅が有意に低下した[30]（図5-22）．

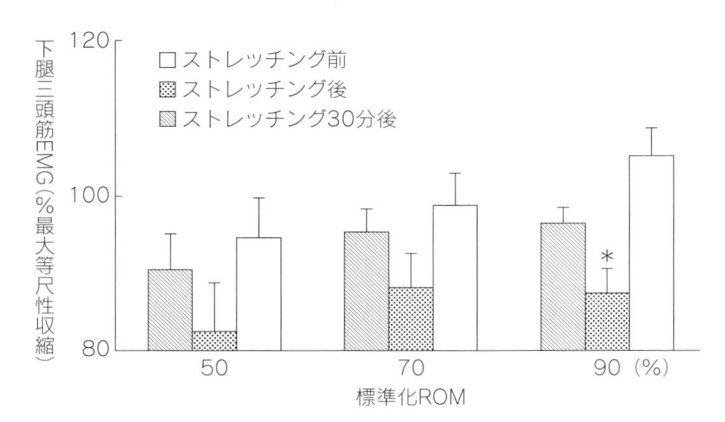

図5-22 スタティック・ストレッチング前後における足関節角度と下腿三頭筋の筋活動 〔Kay et al, 2009 から改変[30]〕
* : p＜0.05, (Mean±SE)

　女性競技者の大腿四頭筋およびハムストリングスを対象に，20秒×2回のスタティック・ストレッチングまたはダイナミック・ストレッチングを行った．結果，介入前と比較して，60，180°/秒での膝関節伸展求心性および遠心性収縮時の大腿直筋および外側広筋，60，180°/秒での膝関節屈曲求心性および遠心性収縮時のハムストリングスのEMG振幅は，スタティック・ストレッチング後に有意に低下した[52]．

　健常者の下腿三頭筋を対象に，2，4，8分のスタティック・ストレッチングを行った．結果，介入前と比較して，すべての群において足関節底屈等尺性収縮時のEMG振幅は変化しなかった[2]．

　健常男性のハムストリングスを対象に，30秒のスタティック・ストレッチングまたはダイナミック・ストレッチングを4回行った．結果，介入前と比較して，膝関節屈曲等尺性収縮時の大腿二頭筋のEMG振幅はスタティック・ストレッチング後では変化は認められなかった[55]．

　健常者の下腿三頭筋を対象に，30秒のスタティック・ストレッチングまたは6秒の等尺性収縮後に24秒のスタティック・ストレッチングを行うcontract-relaxをそれぞれ20回行った．結果，介入前と比較して，足関節底屈等尺性収縮時のヒラメ筋のEMG活動は両群ともに有意に低下したが，腓腹筋のEMG活動はスタティック・ストレッチング後では低下し，contract-relax後には増加した[49]．

健常者の大腿四頭筋，ハムストリングス，下腿三頭筋を対象に，45秒のスタティック・ストレッチングを6回行った．結果，介入前と比較して，等尺性収縮中に行う電気刺激時の大腿四頭筋および下腿三頭筋のEMG活動に変化は認められなかった[7]．

健常者の大腿四頭筋を対象に，合計270秒のスタティック・ストレッチングを3回行った．結果，コントロール群と比較して，膝関節伸展等尺性収縮時の大腿四頭筋のEMG活動に差はなかった[56]．

小まとめ

短期間のスタティック・ストレッチングは，筋活動を低下させるか影響を及ぼさない．

（2）ストレッチング方法の違いにより筋活動の変化に差が出るか

女性競技者の大腿四頭筋およびハムストリングスを対象に，20秒×2回のスタティック・ストレッチングまたはダイナミック・ストレッチングを行った．結果，介入前と比較して，60，180°/秒での膝関節伸展求心性・遠心性収縮時の大腿直筋，外側広筋のEMG振幅および60，180°/秒での膝関節屈曲求心性・遠心性収縮時のハムストリングスのEMG振幅は，それぞれスタティック・ストレッチング後に有意に低下したが，ダイナミック・ストレッチング後には有意に増加した[52]（**図5-23**）．

健常男性の下肢筋群を対象に，30秒のスタティック・ストレッチングまたはダイナミック・ストレッチングを行った．結果，スタティック・ストレッチングと比較して，ダイナミック・ストレッチングではスクワットジャンプ時の内側広筋EMG振幅が有意に高値を示した[57]．

健常男性のハムストリングスを対象に，30秒のスタティック・ストレッチングまたはダイナミック・ストレッチングを4回行った．結果，介入前と比較して，膝関節屈曲等尺性収縮時の大腿二頭筋のEMG振幅はスタティック・ストレッチング後に変化しなかったが，ダイナミック・ストレッチング後に有意に増加した[55]．

健常者の大腿四頭筋を対象に，30秒のスタティック・ストレッチングまたはPNFストレッチングを4回行った．結果，介入前と比較して，60，300°/秒での膝関節伸展求心性収縮時の大腿直筋および外側広筋のEMG振幅は，両群とも

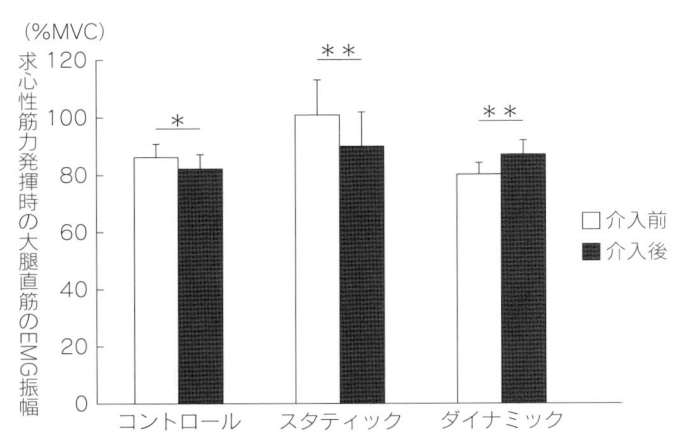

図 5-23 ストレッチング方法と筋活動の変化
〔Sekir et al, 2010 から改変[52]〕
*：p<0.05，**：p<0.01，（Mean±SD）

に有意に低下した[12]．

　健常者の下腿三頭筋を対象に，30 秒のスタティック・ストレッチングまたは 6 秒の等尺性収縮後に 24 秒のスタティック・ストレッチングを行う contract-relax をそれぞれ 20 回行った．結果，介入前と比較して，足関節底屈等尺性収縮時のヒラメ筋の EMG 活動は両群ともに有意に低下したが，腓腹筋の EMG 活動はスタティック・ストレッチング後では低下し，contract-relax 後には増加した[49]．

　健常男性のハムストリングスを対象に，30 秒のコンスタントアングル・ストレッチング（スタティック・ストレッチング）またはコンスタントトルク・ストレッチングをそれぞれ 16 セット行った．結果，介入前と比較して，膝関節屈曲等尺性収縮時の大腿二頭筋の EMG 活動は両群ともに変化はなかった[16]．

---小まとめ---
　ダイナミック・ストレッチングは筋活動を増加させるが，スタティック・ストレッチングは筋活動を低下させる傾向がある．

2）短期間のストレッチングによる誘発筋電図への影響
（1）ストレッチングはH波振幅を低下させるか

　健常者のヒラメ筋を対象に，6分のスタティック・ストレッチングを行った．結果，ストレッチング前と比較して，ストレッチング開始直後はH波振幅は低下し，ストレッチング終了直後には有意な変化がなかった[58]（**図5-24**）．

　健常男性の下腿三頭筋を対象に，1時間のサイクリック・ストレッチングを行った．結果，介入前と比較して，H/M ratioが有意に低下した[59]．

小まとめ

　健常者を対象としたスタティック・ストレッチングはH波振幅を低下させる可能性がある．

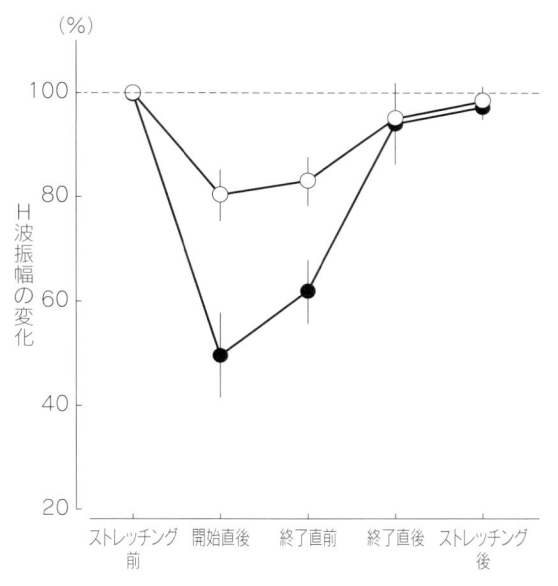

図5-24　スタティック・ストレッチングによるH波振幅の変化〔Funase et al, 2003から改変[58]〕
（Mean±SD）

(2) スタティック・ストレッチングは伸張反射時のEMG振幅を低下させるか

健常女性の下腿三頭筋を対象に，120秒のスタティック・ストレッチングを5回行った．結果，介入前と比較して，伸張反射時の下腿三頭筋のEMG振幅は有意に低下した[32]（**図 5-25**）．

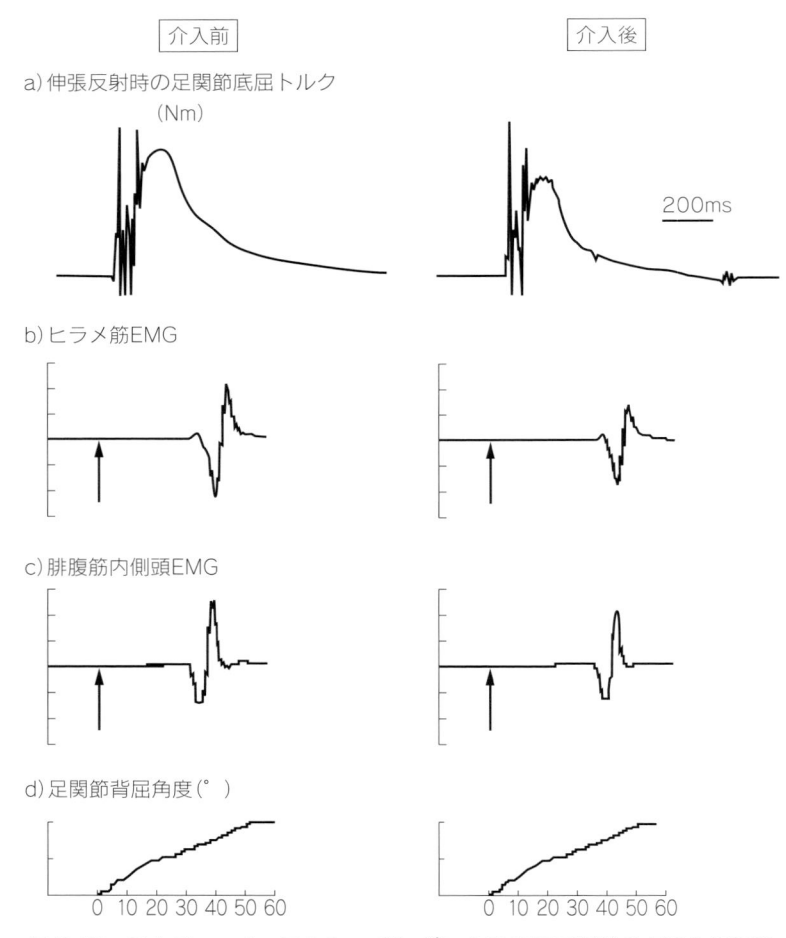

図 5-25　スタティック・ストレッチングによる伸張反射時のEMG振幅の変化〔Weir et al, 2005 から改変[32]〕　↑は伸張刺激を表す．

> **小まとめ**
> スタティック・ストレッチングは伸張反射によるEMG振幅を低下させる可能性がある．

3）長期間のストレッチングによる誘発筋電図への影響

（1）長期間のスタティック・ストレッチングはH波およびT波振幅を低下させるか

　健常者の下腿三頭筋を対象に，1日合計10分のスタティック・ストレッチングを週5日行い，6週間継続した．結果，介入前と比較して，H波およびT波振幅は有意に低下した[22]（**図5-26**）．

> **小まとめ**
> 長期間のストレッチングはH波およびT波振幅を低下させる可能性がある．

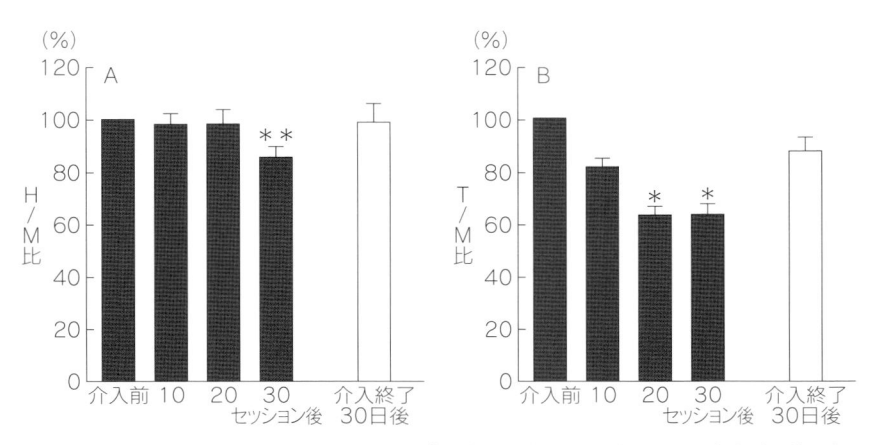

図5-26　スタティック・ストレッチングの介入回数と誘発筋電図の変化（長期間）
〔Guissard et al, 2004から改変[22]〕　＊：$p<0.05$，＊＊：$p<0.01$，（Mean±SE）

6. パフォーマンスに対する効果

1）短期間のストレッチングによるスプリントタイムへの効果

（1）スタティック・ストレッチングはスプリントタイムを改善させるか

　19歳以下のラグビー選手の大腿四頭筋，ハムストリングス，下腿三頭筋を対象に，コーチの指導のもとスタティック・ストレッチングを合計12分行った．結果，介入前と比較して，40mスプリントタイムに差は認められなかった[60]．

　大学陸上部に所属する者の大腿四頭筋，ハムストリングス，下腿三頭筋を対象に，30秒のスタティック・ストレッチングをそれぞれ4回行った．結果，非介入時と比較して，20mスプリントタイムが有意に遅くなった[61]．

　男性競技者のハムストリングス，大腿四頭筋，下腿三頭筋，外転筋群を対象に，20秒のスタティック・ストレッチングを行った．結果，非介入時と比較して，各種スプリントタイムが遅くなる傾向であった[62]．

> **小まとめ**
> スタティック・ストレッチングはアスリートのスプリントタイムを悪化させる傾向がある．

（2）ストレッチング方法の違いによりスプリントタイムの変化に差が出るか

　プロサッカー選手の下肢筋群を対象に，30秒のスタティック・ストレッチングまたはダイナミック・ストレッチングを行った．結果，非介入時と比較して，ダイナミック・ストレッチングは，各種スプリントタイムを有意に短縮させた[63]（**図5-27**）．

> **小まとめ**
> ダイナミック・ストレッチングはスプリントタイムを改善させる．

(秒) スタートから10mまでのスプリントタイム

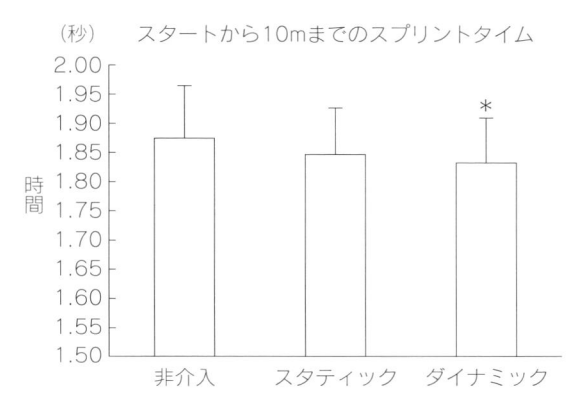

図 5-27 ストレッチング方法と 10 m スプリントタイムの変化
〔Little et al, 2006 から改変[63]〕 ＊：p＜0.05，（Mean±SD）

2）長期間のストレッチングによるスプリントタイムへの効果

（1）長期間のスタティック・ストレッチングはスプリントタイムを改善させるか

　健常者の下肢筋を対象に，15秒のスタティック・ストレッチングを1日3回，週3日行い，10週間継続した．結果，介入前と比較して，20 m スプリントタイムは有意に短縮した[23]（図 5-28）．

―― 小まとめ ――
　長期間のスタティック・ストレッチングはスプリントタイムを改善させる可能性がある．

3）短期間のストレッチングによるジャンプパフォーマンスへの効果

（1）スタティック・ストレッチングはジャンプパフォーマンスを改善させるか

　健常者の下腿三頭筋を対象に，3種類の強度（不快感を感じる点〔POD〕，75% POD，50% POD）で30秒のスタティック・ストレッチングを4回行った．結果，介入前と比較して，すべての強度のスタティック・ストレッチング後にス

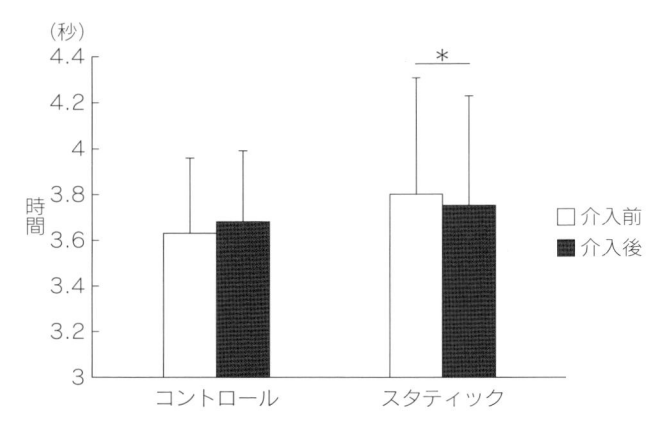

図 5-28　スタティック・ストレッチングによる 20 m スプリントタイムの変化〔Kokkonen et al, 2007 から改変[23]〕
＊：p＜0.05，（Mean±SD）

クワットジャンプ，カウンタームーブメントジャンプ，ドロップジャンプ高（第4章108ページ参照）が有意に低下した[64]．

健常者の大腿四頭筋，ハムストリングス，下腿三頭筋を対象に，45秒のスタティック・ストレッチングを6回行った．結果，介入前と比較して，ドロップジャンプ高，ドロップジャンプ時の接地時間，スクワットジャンプ高は変化しなかった[7]．

健常男性のハムストリングスを対象に，30秒のスタティック・ストレッチングを3回を行った．結果，介入前と比較して，カウンタームーブメントジャンプ高は変化しなかった[65]．

── 小まとめ ──
　健常者に対するスタティック・ストレッチングはジャンプパフォーマンスを変化させないか，悪化させる可能性がある．

（2）ストレッチング方法の違いによりジャンプパフォーマンスの変化に差が出るか

　健常者の大腿四頭筋，ハムストリングス，下腿三頭筋を対象に，30秒のスタ

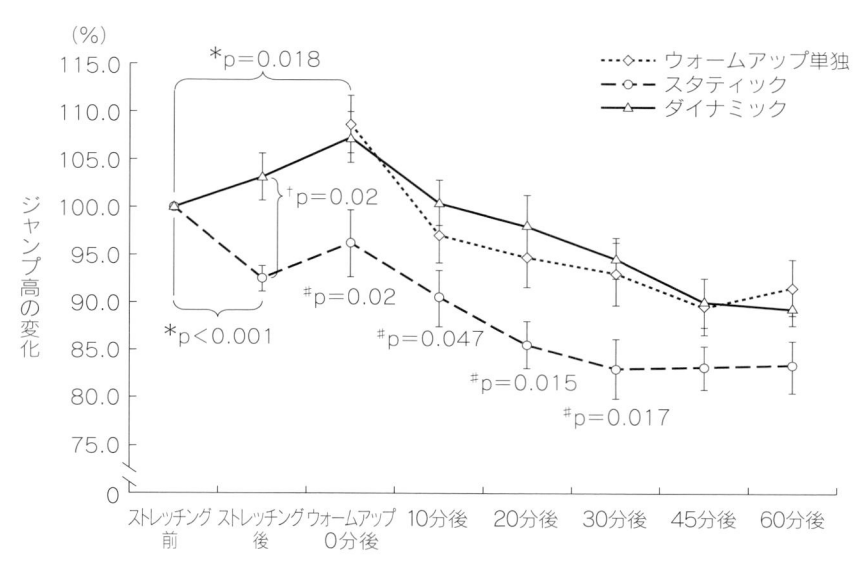

図 5-29　ストレッチング方法とジャンプ高の変化〔Pearce et al, 2009 から改変[66]〕

*：p＜0.05（vs. ストレッチング前），†：p＜0.05（vs. ダイナミック・ストレッチング），#：p＜0.05（vs. ダイナミック・ストレッチング，ウォームアップ単独），（Mean±SE）

ティック・ストレッチングを2回，または30秒のダイナミック・ストレッチングを1～2回行った．結果，介入前と比較して，カウンタームーブメントジャンプ高はスタティック・ストレッチングでは有意に低下し，ダイナミック・ストレッチングでは変化しなかった[66]（**図5-29**）．

　プロサッカー選手の下肢筋群を対象に，30秒のスタティック・ストレッチングまたはダイナミック・ストレッチングを行った．結果，非介入時と比較して，両ストレッチングともカウンタームーブメントジャンプ高に差はなかった[63]．

　健常男性の下肢筋群を対象に，30秒のスタティック・ストレッチングまたはダイナミック・ストレッチングを行った．結果，スタティック・ストレッチングと比較して，スクワットジャンプ高はダイナミック・ストレッチングで有意に高値を示した[57]．

　健常男性の下肢筋群を対象に，30秒×2回×7種類のスタティック・ストレッチングまたは11種類のダイナミック・ストレッチングを行った．結果，スタティック・ストレッチングおよび非介入時と比較して，カウンタームーブメン

トジャンプ高はダイナミック・ストレッチングで有意に高値を示した．一方，ジャンプ反応時間は各群間に差を認めなかった[14]．

健常者の下肢筋群を対象に，30秒×2回のバリスティック・ストレッチングまたはダイナミック・ストレッチングを行った．結果，非介入時と比較して，カウンタームーブメントジャンプ高は両群ともに差が認められなかった[67]．

健常者の大腿四頭筋，ハムストリングスを対象に，30秒のスタティック・ストレッチングまたはバリスティック・ストレッチングを3回行った．結果，非介入時と比較して，カウンタームーブメントジャンプ高は両群ともに差が認められなかった[68]．

健常学生の大腿四頭筋，ハムストリングス，下腿三頭筋を対象に，合計10分のスタティック・ストレッチングまたはバリスティック・ストレッチングまたはPNFストレッチング（contract-relax）を行った．結果，介入前と比較して，スクワットジャンプおよびカウンタームーブメントジャンプ高はスタティック・ストレッチングおよびPNFストレッチング後に有意に低下したが，バリスティック・ストレッチング後には変化しなかった[69]．

> **小まとめ**
> ストレッチング方法の違いによるジャンプパフォーマンスに対する効果は一定していない．

4）長期間のストレッチングによるジャンプパフォーマンスへの効果

（1）ストレッチング方法の違いによりジャンプパフォーマンスに差が出るか

健常男性のハムストリングスおよび下腿三頭筋を対象に，30秒のスタティック・ストレッチングまたはPNFストレッチング（contract-relax）を1日4回，週4日行い，6週間継続した．結果，介入前と比較して，ドロップジャンプ接地時間は両群ともに変化しなかった[20]．

健常者の下肢筋群を対象に，15秒のスタティック・ストレッチングを1日3回，週3日行い，10週間継続した．結果，介入前と比較して，立ち幅跳びの距離，垂直跳び（種類不明）高が有意に増加した[23]（**図5-30**）．

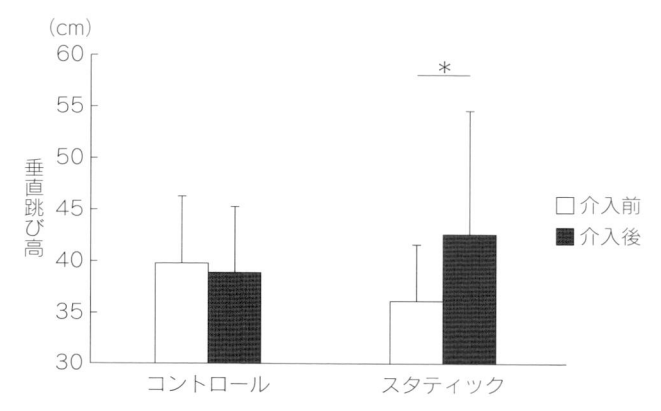

図5-30　スタティック・ストレッチングによるジャンプ高の変化（長期間）〔Kokkonen et al, 2007 から改変[23]〕
＊：$p<0.05$，（Mean±SD）

小まとめ

長期間のストレッチング方法の違いによるジャンプパフォーマンスに対する効果に差はない．

5）短期間のストレッチングによるバランス機能への効果

（1）スタティック・ストレッチングはバランス機能を改善するか

健常学生の大腿四頭筋，ハムストリングス，下腿三頭筋を対象に，45秒のスタティック・ストレッチングを3回行った．結果，コントロール群と比較して，バランス機能が有意に低下した[48]．

健常者の大腿四頭筋，ハムストリングス，下腿三頭筋を対象に，45秒のスタティック・ストレッチングを3回行った．結果，介入前と比較して，バランス機能は変化しなかった[70]．

健常者の下腿三頭筋を対象に，3分のスタティック・ストレッチングを行った．結果，介入前と比較して，バランス機能が低下した[71]．

> **小まとめ**
> 健常者を対象としたスタティック・ストレッチングはバランス機能を低下させる．

7．その他

1）短期間のストレッチングによる超音波画像指標への効果
（1）スタティック・ストレッチングは筋腱複合体に影響を与えるか

　健常男性の下腿三頭筋を対象に，1分のスタティック・ストレッチングを5回行った．結果，介入前と比較して，足関節最大背屈時の筋腱複合体の伸張量および筋腱移行部の変位量は有意に増加した．また，ストレッチング前後で筋束長および羽状角の変化は認められなかった．さらにストレッチング前後で同一角度まで足関節を背屈した場合，筋の伸張量は増加するが，それに伴い腱の伸張量は相対的に減少した[5]（**表 5-1，図 5-31**）．

　健常者の下腿三頭筋を対象に，5分のスタティック・ストレッチングを行った．結果，介入前と比較して，アキレス腱長および下腿三頭筋の横断面積に変化はなかった[42]．

　健常者の下腿三頭筋を対象に，60秒のスタティック・ストレッチングを行った．結果，介入前と比較して，足関節背屈時のアキレス腱長は有意に短縮した[30]．

> **小まとめ**
> 健常者を対象としたスタティック・ストレッチングは筋の伸張量を増加させ，相対的に腱の伸張量を減少させる．

表 5-1　スタティック・ストレッチングによる筋腱複合体の変化
〔Morse et al, 2008 から改変[5]〕

	ストレッチング前	ストレッチング後
足関節背屈可動域（°）	28.1±2.3	32.7±2.4*
最大背屈位での筋腱複合体伸張量（cm）	2.19±0.14	2.52±0.14*
最大背屈位での筋腱移行部変位量（cm）	1.04±0.08	1.38±0.07*
最大背屈位での腱伸長量（cm）	1.15±0.09	1.14±0.10
最大背屈位での動的トルク（Nm）	45.6±7.0	53.5±10.8

*：$p<0.05$，（Mean±SE）

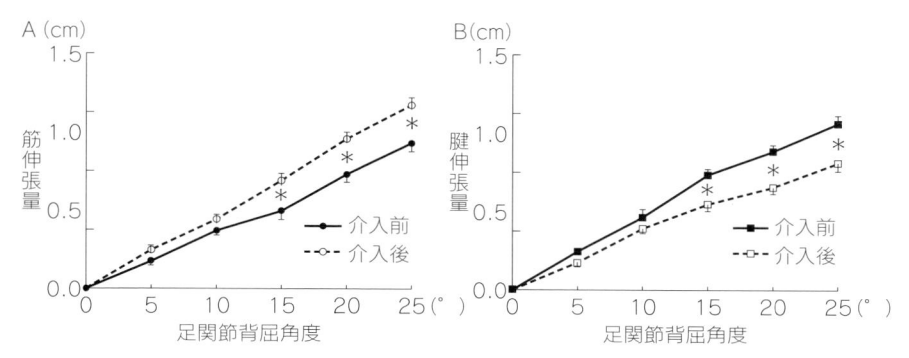

図 5-31 スタティック・ストレッチングによる（A）筋伸張量，（B）腱伸張量の変化〔Morse et al, 2008 から改変[5]〕　　＊：p<0.05，（Mean±SE）

2）短期間のストレッチングによる自律神経系への効果

（1）スタティック・ストレッチングは自律神経系に影響を与えるか

健常者の下腿三頭筋を対象に，5秒のスタティック・ストレッチングを25回行った．結果，ストレッチング中1～3拍の間に，筋交感神経活動および心拍数が一過性に増加した．その後，3～7拍の間に，血圧が一過性に増加した[72]（図5-32）．

小まとめ

健常者を対象としたスタティック・ストレッチングはストレッチング中に一過性に心拍数，血圧を上昇させる可能性がある．

（2）一過性の虚血状態でのストレッチングは自律神経系に影響を与えるか

健常者の下腿三頭筋を対象に，運動開始とともに虚血にし，運動終了後の虚血状態において60秒のスタティック・ストレッチングを行った．結果，介入前と比較して，心拍数，血圧は有意に上昇した[73]．

健常者の下腿三頭筋を対象に，運動開始とともに虚血にし，運動終了後の虚血状態において3分のスタティック・ストレッチングを行った．結果，介入前と比較して，ストレッチング開始2～3分後にR-R間隔は減少し血圧は上昇した[74]．

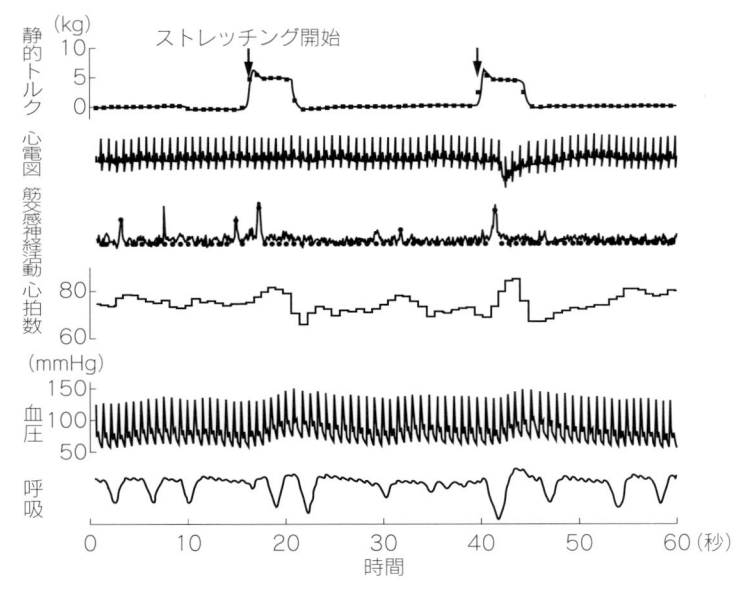

図 5-32 スタティック・ストレッチング中の自律神経系への効果
〔Cui et al, 2006 から改変[72]〕

小まとめ

健常者を対象とした虚血状態でのスタティック・ストレッチングは心拍数,血圧を上昇させる.

---

3) 短期間のストレッチングによる体性感覚への効果

(1) スタティック・ストレッチングは体性感覚に影響を与えるか

健常者の大腿四頭筋およびハムストリングスを対象に,30秒のスタティック・ストレッチングを3回行った.結果,コントロール群と比較して,関節覚に差はなかった[75].

小まとめ

健常者を対象としたストレッチングは関節覚に影響を与えない.

高齢者

1. 関節可動域に対する効果

1) 短期間のストレッチングによる効果
(1) 高齢者に対するストレッチングは関節可動域を改善させるか

　高齢男性のハムストリングスを対象に，80秒のスタティック・ストレッチング，または20秒のcontract-relaxもしくはagonist contract-relaxを4回行った．結果，agonist contract-relaxでは，他の2つのストレッチング方法と比較して，膝関節伸展可動域は有意に高値を示した[76]．

---小まとめ---
　高齢者に対する短期間のストレッチングは関節可動域を増大させる．

---

2) 長期間のストレッチングによる効果
(1) 高齢者に対する長期間のストレッチングは関節可動域を改善させるか

　高齢女性の股関節屈筋群および下腿三頭筋を対象に，合計135秒のスタティック・ストレッチングを1日3回行い，8週間継続した．結果，コントロール群と比較して，膝関節屈曲および足関節背屈可動域は有意に高値を示した[77]．

　高齢女性の下腿三頭筋を対象に，15秒のスタティック・ストレッチングを1日10回，週3日行い，8週間継続した．結果，コントロール群と比較して，足関節背屈可動域は有意に高値を示した[78]．

　高齢女性の下腿三頭筋を対象に，1分のスタティック・ストレッチングを1日4回，週5日行い，6週間継続した．結果，介入前と比較して，足関節背屈可動域が有意に増加した[79]．

　高齢女性のハムストリングスを対象に，1分のスタティック・ストレッチングを1日7回，週2日行い，4週間継続した．結果，介入前と比較して，膝関節伸展可動域は有意に増加した[80]（図5-33）．

　高齢女性のハムストリングスを対象に，1分のスタティック・ストレッチン

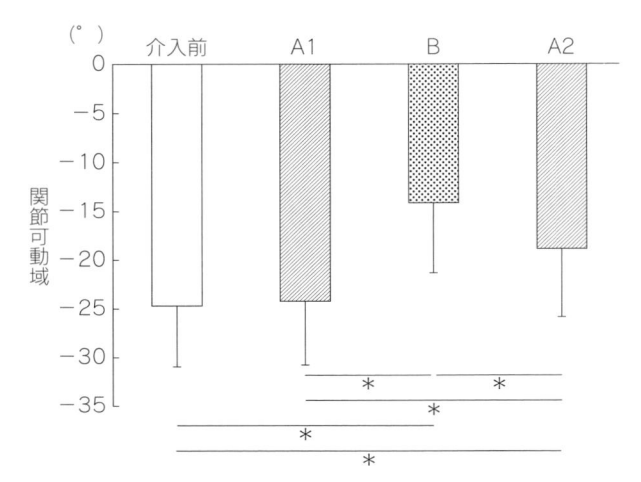

図 5-33 高齢者に対するスタティック・ストレッチングによる関節可動域の変化
〔Batista et al, 2009 から改変[80]〕

*：p＜0.05，(Mean±SD)
A1：非介入期間，B：介入（ストレッチング）期間，A2：非介入期間

グを1日4回，週3日行い，8週間継続した．結果，介入前と比較して，膝関節伸展可動域は有意に増加した[81]．

小まとめ

高齢者に対する長期間のスタティック・ストレッチングは関節可動域を増大させる．

2. 動的トルク, スティフネスに対する効果

1) 長期間のストレッチングによる効果
(1) 高齢者に対する長期間のストレッチングは動的トルク, スティフネスを変化させるか

　高齢女性の下腿三頭筋を対象に, 15秒のスタティック・ストレッチングを1日10回, 週3日行い, 8週間継続した. 結果, 介入前と比較して, 可動域増大に伴い動的トルクの平均値は有意に増加したが, スティフネスは変化しなかった[79].

― 小まとめ ―
　高齢者に対する長期のスタティック・ストレッチングは関節可動域を増大させるが, スティフネスは変化させない.

3. 筋力に対する効果

1) 長期間のストレッチングによる効果
(1) 高齢者に対する長期間のストレッチングは筋力を増加させるか

　高齢女性のハムストリングスを対象に, 1分のスタティック・ストレッチングを1日7回, 週2日行い, 4週間継続した. 結果, 介入前と比較して, 60°/秒での膝関節屈曲・伸展求心性筋力および遠心性筋力は有意に増加し, 膝関節屈曲・伸展等尺性筋力は変化しなかった[80] (**図 5-34**).

― 小まとめ ―
　高齢者に対する長期間のスタティック・ストレッチングは, 筋力を増加させる可能性がある.

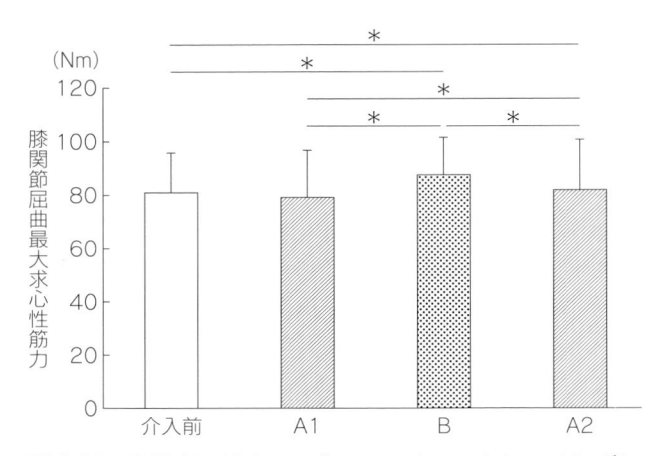

図 5-34 高齢者に対するスタティック・ストレッチングによる筋力の変化〔Batista et al, 2009 から改変[80]〕

$*$：$p<0.05$，（Mean±SD）
A1：非介入期間，B：介入（ストレッチング）期間，A2：非介入期間

4. パフォーマンスに対する効果

1) 短期間のストレッチングによる歩行への効果

(1) 高齢者に対するスタティック・ストレッチングは歩行速度，歩容を改善させるか

　高齢女性の股関節屈・伸筋群を対象に，60秒のスタティック・ストレッチングを4回行った．結果，介入前と比較して，歩容が有意に改善した[82]．

> ─ 小まとめ ─
> 　高齢者に対するスタティック・ストレッチングは歩行速度，歩容を改善させる．

2) 長期間のストレッチングによる歩行への効果

(1) 高齢者に対する長期間のスタティック・ストレッチングは歩行速度，歩容を改善させるか

高齢女性の股関節屈筋群および下腿三頭筋を対象に，合計135秒のスタティック・ストレッチングを1日3回行い，8週間継続した．結果，コントロール群と比較して，歩行速度は有意に増加した[77]．

　高齢女性の下腿三頭筋を対象に，15秒のスタティック・ストレッチングを1日10回，週3日行い，8週間継続した．結果，コントロール群と比較して，ジグザグ歩行および10m歩行のタイムは有意に短縮した[79]．

　高齢女性のハムストリングスを対象に，1分のスタティック・ストレッチングを1日7回，週2日行い，4週間継続した．結果，介入前と比較して，timed up and go test（TUG）のタイムが有意に短縮した[80]（**図5-35**）．

　高齢女性の股関節屈筋群および伸筋群，下腿三頭筋を対象に，60秒のスタティック・ストレッチングをそれぞれ1日4回，週3日行い，4週間継続した．結果，介入前と比較して，ステップ長および歩行速度は有意に増加し，ダブルサポート時間は有意に減少した．また，歩行時の前方および側方への骨盤の傾斜角度，骨盤の回旋角度は有意に増加した[83]．

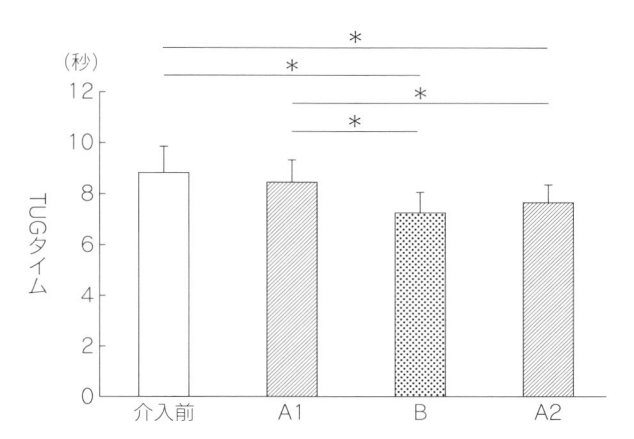

図5-35　高齢者に対するスタティック・ストレッチングによるTUGタイムの変化
〔Batista et al, 2009 から改変[80]〕

$*: p<0.05$，（Mean±SD）

TUG：timed up and go test
A1：非介入期間，B：介入（ストレッチング）期間，A2：非介入期間

> **小まとめ**
> 高齢者に対する長期間のスタティック・ストレッチングは歩行速度,歩容を改善させる.

病態

1. 関節可動域に対する効果

(1) 片麻痺患者に対するストレッチングは関節可動域を改善させるか

　脳卒中後の痙性片麻痺患者の下腿三頭筋を対象に,30分のコンスタントトルク・ストレッチングを行った.結果,介入前と比較して,足関節背屈可動域は有意に増加した[84].

　脳卒中後の痙性片麻痺患者の下腿三頭筋を対象に,30分のスタティック・ストレッチングまたはコンスタントトルク・ストレッチングを行った.結果,介入前と比較して,両群ともに足関節背屈可動域は有意に増加した[85].

　脳卒中後の痙性片麻痺患者の下腿三頭筋を対象に,30分のスタティック・ストレッチング,サイクリック・ストレッチング,コンスタントトルク・ストレッチングのいずれかを行った.結果,介入前と比較して,足関節背屈可動域はすべての群で有意に増加し,さらに,コンスタントトルク・ストレッチングでは,他の2つのストレッチング様式と比較して,有意に高値を示した[86](**図 5-36**).

　脳卒中後の痙性片麻痺患者の下腿三頭筋を対象に,合計45分のストレッチングを週3日行い,4週間継続した.結果,介入前と比較して,足関節背屈可動域は有意に増大した[87].

> **小まとめ**
> ストレッチングは脳卒中後の痙性片麻痺患者の足関節可動域を改善し,コンスタントトルク・ストレッチングがより効果的である可能性がある.

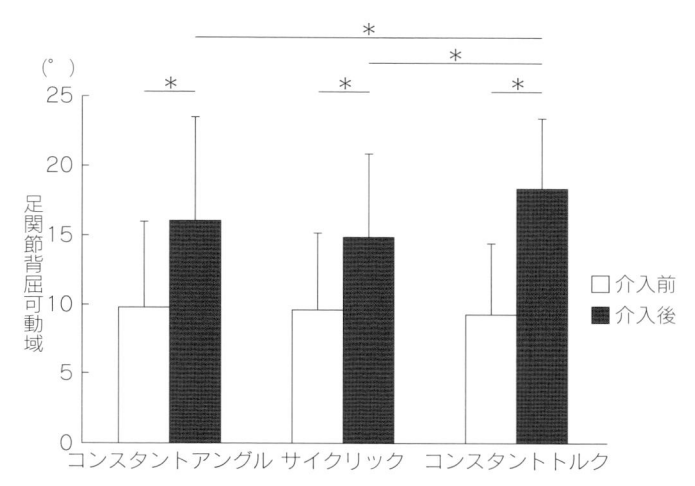

図 5-36 片麻痺患者に対するストレッチングによる関節可動域の変化〔Yeh et al, 2007 から改変[86]〕
* : p＜0.05, (Mean±SD)

(2) 拘縮に対するストレッチングは関節可動域を改善させるか

　Cochrane によるシステマティック・レビューでは，拘縮に対するストレッチングの効果について，関節可動域に対する即時，短期，長期効果は小さい[88]．
　外傷後の肘関節拘縮に対し，装具を用いたストレッチングを 2～22 週間行った．結果，介入前と比較して，肘関節屈曲および伸展可動域が改善した[89]．
　ギプス固定後に関節拘縮が生じた下腿三頭筋を対象に，エクササイズに加えて合計 6 分間または 30 分間のストレッチングを毎日行い，4 週間継続した．結果，エクササイズにストレッチングを併用しても，エクササイズ単独の効果との差は認められなかった[90]．
　外傷後の手関節掌屈筋を対象に，装具を用いた 5 分のスタティック・ストレッチングを 1 日 5 回行い，7 日間継続した．結果，介入前と比較して，手関節背屈可動域は有意に増加した[91]．

---- 小まとめ ----
　関節拘縮に対するストレッチングの効果は一定していない．

（3）筋短縮，筋緊張亢進に対するストレッチングは関節可動域を改善させるか

筋短縮のあるハムストリングスを対象に，30秒のスタティック・ストレッチングを1日4回，週5日行い，6週間継続した．結果，介入前と比較して，膝関節伸展可動域が有意に増加した[92]．

ハムストリングスの柔軟性が低下している男子高校生のハムストリングスを対象に，30秒のスタティック・ストレッチングを週3日行い，6週間継続した．結果，コントロール群と比較して，膝関節伸展可動域は有意に増大した[93]．

股関節屈曲90°位で，膝関節を160°以上伸展させることができない大学生のハムストリングスを対象に，10分のスタティック・ストレッチングを行い，5日間継続した．結果，介入前と比較して，膝関節伸展可動域は有意に増大した[94]．

―― 小まとめ ――――――――――――――――――――――――
筋短縮および筋緊張亢進に対する長期間のスタティック・ストレッチングは効果的である．
――――――――――――――――――――――――――――――

（4）遅発性筋痛に対するストレッチングは関節可動域を改善させるか

遠心性収縮負荷24時間後，遅発性筋痛が生じた健常者の肘関節屈筋群を対象に，5回のサイクリック・ストレッチングを行った．結果，介入前と比較して，安静時肘関節伸展可動域が有意に増加した．また，その変化は介入1時間後には認められなくなった[95]（**図5-37**）．

遅発性筋痛を誘発するような運動直前または直後にストレッチングを行った12論文についてシステマティック・レビューを行った．結果，遅発性筋痛に対するストレッチングの効果は，統計的な有意差は確認できたが，その効果は臨床的にみるとかなり小さいものであった[96]．

―― 小まとめ ――――――――――――――――――――――――
遅発性筋痛に対するストレッチングは，ストレッチング直後に関節可動域を改善させるが一時的なものである可能性がある．
――――――――――――――――――――――――――――――

（5）有痛性疾患に対する長期間のストレッチングは関節可動域を改善させるか

発症から12週以上の頸部痛患者の頸部筋群を対象に，30分のスタティック・

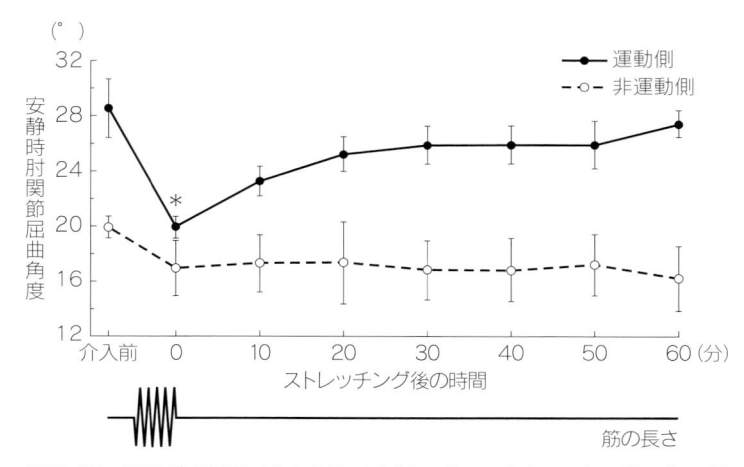

図 5-37 遅発性筋痛に対するサイクリック・ストレッチングによる関節可動域の変化〔Reisman et al, 2005 から改変[95]〕

* : $p<0.05$, (Mean±SE)

 ストレッチングを1日2回，週6日行い，6週間継続した．結果，介入前と比較して，頸部屈曲・伸展，側屈，回旋可動域が有意に増加した[97]．

 慢性頸部痛患者の頸肩部筋群を対象に，スタティック・ストレッチングを週3日行い，1年間継続した．結果，介入前と比較して，頸部屈曲・伸展および側屈可動域は有意に増加した[98]．

 慢性頸部痛患者の頸肩部筋群を対象に，30秒のスタティック・ストレッチングを1日に2〜3回，週5日行い，4週間継続した．結果，介入前と比較して，頸部屈曲・伸展，側屈，回旋可動域が有意に増加した[99]．

 膝蓋大腿関節痛患者の大腿四頭筋を対象に，30秒のスタティック・ストレッチングを1日5回，週3日行い，3週間継続した．結果，介入前と比較して，膝関節屈曲可動域は有意に増加した[100]．

 踵部痛患者の下腿三頭筋を対象に，最低5分のスタティック・ストレッチングを毎日行い，2週間継続した．結果，介入前と比較して，足関節背屈可動域に変化は認められなかった[101]．

 骨格筋由来の疼痛が最低3カ月以上持続している者のハムストリングスを対象に，1分のスタティック・ストレッチングを毎日行い，3週間継続した．結果，コントロール群と比較して，SLR角度は有意に高値を示した[102]．

> **小まとめ**
> 有痛性疾患に対する長期間のスタティック・ストレッチングは関節可動域を改善させる．

(6) 各種疾患に対するストレッチングは関節可動域を改善させるか

　4週以内に脳卒中を発症し，上肢機能の低下が認められる患者の手関節掌屈筋，手指屈筋，肩関節内転筋・内旋筋を対象に，30分のスタティック・ストレッチングを1日2回行い，8週間継続した．結果，コントロール群と比較して，手関節背屈および肩関節回旋可動域に差はなかった[103]．

　乳癌手術後，放射線治療を受けている女性の胸筋を対象に，10分のスタティック・ストレッチングを1日2回行い，7カ月間継続した．結果，コントロール群と比較して，肩関節屈曲，外転，外旋，水平外転可動域は変化しなかった[104]．

　腰椎椎間板手術後患者の腰部筋および下肢筋を対象に，トレーニングに加え，30秒のスタティック・ストレッチングを1日3回，週に3日行い，12カ月継続した．結果，コントロール群と比較して，腰椎の可動性およびSLR角度に差はなかった[105]．

　過去に受傷歴のあるハムストリングスを対象に，ウォーミングアップ後に30秒のスタティック・ストレッチングまたはダイナミック・ストレッチングを3セット行った．結果，ウォーミングアップ後と比較して，スタティック・ストレッチング後の膝関節伸展可動域は有意に増加したが，ダイナミック・ストレッチング後の膝関節伸展可動域は有意に低下した[15]．

2．静的トルク，動的トルクに対する効果

(1) 片麻痺患者に対するストレッチングは静的トルク，動的トルクを低下させるか

　脳卒中後の痙性片麻痺患者の下腿三頭筋を対象に，30分のコンスタントトルク・ストレッチングを行った．結果，介入前と比較して，動的トルクは有意に低下した[84]．

　片麻痺患者の下腿三頭筋を対象に，5，25°/秒の速度にてサイクリック・スト

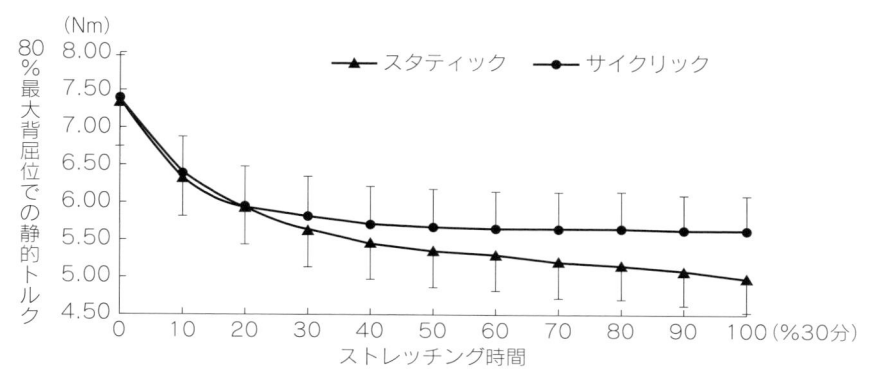

図 5-38 片麻痺患者に対するストレッチングによる静的トルクの変化
〔Bressel et al, 2002 から改変[107]〕　　　　　　　　　(Mean±SD)

レッチングを 3 分間行った．結果，介入前と比較して，麻痺側，非麻痺側ともに動的トルクは有意に低下した[106]．

片麻痺患者の下腿三頭筋を対象に，30 分のスタティック・ストレッチングまたは 5°/秒のサイクリック・ストレッチングを行った．結果，ストレッチング開始時と比較して，終了時の静的トルクは，サイクリック・ストレッチングよりもスタティック・ストレッチングで有意に大きく低下した[107]（図 5-38）．

> **小まとめ**
> 片麻痺患者に対するストレッチングは，静的トルク，動的トルクを共に低下させる．

（2）筋短縮に対する長期間のストレッチングは stretch tolerance を増加させるか

背臥位にて股関節 90° 屈曲位から膝関節を 30° 伸展させることができない者のハムストリングスを対象に，30 秒のスタティック・ストレッチングを 1 日 4 回，週 3 日行い，8 週間継続した．結果，介入前と比較して，動的トルクの最大値は有意に増加した[108]．

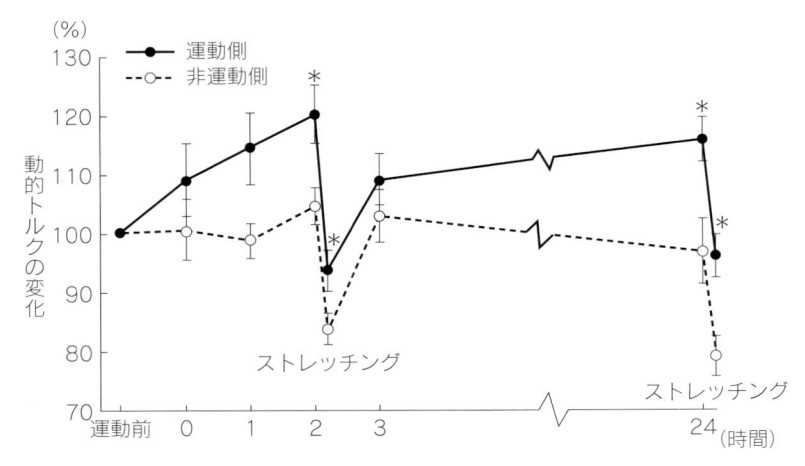

図5-39 遅発性筋痛に対するスタティック・ストレッチングによる動的トルクの変化〔Reisman et al, 2009 から改変[31]〕　　*：$p<0.05$，(Mean±SE)

小まとめ

筋短縮に対する長期間のスタティック・ストレッチングは stretch tolerance を増加させる．

（3）遅発性筋痛に対するストレッチングは動的トルクを低下させるか

遠心性収縮負荷2，24時間後，動的トルクが上昇した健常者の下腿三頭筋を対象に，30秒のスタティック・ストレッチングを行った．結果，介入前と比較して，動的トルクは2，24時間後ともに有意に低下した[31]（図5-39）．

小まとめ

遅発性筋痛に対するスタティック・ストレッチングは動的トルクを低下させる．

（4）慢性の筋痛に対する長期間のスタティック・ストレッチングは stretch tolerance を増加させるか

骨格筋由来の疼痛が最低3カ月以上持続している者のハムストリングスを対

象に，1分のスタティック・ストレッチングを毎日行い，3週間継続した．結果，コントロール群と比較して，動的トルクの最大値は有意に高値を示した[102]．

> ─ 小まとめ ─
> 慢性の筋痛に対する長期間のスタティック・ストレッチングは stretch tolerance を増加させる．

3．スティフネスに対する効果

(1) 片麻痺患者に対するストレッチングはスティフネスを低下させるか

脳卒中患者の下腿三頭筋を対象に，30分のスタティック・ストレッチングまたは5°/秒のサイクリック・ストレッチングを行った．結果，介入前と比較して，スティフネスはスタティック・ストレッチングでは35％，サイクリック・ストレッチングでは30％低下した[107]（**図5-40**）．

脳卒中後の痙性片麻痺患者の下腿三頭筋を対象に，合計45分のストレッチングを週3日行い，4週間継続した．結果，介入前と比較して，スティフネスは

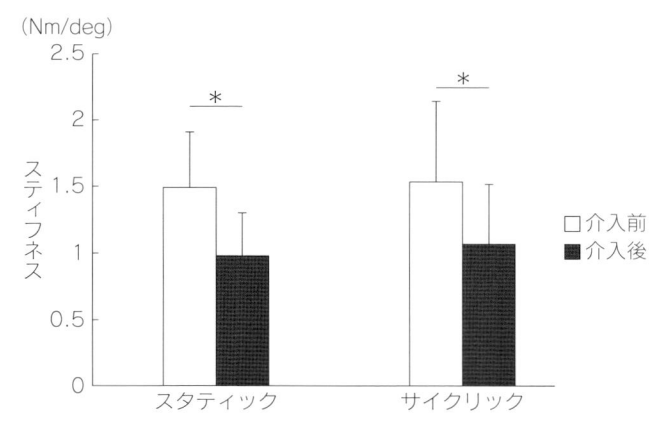

図5-40　片麻痺患者に対するストレッチングによるスティフネスの変化〔Bressel et al, 2002 から改変[107]〕
＊：$p<0.05$，（Mean±SD）

有意に低下した[87].

> **小まとめ**
> 片麻痺患者に対するスタティック・ストレッチングはスティフネスを低下させる.

4. 筋力に対する効果

(1) 筋短縮に対する長期間のスタティック・ストレッチングは筋力を増加させるか

　筋短縮のあるハムストリングスを対象に,30秒のスタティック・ストレッチングを1日4回,週5日行い,6週間継続した.結果,介入前と比較して,60,300°/秒での膝関節伸展および屈曲求心性収縮時のピークトルクは変化しなかったが,仕事量（第4章75ページ参照）はそれぞれ有意に増加した[92].

> **小まとめ**
> 筋短縮に対する長期間のストレッチングは筋力を変化させない可能性がある.

(2) 慢性の有痛患者に対する長期間のスタティック・ストレッチングは筋力を増加させるか

　慢性頸部痛患者の頸肩部筋群を対象に,スタティック・ストレッチングを週3日行い,1年間継続した.結果,介入前と比較して,頸部屈曲・伸展等尺性筋力は有意に増加した[98].

　慢性頸部痛患者の頸肩部筋群を対象に,30秒のスタティック・ストレッチングを1日に2〜3回,週5日行い,4週間継続した.結果,介入前と比較して頸部屈曲・伸展等尺性筋力は有意に増加した[99].

> **小まとめ**
> 慢性の有痛患者に対する長期間のスタティック・ストレッチングは筋力を増加させる.

5. 筋電図への影響

1) 誘発筋電図への影響
(1) 片麻痺患者に対するストレッチングはH波, M波を変化させるか

6週以上前に脳卒中を発症した片麻痺患者の下腿三頭筋を対象に, 20分のスタティック・ストレッチングまたは30°/秒のアイソキネティック・ストレッチングを行った. 結果, 介入前と比較して, 両群ともにH波, M波は変化しなかった[109].

> **小まとめ**
> 片麻痺患者に対するスタティック・ストレッチングおよびアイソキネティック・ストレッチングはH波, M波を変化させない可能性がある.

6. パフォーマンスに対する効果

(1) 片麻痺患者に対するストレッチングは歩行機能を変化させるか

脳卒中後の痙性片麻痺患者または健常者の下腿三頭筋を対象に, 20分のスタティック・ストレッチングまたは30°/秒のアイソキネティック・ストレッチングを行った. 結果, 介入前と比較して, 両群ともに歩行機能は変化しなかった[110].

片麻痺患者の下腿三頭筋を対象に, 30分のスタティック・ストレッチングまたはサイクリック・ストレッチングを行った. 結果, 介入前と比較して, 両群ともに10m快適歩行時間は変化しなかった[107].

脳卒中後の痙性片麻痺患者の下腿三頭筋を対象に, 合計45分のストレッチングを週3日行い, 4週間継続した. 結果, 介入前と比較して, 快適歩行速度は

有意に増加した[87].

> **小まとめ**
> 片麻痺患者に対するストレッチングは,短期では歩行機能を変化させないが,長期では改善させる可能性がある.

7. 疼痛に対する効果

(1) 遅発性筋痛に対するストレッチングは疼痛強度を改善させるか

遠心性収縮負荷24時間後,遅発性筋痛が生じた健常者の下腿三頭筋を対象に30秒のスタティック・ストレッチングを行った.結果,介入前と比較して,痛み閾値は有意に低下した[31](**図5-41**).

遠心性収縮負荷24時間後,遅発性筋痛が生じた健常者の肘関節屈筋群を対象に,5回のサイクリック・ストレッチングを行った.結果,介入前と比較して,疼痛強度(VAS)が有意に低下した[95].

遅発性筋痛を誘発するような運動直前または直後にストレッチングを行った12論文についてシステマティック・レビューを行った結果,遅発性筋痛に対するストレッチングの効果は統計的な有意差は確認できたが,その効果は臨床的に見るとかなり小さいものであった[96].

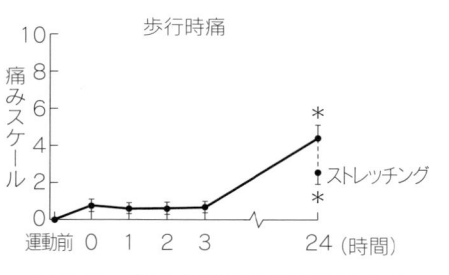

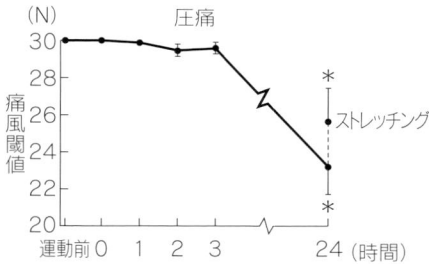

図5-41 遅発性筋痛に対するスタティック・ストレッチングによる疼痛の変化
〔Reisman et al, 2009 から改変[31]〕　　　＊:p<0.05,(Mean±SE)

> **小まとめ**
> 遅発性筋痛に対するストレッチングは一時的に疼痛強度を改善させる可能性がある．

（2）頸部痛に対するストレッチングは疼痛強度を改善させるか

発症から 12 週以上の頸部痛患者の頸部筋群を対象に，30 分のスタティック・ストレッチングを 1 日 2 回，週 6 日行い，6 週間継続した．結果，介入前と比較して，疼痛強度（VAS）が有意に低下した[97]．

慢性頸部痛患者の頸肩部筋群を対象に，スタティック・ストレッチングを週 3 日行い，1 年間継続した．結果，介入前と比較して，疼痛強度（VAS）は有意に低下した[98]．

頸部痛患者の頸肩部筋群を対象に，30 秒のスタティック・ストレッチングを 1 日 3 回，週 5 日行い，4 週間継続した．結果，介入前と比較して疼痛強度（VAS）が有意に低下した[111]．

コンピューターオペレーターの頸肩部筋群および上肢筋群を対象に，20 秒のスタティック・ストレッチングを 1 日 2 回，週に最低 3 日行い，6 カ月継続した．結果，介入前と比較して疼痛強度が有意に低下した[112]．

慢性頸部痛患者の頸肩部筋群を対象に，30 秒のスタティック・ストレッチングを 1 日に 2～3 回行い，4 週間継続した．結果，介入前と比較して疼痛強度（VAS）が軽減した[99]．

> **小まとめ**
> 頸部痛患者に対する長期間のスタティック・ストレッチングは疼痛強度を改善する．

（3）その他の痛み

膝蓋大腿関節痛患者の大腿四頭筋を対象に，30 秒のスタティック・ストレッチングを 1 日 5 回行い，3 週間継続した．結果，介入前と比較して疼痛強度が有意に低下した[100]．

踵部痛患者の下腿三頭筋を対象に，最低 5 分のスタティック・ストレッチングを毎日行い，2 週間継続した．結果，介入前と比較して，疼痛強度（VAS）が

改善した[101].

　55歳以上で夜間に週1回以上足がつる（muscle cramp）者のハムストリングスおよび下腿三頭筋を対象に，就寝前に10秒のスタティック・ストレッチングをそれぞれ1日3回，毎日行い，6週間継続した．結果，夜間に足がつる頻度および疼痛強度（VAS）は有意に低下した[113].

8．障害度スコアに対する効果

（1）頸部痛に対するスタティック・ストレッチングは障害度スコアおよびQOLを改善するか

　慢性頸部痛患者の頸肩部筋群を対象に，スタティック・ストレッチングを週3日行い，1年間継続した．結果，介入前と比較して，障害度スコアは有意に改善した[98].

　頸部痛患者の頸肩部筋群を対象に，30秒のスタティック・ストレッチングを1日3回，週5日行い，4週間継続した．結果，介入前と比較して障害度スコア（NDI）は有意に改善した[111].

　発症から12週以上の頸部痛患者の頸部筋群を対象に，30分のスタティック・ストレッチングを1日2回，週6日行い，6週間継続した．結果，介入前と比較して，SF-36が有意に改善した[97].

> **小まとめ**
> 　頸部痛患者に対するスタティック・ストレッチングは障害度スコアおよびQOLを改善させる．

9．Modified Ashworth scale（MAS）に対する効果

（1）片麻痺患者に対するストレッチングはMASスコアを改善するか

　脳卒中後の痙性片麻痺患者の下腿三頭筋を対象に，30分のコンスタントトルク・ストレッチングを行った．結果，介入前と比較して，MASスコアは有意に改善した[84].

脳卒中後の痙性片麻痺患者の下腿三頭筋を対象に，30分のスタティック・ストレッチング，またはコンスタントトルク・ストレッチングを行った．結果，介入前と比較して，両群ともに MAS スコアは有意に改善した[85]．

脳卒中後の痙性片麻痺患者の下腿三頭筋を対象に，30分のスタティック・ストレッチング，サイクリック・ストレッチング，コンスタントトルク・ストレッチングのいずれかを行った．結果，介入前と比較して，MAS スコアはすべての群で有意に改善した[86]．

― 小まとめ ―
片麻痺患者に対するストレッチングは MAS スコアを改善させる．

10. 粘弾性に対する効果

（1）片麻痺患者に対するストレッチングは粘弾性に影響を与えるか

脳卒中後の痙性片麻痺患者の下腿三頭筋を対象に，30分のスタティック・ストレッチング，またはコンスタントトルク・ストレッチングを行った．結果，介入前と比較して，両群ともに粘弾性が有意に低下した[85]．

脳卒中後の痙性片麻痺患者の下腿三頭筋を対象に，30分のスタティック・ストレッチング，サイクリック・ストレッチング，コンスタントトルク・ストレッチングのいずれかを行った．結果，介入前と比較して，粘性，弾性はすべての群で有意に低下した[86]．

― 小まとめ ―
片麻痺患者に対するストレッチングは粘弾性を低下させる．

ストレッチング方法による効果の違い

(1) スタティック・ストレッチング vs バリスティック・ストレッチング

　健常者の下腿三頭筋を対象に，20秒のスタティック・ストレッチングまたはバリスティック・ストレッチングを1日5回行い，6週間継続した．結果，介入前と比較して，両群とも足関節背屈可動域は有意に増加した．また，介入前と比較して，動的トルクはスタティック・ストレッチング後に有意に低下したが，バリスティック・ストレッチング後は変化しなかった[25]．

　健常女性のハムストリングスおよび大腿四頭筋を対象に，20分のスタティック・ストレッチングまたはバリスティック・ストレッチングを行った．結果，バリスティック・ストレッチングと比較して，スタティック・ストレッチングの股関節屈曲可動域は有意に増加し，レッグプレス1RMは有意に低下した[10]（**図5-42**）．

　健常者の大腿四頭筋，ハムストリングスを対象に，30秒のスタティック・ストレッチング，またはバリスティック・ストレッチングを3回行った．結果，非介入時と比較して，カウンタームーブメントジャンプ高は両群ともに差がな

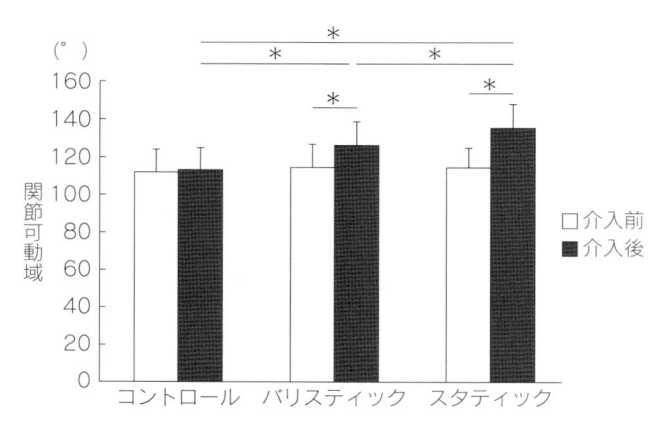

図5-42　スタティック・ストレッチングとバリスティック・ストレッチングによる関節可動域の変化
〔Bacurau et al, 2009 から改変[10]〕
＊：$p<0.05$，（Mean±SD）

かった[68]．

　健常学生の腰部脊柱筋群，大腿四頭筋，ハムストリングスを対象に，30秒×3回のスタティック・ストレッチングまたはバリスティック・ストレッチングを行った．結果，ストレッチング方法の違いによって腰椎屈曲，膝関節，足関節底屈の各関節可動域に差はなかった[11]．

（2）スタティック・ストレッチング vs PNF ストレッチング

　健常者の大腿四頭筋を対象に，30秒のスタティック・ストレッチングまたはPNFストレッチング（hold-relax）を4回行った．結果，介入前と比較して，両群ともに膝関節屈曲可動域は有意に増加し，60，300°/秒での膝関節伸展求心性収縮時の平均パワーおよび大腿直筋，外側広筋のEMG振幅は，両群ともに有意に低下した[12]．

　健常男性のハムストリングスおよび下腿三頭筋を対象に，30秒のスタティック・ストレッチングまたはPNFストレッチング（contract-relax）を1日4回，週に4日行い，6週間継続した．結果，介入前と比較して膝関節伸展可動域は有意に増大したが，ドロップジャンプ接地時間は両群ともに変化しなかった[20]．

　健常者の下腿三頭筋を対象に，30秒のスタティック・ストレッチングまたは6秒の等尺性収縮後に24秒のスタティック・ストレッチングを行うcontract-relaxをそれぞれ20回行った．結果，介入前と比較して，両群ともに足関節底屈最大等尺性筋力およびヒラメ筋のEMG活動は有意に低下した．一方，腓腹筋のEMG活動はスタティック・ストレッチング後では低下し，contract-relax後には増加した[49]．

　高齢男性のハムストリングスを対象に，80秒のスタティック・ストレッチング，または20秒のcontract-relaxもしくはagonist contract-relaxを4回行った．結果，agonist contract-relaxでは，他の2つのストレッチング方法と比較して膝関節伸展可動域は有意に高値を示した[78]．

　健常者のハムストリングスを対象に，30秒のスタティック・ストレッチング単独，またはハムストリングスの等尺性収縮とスタティック・ストレッチングを組み合わせたPNFストレッチングを行った．結果，どちらのストレッチング方法においても，介入後に膝関節伸展可動域が有意に増加した．さらに，スタティック・ストレッチングと比較して，PNFストレッチングの増加角度は有意に大きかった[13]．

(3) スタティック・ストレッチング vs ダイナミック・ストレッチング

健常者の大腿四頭筋，ハムストリングス，下腿三頭筋を対象に，30秒のスタティック・ストレッチングを2回，または30秒のダイナミック・ストレッチングを1～2回行った．結果，介入前と比較して，カウンタームーブメントジャンプ高はスタティック・ストレッチングでは有意に低下し，ダイナミック・ストレッチングでは変化しなかった[66]．

健常者または過去に受傷歴のあるハムストリングスを対象に，ウォーミングアップ後に30秒のスタティック・ストレッチング，またはダイナミック・ストレッチングを3セット行った．結果，ウォーミングアップ後と比較して，スタティック・ストレッチング後の膝関節伸展可動域は有意に増加したが，ダイナミック・ストレッチング後の膝関節伸展可動域は有意に低下した[15]．

健常学生の胸部筋群，肩関節周囲筋群，上腕三頭筋，大腿四頭筋，ハムストリングスを対象に，30秒×3回のスタティック・ストレッチング，またはダイナミック・ストレッチングを行った．結果，ストレッチング方法の違いによってベンチプレス，レッグプレスの1RMに差はなかった[11]．

プロサッカー選手の下肢筋群を対象に，30秒のスタティック・ストレッチング，またはダイナミック・ストレッチングを行った．結果，非介入時と比較して，ダイナミック・ストレッチングは各種スプリントタイムを有意に短縮させた．一方，スタティック・ストレッチングは，最速スピードでの20mスプリントタイムを有意に短縮させた．また，非介入時と比較して，両ストレッチングともカウンタームーブメントジャンプ高に差はなかった[63]．

女性競技者の大腿四頭筋およびハムストリングスを対象に，20秒×2回のスタティック・ストレッチングまたはダイナミック・ストレッチングを行った．結果，介入前と比較して，スタティック・ストレッチングを行った群では，60，180°/秒での膝関節伸展および屈曲求心性筋力，遠心性筋力はいずれも低下し，またその時の大腿直筋，外側広筋，ハムストリングスのEMG振幅も有意に低下した．一方，ダイナミック・ストレッチングを行った群では，60，180°/秒での膝関節伸展および屈曲求心性筋力，遠心性筋力はいずれも有意に増加し，その時の大腿直筋，外側広筋，ハムストリングスのEMG振幅は有意に増加した[52]（**図 5-43**）．

健常男性の下肢筋群を対象に，30秒のスタティック・ストレッチングまたはダイナミック・ストレッチングを行った．結果，スタティック・ストレッチングと比較して，ダイナミック・ストレッチング後のスクワットジャンプ高およ

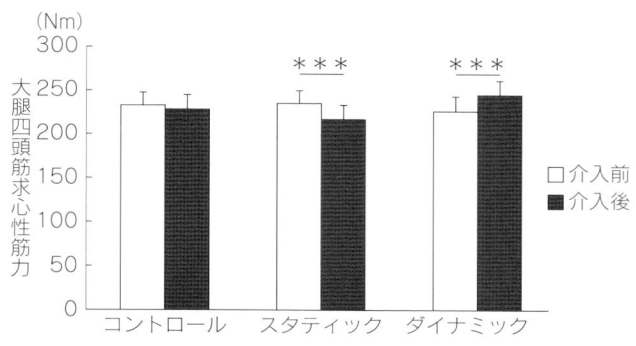

図 5-43 スタティック・ストレッチングとダイナミック・ストレッチングによる筋力の変化
〔Sekir et al, 2010 から改変[52]〕
***：p＜0.001，（Mean±SD）

び内側広筋 EMG 振幅は有意に高値を示した[57]．

　健常男性のハムストリングスを対象に，30秒のスタティック・ストレッチングまたはダイナミック・ストレッチングを4回行った．結果，介入前と比較して，膝関節屈曲等尺性筋力はスタティック・ストレッチングで有意に低下したが，ダイナミック・ストレッチングでは変化しなかった．また，介入前と比較して，膝関節屈曲等尺性収縮時の大腿二頭筋の EMG 振幅はスタティック・ストレッチング後に変化しなかったが，ダイナミック・ストレッチング後に有意に増加した[55]．

　健常者の下肢筋群を対象に，30秒のスタティック・ストレッチングまたはダイナミック・ストレッチングを行った．結果，コントロール群と比較して下肢伸展パワーはスタティック・ストレッチングでは変化せず，ダイナミック・ストレッチングでは有意に増加した[54]．

　健常男性の下肢筋群を対象に，30秒×2回×7種類のスタティック・ストレッチング，または11種類のダイナミック・ストレッチングを行った．結果，非介入時と比較して，長座体前屈は両群ともに有意に増加した．また，スタティック・ストレッチングおよび非介入時と比較して，カウンタームーブメントジャンプ高はダイナミック・ストレッチングで有意に高値を示した．一方，ジャンプ反応時間は，各群間に差を認めなかった[14]．

（4）スタティック・ストレッチング vs サイクリック・ストレッチング

脳卒中患者の下腿三頭筋を対象に，30分のスタティック・ストレッチング，またはサイクリック・ストレッチングを行った．結果，ストレッチング開始時と比較して，終了時の静的トルクは，サイクリック・ストレッチングよりもスタティック・ストレッチングで有意に大きく低下した．また，介入前と比較して，スティフネスは，スタティック・ストレッチングでは35％，サイクリック・ストレッチングでは30％低下した．一方，介入前と比較して，両群ともに10 m快適歩行時間は変化しなかった[107]．

健常者の下腿三頭筋を対象に，合計60秒のスタティック・ストレッチングまたはサイクリック・ストレッチングを行った．結果，介入前と比較して，両群ともに動的トルクは有意に低下したが，その程度はスタティック・ストレッチングのほうが有意に大きかった．また，介入前と比較してスティフネスはサイクリック・ストレッチング後に有意に低下したが，スタティック・ストレッチング後は変化しなかった[28]．

（5）スタティック・ストレッチング vs コンスタントトルク・ストレッチング

脳卒中後の痙性片麻痺患者の下腿三頭筋を対象に，30分のスタティック・ストレッチング，またはコンスタントトルク・ストレッチングを行った．結果，介入前と比較して，両群ともに足関節背屈可動域，MASスコアは有意に改善し粘弾性が有意に低下した[85]．

健常男性のハムストリングスを対象に，30秒のコンスタントアングル・ストレッチング（スタティック・ストレッチング），またはコンスタントトルク・ストレッチングをそれぞれ16セット行った．結果，介入前と比較して，両群ともに膝関節伸展可動域は有意に増加し膝関節屈曲最大等尺性筋力は有意に低下したが，大腿二頭筋のEMG活動は変化しなかった．一方，介入前と比較して，スティフネスはコンスタントトルク・ストレッチングでのみ有意に低下した[16]．

（6）バリスティック・ストレッチング vs ダイナミック・ストレッチング

健常者の下肢筋群を対象に，30秒×2回のバリスティック・ストレッチングまたはダイナミック・ストレッチングを行った．結果，非介入時と比較して，カウンタームーブメントジャンプ高は両群ともに差が認められなかった[67]．

（7）スタティック・ストレッチング vs バリスティック・ストレッチング vs PNF ストレッチング

　健常学生の大腿四頭筋，ハムストリングス，下腿三頭筋を対象に，合計 10 分のスタティック・ストレッチング，またはバリスティック・ストレッチング，または PNF ストレッチング（contract-relax）を行った．結果，介入前と比較して，スクワットジャンプ高およびカウンタームーブメントジャンプ高はスタティック・ストレッチングおよび PNF ストレッチング後に有意に低下したが，バリスティック・ストレッチング後には変化しなかった[69]．

（8）スタティック・ストレッチング vs ダイナミック・ストレッチング vs PNF ストレッチング

　健常女性の大腿四頭筋を対象に，30 秒×3 回のスタティック・ストレッチング，またはダイナミック・ストレッチングおよび 20 秒×3 回の PNF ストレッチング（contract-relax）を行った．結果，介入前と比較して，スタティック・ストレッチングおよび PNF ストレッチングでは 60，180°/秒での膝関節伸展求心性収縮時の発揮パワーは変化しなかった．また，ダイナミック・ストレッチング後の発揮パワーの増加率は，スタティック・ストレッチングおよび PNF ストレッチングよりも有意に高値を示した[53]．

（9）スタティック・ストレッチング vs サイクリック・ストレッチング vs コンスタントトルク・ストレッチング

　脳卒中後の痙性片麻痺患者の下腿三頭筋を対象に，30 分のスタティック・ストレッチング，サイクリック・ストレッチング，コンスタントトルク・ストレッチングのいずれかを行った．結果，介入前と比較して，足関節背屈可動域および MAS スコアはすべての群で有意に改善し，粘性，弾性はすべての群で有意に低下した．さらに，他のストレッチング様式と比較して，コンスタントトルク・ストレッチングでは足関節背屈可動域は有意に高値を示した[86]．

文献

1) Siatras TA, Mittas VP, et al：The duration of the inhibitory effects with static stretching on quadriceps peak torque production. *J Strength Cond Res* **22**：40-46, 2008
2) Ryan ED, Beck TW, et al：Do practical durations of stretching alter muscle strength? A dose-response study. *Med Sci Sports Exerc* **40**：1529-1537, 2008
3) Boyce D, Brosky JAJr：Determining the minimal number of cyclic passive stretch repetitions recommended for an acute increase in an indirect measure of hamstring length. *Physiother Theory Pract* **24**：113-120, 2008
4) Brandenburg JP：Duration of stretch does not influence the degree of force loss following static stretching. *J Sports Med Phys Fitness* **46**：526-534, 2006
5) Morse CI, Degens H, et al：The acute effect of stretching on the passive stiffness of the human gastrocnemius muscle tendon unit. *J Physiol* **586**：97-106, 2008
6) Nordez A, McNair PJ, et al：Static and cyclic stretching：their different effects on the passive torque-angle curve. *J Sci Med Sport* **13**：156-160, 2010
7) Power K, Behm D, et al：An acute bout of static stretching：effects on force and jumping performance. *Med Sci Sports Exerc* **36**：1389-1396, 2004
8) Depino GM, Webright WG, et al：Duration of maintained hamstring flexibility after cessation of an acute static stretching protocol. *J Athl Train* **35**：56-59, 2000
9) Mizuno T, Matsumoto M, et al：Viscoelasticity of the muscle-tendon unit is returned more rapidly than range of motion after stretching. *Scand J Med Sci Sports* **23**：23-30, 2013
10) Bacurau RF, Monteiro GA, et al：Acute effect of a ballistic and a static stretching exercise bout on flexibility and maximal strength. *J Strength Cond Res* **23**：304-308, 2009
11) Beedle BB, Mann CL：A comparison of two warm-ups on joint range of motion. *J Strength Cond Res* **21**：776-779, 2007
12) Marek SM, Cramer JT, et al：Acute Effects of Static and Proprioceptive Neuromuscular Facilitation Stretching on Muscle Strength and Power Output. *J Athl Train* **40**：94-103, 2005
13) O'Hora J, Cartwright A, et al：Efficacy of static stretching and proprioceptive neuromuscular facilitation stretch on hamstrings length after a single session. *J Strength Cond Res* **25**：1586-1591, 2011
14) Perrier ET, Pavol MJ, et al：The acute effects of a warm-up including static or dynamic stretching on countermovement jump height, reaction time, and flexibility. *J Strength Cond Res* **25**：1925-1931, 2011
15) O'Sullivan K, Murray E, et al：The effect of warm-up, static stretching and dynamic stretching on hamstring flexibility in previously injured subjects. *BMC Musculoskelet Disord* **10**：37, 2009
16) Herda TJ, Costa PB, et al：Effects of two modes of static stretching on muscle strength and stiffness. *Med Sci Sports Exerc* **43**：1777-1784, 2011
17) Reid DA, McNair PJ：Passive force, angle, and stiffness changes after stretching of hamstring muscles. *Med Sci Sports Exerc* **36**：1944-1948, 2004
18) Decoster LC, Scanlon RL, et al：Standing and Supine Hamstring Stretching Are Equally Effective. *J Athl Train* **39**：330-334, 2004
19) Folpp H, Deall S, et al：Can apparent increases in muscle extensibility with regular stretch be explained by changes in tolerance to stretch? *Aust J Physiother* **52**：45-50,

2006
20) Yuktasir B, Kaya F : Investigation into the long-term effects of static and PNF stretching exercises on range of motion and jump performance. *J Bodyw Mov Ther* **13** : 11-21, 2009
21) Gajdosik RL, Allred JD, et al : A stretching program increases the dynamic passive length and passive resistive properties of the calf muscle-tendon unit of unconditioned younger women. *Eur J Appl Physiol* **99** : 449-454, 2007
22) Guissard N, Duchateau J : Effect of static stretch training on neural and mechanical properties of the human plantar-flexor muscles. *Muscle Nerve* **29** : 248-255, 2004
23) Kokkonen J, Nelson AG, et al : Chronic static stretching improves exercise performance. *Med Sci Sports Exerc* **39** : 1825-1831, 2007
24) Chaouachi A, Chamari K, et al : Stretch and sprint training reduces stretch-induced sprint performance deficits in 13- to 15-year-old youth. *Eur J Appl Physiol* **104** : 515-522, 2008
25) Mahieu NN, McNair P, et al : Effect of static and ballistic stretching on the muscle-tendon tissue properties. *Med Sci Sports Exerc* **39** : 494-501, 2007
26) Mahieu NN, Cools A, et al : Effect of proprioceptive neuromuscular facilitation stretching on the plantar flexor muscle-tendon tissue properties. *Scand J Med Sci Sports* **19** : 553-560, 2009
27) Magnusson SP, Aagaard P, et al : Passive tensile stress and energy of the human hamstring muscles in vivo. *Scand J Med Sci Sports* **10** : 351-359, 2000
28) McNair PJ, Dombroski EW, et al : Stretching at the ankle joint : viscoelastic responses to holds and continuous passive motion. *Med Sci Sports Exerc* **33** : 354-358, 2001
29) Duong B, Low M, et al : Time course of stress relaxation and recovery in human ankles. *Clin Biomech (Bristol, Avon)* **16** : 601-607, 2001
30) Kay AD, Blazevich AJ : Moderate-duration static stretch reduces active and passive plantar flexor moment but not Achilles tendon stiffness or active muscle length. *J Appl Physiol* **106** : 1249-1256, 2009
31) Reisman S, Allen TJ, et al : Changes in passive tension after stretch of unexercised and eccentrically exercised human plantarflexor muscles. *Exp Brain Res* **193** : 545-554, 2009
32) Weir DE, Tingley J, et al : Acute passive stretching alters the mechanical properties of human plantar flexors and the optimal angle for maximal voluntary contraction. *Eur J Appl Physiol* **93** : 614-623, 2005
33) Nordez A, Casari P, et al : Effects of stretching velocity on passive resistance developed by the knee musculo-articular complex : contributions of frictional and viscoelastic behaviours. *Eur J Appl Physiol* **103** : 243-250, 2008
34) Gajdosik RL, Vander Linden DW, et al : Viscoelastic properties of short calf muscle-tendon units of older women : effects of slow and fast passive dorsiflexion stretches in vivo. *Eur J Appl Physiol* **95** : 131-139, 2005
35) Halbertsma JP, van Bolhuis AI, et al : Sport stretching : effect on passive muscle stiffness of short hamstrings. *Arch Phys Med Rehabil* **77** : 688-692, 1996
36) Kubo K, Kanehisa H, et al : Effect of stretching training on the viscoelastic properties of human tendon structures in vivo. *J Appl Physiol* **92** : 595-601, 2002
37) Nakamura M, Ikezoe T, et al : Effects of a 4-week static stretch training program on passive stiffness of human gastrocnemius muscle-tendon unit in vivo. *Eur J Appl Physiol* **112** : 2749-2755, 2012

38) Magnusson SP, Simonsen EB, et al：A mechanism for altered flexibility in human skeletal muscle. *J Physiol* **497**（Pt1）：291-298, 1996
39) Ben M, Harvey LA：Regular stretch does not increase muscle extensibility：a randomized controlled trial. *Scand J Med Sci Sports* **20**：136-144, 2010
40) Marshall PW, Cashman A, et al：A randomized controlled trial for the effect of passive stretching on measures of hamstring extensibility, passive stiffness, strength, and stretch tolerance. *J Sci Med Sport* **14**：535-540, 2011
41) Ryan ED, Beck TW, et al：The time course of musculotendinous stiffness responses following different durations of passive stretching. *J Orthop Sports Phys Ther* **38**：632-639, 2008
42) Burgess KE, Graham-Smith P, et al：Effect of acute tensile loading on gender-specific tendon structural and mechanical properties. *J Orthop Res* **27**：510-516, 2009
43) Ryan ED, Herda TJ, et al：Determining the minimum number of passive stretches necessary to alter musculotendinous stiffness. *J Sports Sci* **27**：957-961, 2009
44) McHugh MP, Nesse M：Effect of stretching on strength loss and pain after eccentric exercise. *Med Sci Sports Exerc* **40**：566-573, 2008
45) Cramer JT, Housh TJ, et al：The acute effects of static stretching on peak torque, mean power output, electromyography, and mechanomyography. *Eur J Appl Physiol* **93**：530-539, 2005
46) Cramer JT, Beck TW, et al：Acute effects of static stretching on characteristics of the isokinetic angle-torque relationship, surface electromyography, and mechanomyography. *J Sports Sci* **25**：687-698, 2007
47) Cramer JT, Housh TJ, et al：An acute bout of static stretching does not affect maximal eccentric isokinetic peak torque, the joint angle at peak torque, mean power, electromyography, or mechanomyography. *J Orthop Sports Phys Ther* **37**：130-139, 2007
48) Behm DG, Bambury A, et al：Effect of acute static stretching on force, balance, reaction time, and movement time. *Med Sci Sports Exerc* **36**：1397-1402, 2004
49) Babault N, Kouassi BY, et al：Acute effects of 15min static or contract-relax stretching modalities on plantar flexors neuromuscular properties. *J Sci Med Sport* **13**：247-252, 2010
50) Knudson D, Noffal G：Time course of stretch-induced isometric strength deficits. *Eur J Appl Physiol* **94**：348-351, 2005
51) Fowles JR, Sale DG, et al：Reduced strength after passive stretch of the human plantarflexors. *J Appl Physiol* **89**：1179-1188, 2000
52) Sekir U, Arabaci R, et al：Acute effects of static and dynamic stretching on leg flexor and extensor isokinetic strength in elite women athletes. *Scand J Med Sci Sports* **20**：268-281, 2010
53) Manoel ME, Harris-Love MO, et al：Acute effects of static, dynamic, and proprioceptive neuromuscular facilitation stretching on muscle power in women. *J Strength Cond Res* **22**：1528-1534, 2008
54) Yamaguchi T, Ishii K：Effects of static stretching for 30 seconds and dynamic stretching on leg extension power. *J Strength Cond Res* **19**：677-683, 2005
55) Herda TJ, Cramer JT, et al：Acute effects of static versus dynamic stretching on isometric peak torque, electromyography, and mechanomyography of the biceps femoris

muscle. *J Strength Cond Res* 22：809-817, 2008
56) McBride JM, Deane R, et al：Effect of stretching on agonist-antagonist muscle activity and muscle force output during single and multiple joint isometric contractions. *Scand J Med Sci Sports* 17：54-60, 2007
57) Hough PA, Ross EZ, et al：Effects of dynamic and static stretching on vertical jump performance and electromyographic activity. *J Strength Cond Res* 23：507-512, 2009
58) Funase K, Higashi T, et al：Neural mechanism underlying the H-reflex inhibition during static muscle stretching. *Adv Exerc Sport Physiol* 9：119-127, 2003
59) Avela J, Kyrolainen H, et al：Altered reflex sensitivity after repeated and prolonged passive muscle stretching. *J Appl Physiol* 86：1283-1291, 1999
60) Stewart M, Adams R, et al：Warm-up or stretch as preparation for sprint performance? *J Sci Med Sport* 10：403-410, 2007
61) Nelson AG, Driscoll NM, et al：Acute effects of passive muscle stretching on sprint performance. *J Sports Sci* 23：449-454, 2005
62) Beckett JRJ, Schneiker KT, et al：Effects of static stretching on repeated sprint and change of direction performance. *Med Sci Sports Exerc* 41：444-450, 2009
63) Little T, Williams AG：Effects of differential stretching protocols during warm-ups on high-speed motor capacities in professional soccer players. *J Strength Cond Res* 20：203-207, 2006
64) Behm DG, Kibele A：Effects of differing intensities of static stretching on jump performance. *Eur J Appl Physiol* 101：587-594, 2007
65) Cronin J, Nash M, et al：The acute effects of hamstring stretching and vibration on dynamic knee joint range of motion and jump performance. *Phys Ther Sport* 9：89-96, 2008
66) Pearce AJ, Kidgell DJ, et al：Effects of secondary warm up following stretching. *Eur J Appl Physiol* 105：175-183, 2009
67) Jaggers JR, Swank AM, et al：The acute effects of dynamic and ballistic stretching on vertical jump height, force, and power. *J Strength Cond Res* 22：1844-1849, 2008
68) Samuel MN, Holcomb WR, et al：Acute effects of static and ballistic stretching on measures of strength and power. *J Strength Cond Res* 22：1422-1428, 2008
69) Bradley PS, Olsen PD, et al：The effect of static, ballistic, and proprioceptive neuromuscular facilitation stretching on vertical jump performance. *J Strength Cond Res* 21：223-226, 2007
70) Lewis NL, Brismée JM, et al：The effect of stretching on muscle responses and postural sway responses during computerized dynamic posturography in women and men. *Arch Phys Med Rehabil* 90：454-462, 2009
71) Nagano A, Yoshioka S, et al：Influence of vision and static stretch of the calf muscles on postural sway during quiet standing. *Hum Mov Sci* 25：422-434, 2006
72) Cui J, Blaha C, et al：Muscle sympathetic nerve activity responses to dynamic passive muscle stretch in humans. *J Physiol* 576：625-634, 2006
73) Fisher JP, Bell MP, et al：Cardiovascular responses to human calf muscle stretch during varying levels of muscle metaboreflex activation. *Exp Physiol* 90：773-781, 2005
74) Drew RC, Bell MP, et al：Modulation of spontaneous baroreflex control of heart rate and indexes of vagal tone by passive calf muscle stretch during graded metaboreflex activation in humans. *J Appl Physiol* 104：716-723, 2008

75) Larsen R, Lund H, et al：Effect of static stretching of quadriceps and hamstring muscles on knee joint position sense. *Br J Sports Med* **39**：43-46, 2005
76) Ferber R, Osternig L, et al：Effect of PNF stretch techniques on knee flexor muscle EMG activity in older adults. *J Electromyogr Kinesiol* **12**：391-397, 2002
77) Christiansen CL：The effects of hip and ankle stretching on gait function of older people. *Arch Phys Med Rehabil* **89**：1421-1428, 2008
78) Gajdosik RL, Vander Linden DW, et al：Effects of an eight-week stretching program on the passive-elastic properties and function of the calf muscles of older women. *Clin Biomech (Bristol, Avon)* **20**：973-983, 2005
79) Johnson E, Bradley B, et al：Effect of a static calf muscle-tendon unit stretching program on ankle dorsiflexion range of motion of older women. *J Geriatr Phys Ther* **30**：49-52, 2007
80) Batista LH, Vilar AC, et al：Active stretching improves flexibility, joint torque, and functional mobility in older women. *Am J Phys Med Rehabil* **88**：815-822, 2009
81) Gallon D, Rodacki AL, et al：The effects of stretching on the flexibility, muscle performance and functionality of institutionalized older women. *Braz J Med Biol Res* **44**：229-235, 2011
82) Rodacki AL, Souza RM, et al：Transient effects of stretching exercises on gait parameters of elderly women. *Man Ther* **14**：167-172, 2009
83) Cristopoliski F, Barela JA, et al：Stretching exercise program improves gait in the elderly. *Gerontology* **55**：614-620, 2009
84) Yeh CY, Chen JJ, et al：Quantitative analysis of ankle hypertonia after prolonged stretch in subjects with stroke. *J Neurosci Methods* **137**：305-314, 2004
85) Yeh CY, Tsai KH, et al：Effects of prolonged muscle stretching with constant torque or constant angle on hypertonic calf muscles. *Arch Phys Med Rehabil* **86**：235-241, 2005
86) Yeh CY, Chen JJ, et al：Quantifying the effectiveness of the sustained muscle stretching treatments in stroke patients with ankle hypertonia. *J Electromyogr Kinesiol* **17**：453-461, 2007
87) Selles RW, Li X, et al：Feedback-controlled and programmed stretching of the ankle plantarflexors and dorsiflexors in stroke：effects of a 4-week intervention program. *Arch Phys Med Rehabil* **86**：2330-2336, 2005
88) Katalinic OM, Harvey LA, et al：Stretch for the treatment and prevention of contractures. *Cochrane Database Syst Rev* **8**：CD007455, 2010
89) Ulrich SD, Bonutti PM, et al：Restoring range of motion via stress relaxation and static progressive stretch in posttraumatic elbow contractures. *J Shoulder Elbow Surg* **19**：196-201, 2010
90) Moseley AM, Herbert RD, et al：Passive stretching does not enhance outcomes in patients with plantarflexion contracture after cast immobilization for ankle fracture：a randomized controlled trial. *Arch Phys Med Rehabil* **86**：1118-1126, 2005
91) McGrath MS, Ulrich SD, et al：Evaluation of static progressive stretch for the treatment of wrist stiffness. *J Hand Surg Am* **33**：1498-1504, 2008
92) Ferreira GN, Teixeira-Salmela LF, et al：Gains in flexibility related to measures of muscular performance：impact of flexibility on muscular performance. *Clin J Sport Med* **17**：276-281, 2007
93) Nelson RT, Bandy WD：Eccentric Training and Static Stretching Improve Hamstring

Flexibility of High School Males. *J Athl Train* **39**：254-258, 2004
94) Draper DO, Castro JL, et al：Shortwave diathermy and prolonged stretching increase hamstring flexibility more than prolonged stretching alone. *J Orthop Sports Phys Ther* **34**：13-20, 2004
95) Reisman S, Walsh LD, et al：Warm-up stretches reduce sensations of stiffness and soreness after eccentric exercise. *Med Sci Sports Exerc* **37**：929-936, 2005
96) Herbert RD, de Noronha M, et al：Stretching to prevent or reduce muscle soreness after exercise. *Cochrane Database Syst Rev* **6**：CD004577, 2011
97) Cunha AC, Burke TN, et al：Effect of global posture reeducation and of static stretching on pain, range of motion, and quality of life in women with chronic neck pain：a randomized clinical trial. *Clinics（Sao Paulo）* **63**：763-770, 2008
98) Häkkinen A, Kautiainen H, et al：Strength training and stretching versus stretching only in the treatment of patients with chronic neck pain：a randomized one-year follow-up study. *Clin Rehabil* **22**：592-600, 2008
99) Häkkinen A, Salo P, et al：Effect of manual therapy and stretching on neck muscle strength and mobility in chronic neck pain. *J Rehabil Med* **39**：575-579, 2007
100) Peeler J, Anderson JE. Effectiveness of static quadriceps stretching in individuals with patellofemoral joint pain. *Clin J Sport Med* **17**：234-241, 2007
101) Radford JA, Landorf KB, et al：Effectiveness of calf muscle stretching for the short-term treatment of plantar heel pain：a randomised trial. *BMC Musculoskelet Disord* **8**：36, 2007
102) Law RY, Harvey LA, et al：Stretch exercises increase tolerance to stretch in patients with chronic musculoskeletal pain：a randomized controlled trial. *Phys Ther* **89**：1016-1026, 2009
103) Turton AJ, Britton E：A pilot randomized controlled trial of a daily muscle stretch regime to prevent contractures in the arm after stroke. *Clin Rehabil* **19**：600-612, 2005
104) Lee TS, Kilbreath SL, et al：Pectoral stretching program for women undergoing radiotherapy for breast cancer. *Breast Cancer Res Treat* **102**：313-321, 2007
105) Häkkinen A, Ylinen J, et al：Effects of home strength training and stretching versus stretching alone after lumbar disk surgery：a randomized study with a 1-year follow-up. *Arch Phys Med Rehabil* **86**：865-870, 2005
106) Singer BJ, Dunne JW, et al：The short term effect of cyclic passive stretching on plantarflexor resistive torque after acquired brain injury. *Clin Biomech（Bristol, Avon）* **23**：1178-1182, 2008
107) Bressel E, McNair PJ：The effect of prolonged static and cyclic stretching on ankle joint stiffness, torque relaxation, and gait in people with stroke. *Phys Ther* **82**：880-887, 2002
108) Aquino CF, Fonseca ST, et al：Stretching versus strength training in lengthened position in subjects with tight hamstring muscles：a randomized controlled trial. *Man Ther* **15**：26-31, 2010.
109) Bakheit AM, Maynard V, et al：The effects of isotonic and isokinetic muscle stretch on the excitability of the spinal alpha motor neurones in patients with muscle spasticity. *Eur J Neurol* **12**：719-724, 2005
110) Maynard V, Bakheit AM, et al：Comparison of the impact of a single session of isokinetic or isotonic muscle stretch on gait in patients with spastic hemiparesis. *Clin Rehabil* **19**：146-154, 2005

111) Ylinen J, Kautiainen H, et al：Stretching exercises vs manual therapy in treatment of chronic neck pain：a randomized, controlled cross-over trial. *J Rehabil Med* **39**：126-132, 2007
112) Jepsen JR, Thomsen G：Prevention of upper limb symptoms and signs of nerve afflictions in computer operators：The effect of intervention by stretching. *J Occup Med Toxicol* **3**：1, 2008
113) Hallegraeff JM, van der Schans CP, et al：Stretching before sleep reduces the frequency and severity of nocturnal leg cramps in older adults：a randomised trial. *J Physiother* **58**：17-22, 2012

第6章
ストレッチング研究のトピックス
―動物・細胞を用いた基礎研究の紹介

関節可動域制限,筋損傷に対するストレッチングの効果
―動物モデルを用いたメカニカルストレス応答に関する研究の紹介

1. はじめに

　ストレッチングが適用される病態は多岐にわたるが,主として骨格筋の病態に対して実施されることが多かろう.その中でも本項では関節可動域制限と筋損傷を取り上げる.

　関節可動域制限の病態は第3章で述べられているが,ストレッチングは筋収縮の抑制に有効であること,さらには,軟部組織,特に骨格筋の伸張性低下の予防・改善に有効である[1]と考えられており,よって関節可動域制限の予防や治療に幅広く用いられているものと思われる.しかし,関節可動域制限に対するストレッチングのシステマティックレビュー[2)3)]では,明らかな臨床効果は認められないと報告されている.また,Moseleyら[4]は足関節骨折によってギプス固定を行った患者を対象に,他動的ストレッチングの臨床効果に関する無作為化比較対照試験を行っているが,この結果でもストレッチングの効果は見いだされていない.このように,関節可動域制限に対するストレッチングの臨床効果に関しては否定的な見解が多い.

　また,ストレッチングは,主に筋損傷に対する予防方法の1つとして,ウォーミングアップなどに用いられている.その理由は,ストレッチングが筋線維の柔軟性・伸張性の維持・改善に有効であり,筋損傷の発生率を下げることができると考えられているためであろう.しかしながら,これまでのヒトを対象とした無作為化比較対照試験においては,ストレッチングをウォーミングアップに用い,筋損傷に限らず傷害の発生の有無などを検討している報告が多く[5)6)],筋損傷に対する効果を定量的な指標でもって詳細に検証しているとは言いがたい.さらに,ストレッチング単独の介入によって効果を検討した報告も少ない.そのため,ヒトを対象にした研究では,筋損傷に対するストレッチングの効果について一致した見解が得られていない.

　一方,動物実験に基づく先行研究の結果では,ストレッチングは関節可動域制限の予防・治療,ならびに筋損傷の予防に効果があることが示されている.そこで,本項では関節可動域制限ならびに筋損傷に対するストレッチングの効

果を動物実験の知見から紹介する.

2. 関節可動域制限に対するストレッチングの効果

1) 関節可動域制限の進行にストレッチングが及ぼす効果

関節可動域制限が発生してしまってから治療を行うよりも,いかにして関節可動域制限の発生を予防し,その進行を抑えるかが重要であることは言うまでもない.そこで,動物実験の結果を概観し,ストレッチングによる関節可動域制限の進行抑制効果について考えていく.

Williams[7]はマウス足関節を最大底屈位で2週間不動化する過程で,1日0,15,30,60,120分間(毎日),麻酔下で足関節を最大背屈位に保持し,足関節底屈筋群を持続的にストレッチングすると,30分以上の実施時間で関節可動域制限の発生は認められなかったと報告している.また,中田ら[8]はマウス後肢を無荷重としたうえで足関節を最大底屈位で2週間不動化するモデルを用い,その過程で1日0,10,20,30分間(週5回),麻酔下で足関節底屈筋群を持続的にストレッチングする実験を行っている.この結果では,どの実施時間でも

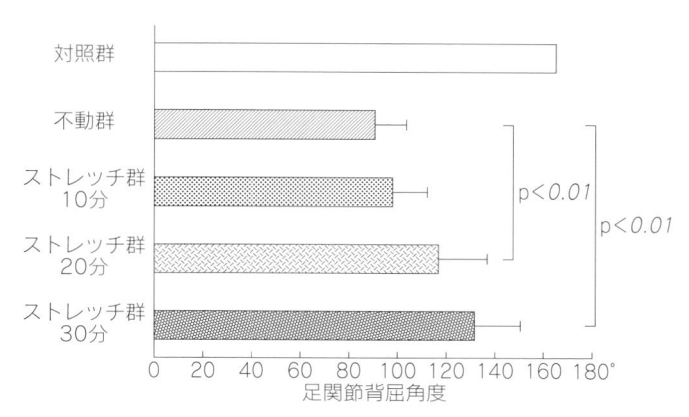

図6-1 持続的ストレッチングの実施時間の違いによる関節可動域制限の進行抑制効果〔中田・他,2002から改変[8]〕

実施時間10分では不動群と有意差は認められないが,実施時間20分,30分は不動群より有意に高値を示し,関節可動域制限の進行抑制効果が認められた.

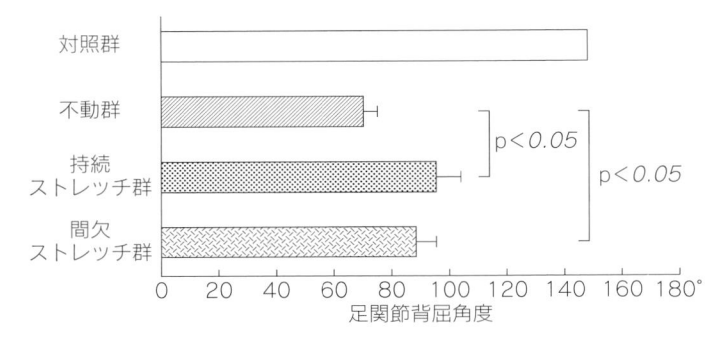

図6-2 ストレッチングの方法の違いによる関節可動域制限の進行抑制効果〔西田・他, 2004 から改変[10]〕

持続ストレッチ群, 間欠ストレッチ群ともに不動群より有意に高値で, 関節可動域制限の進行抑制効果が認められたが, ストレッチングの方法の違いによる差は認められなかった.

関節可動域制限の発生は完全には予防できなかったが, 20分以上の実施時間でその進行は抑制されている (**図6-1**). これらの報告はいずれも持続的ストレッチングの効果を検討したものであるが, 沖田ら[9]の報告では間欠的ストレッチングによる関節可動域制限の進行抑制効果が検討されている. すなわち, ラット足関節を最大底屈位で4週間不動化する過程で, 1日30分 (週6回), 麻酔下で角速度10°/秒の足関節底背屈運動を行い, 足関節底屈筋群を間欠的にストレッチングした結果, 不動のみの群よりも約20°関節可動域制限の進行は抑制されたと報告している. また, 西田ら[10]は持続的ストレッチングと間欠的ストレッチングによる関節可動域制限の進行抑制効果を比較した実験を行っている. 具体的には, ラット後肢を無荷重にしたうえで足関節を最大底屈位で2週間不動化する過程で1日30分 (週6回), 麻酔下で足関節を最大背屈位に保持する持続的ストレッチング, もしくは角速度10°/秒の足関節底背屈運動による間欠的ストレッチングを行っている. この結果によれば, 持続的ストレッチング, 間欠的ストレッチング, いずれの方法でも関節可動域制限の進行は抑制されているが, この効果にはストレッチングの方法の違いによる差は認められていない (**図6-2**).

以上のように, 不動によって惹起される関節可動域制限の進行をストレッチングによって抑制するためには, 1日30分以上の実施時間が必要であり, 最低

限この条件を満たすことで，ストレッチングの方法が異なっても関節可動域制限の進行抑制効果が認められる可能性が高いと思われる．

2）関節可動域制限の回復にストレッチングが及ぼす効果

　ここからは，関節可動域制限が発生した後のストレッチングによる回復効果について考えていく．

　Okitaら[11]はラット足関節を最大底屈位で4週間不動化した後，不動を解除し，1日30分（週6回），麻酔下で足関節底屈筋群を持続的にストレッチする治療介入を行い（持続ストレッチ群），足関節の背屈可動域制限の回復状況を特別な治療介入を行わずに自然回復させた群（自然回復群）や不動のみの群（不動群）と比較している．この結果によれば，不動終了後1，2，3週目とも持続ストレッチ群と自然回復群は不動群に比べ背屈可動域制限の回復が認められているものの，その回復状況は持続ストレッチ群と自然回復群に有意差は認められず，ストレッチングの実施時間や頻度について再検討する必要があると述べている．

　一方，筆者ら[12]は間欠的ストレッチングによる関節可動域制限の回復促進効果を以下の実験から検証した．具体的にはラット足関節を最大底屈位で4週間不動化した後，不動を解除し，1日30分（週6回），自作した持続的他動運動装置を用いて，麻酔下で足関節底屈筋群を4秒に1回のサイクルで間欠的にストレッチングし（間欠ストレッチ群），足関節の背屈可動域制限の回復状況を自然回復群や不動群と比較した．その結果，不動終了後1，2週目とも間欠ストレッチ群と自然回復群は不動群に比べ背屈可動域制限の回復が認められ，その回復状況は間欠ストレッチ群が良好であった（**図6-3**）．すなわち，上記の実験条件に限ってみれば，関節可動域制限の回復促進に間欠的ストレッチングは有効であると言えよう．

　ストレッチングによる関節可動域制限の回復促進効果を検証した報告はこれまで非常に少なく，ここで紹介したようにその見解も一致していないのが現状である．したがって，現段階ではストレッチングの方法の違いが関節可動域制限の回復促進に影響を及ぼすか否かは結論づけることが難しいと思われる．また，ストレッチングの強度や頻度などの条件によっては筋損傷を惹起する可能性[13][14]も指摘されており，今後検討すべき課題は多い．

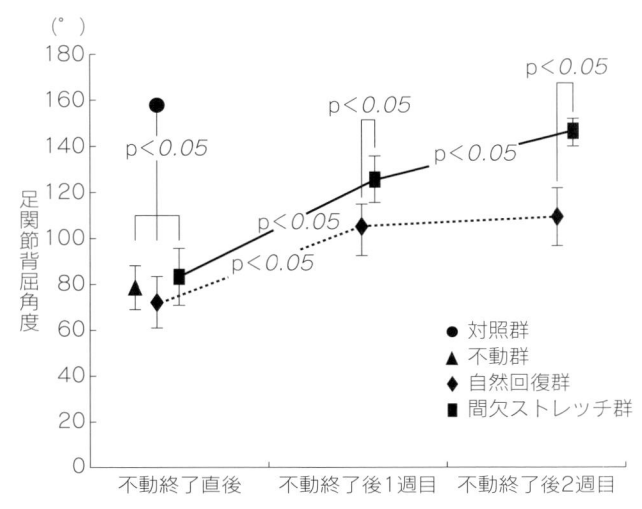

図 6-3 間欠的ストレッチングによる関節可動域制限の回復促進効果〔井上・他, 2007 から改変[12]〕

不動終了後1週目, 2週目ともに間欠ストレッチ群は自然回復群よりも有意に高値であり, 関節可動域制限の回復促進効果が認められた.

3. 関節可動域制限の病態にストレッチングが及ぼす効果

1) 骨格筋内コラーゲンの変化に対するストレッチングの影響

関節可動域制限の病態の1つとして, 骨格筋の器質的変化に由来するような病態, すなわち筋膜を構成するコラーゲン線維の量的・質的変化が存在する. そして, このようなコラーゲン線維の変化に対するストレッチングの影響についてもこれまで検討されている.

コラーゲンの生合成は, 骨格筋の不動によって減少することが動物実験によってこれまで確かめられているが[15)-19)], この影響は不動の肢位によって異なり, 弛緩位で不動化した場合に顕著で[17)20)], 伸張位の場合は逆に抑制される[21)]. すなわち, コラーゲンの生合成は伸張刺激によってコントロールされることが示唆されている[21)-23)]. しかしながら, これらの報告は骨格筋を数日間にわたっ

て不動化した結果であるため，臨床で汎用されているようなストレッチングの効果に置き換えて考えるには注意を要する．

一方，Williams[24]はマウス足関節を最大底屈位で10日間不動化した群（不動群）と不動の過程で1日15分（毎日），麻酔下で足関節底屈筋群に持続的ストレッチングを実施した群（持続ストレッチ群）のヒラメ筋に含まれる結合組織の割合を形態学的に比較している．この結果では，無処置の対照群に比べ不動群は有意な増加を認めているが，持続ストレッチ群は不動群よりも有意に低値を示し，対照群との有意差も認められていない．したがって，持続的ストレッチングは骨格筋の不動による線維化の発生・進行を抑制する効果があることが示唆されている．

さらに，骨格筋内のコラーゲンは，不動によって塩や酸，ペプシンなどによって可溶化されない，いわゆる不溶性コラーゲンが増加し，これは強固な分子間架橋が形成されたコラーゲンの増加によるとされている[25]．そして，骨格筋内に強固な分子間架橋が形成されたコラーゲンが増加してしまうと，骨格筋の伸張性は低下すると考えられている[25]．では，コラーゲンの架橋結合に対してストレッチングは影響するのだろうか．

須釜ら[26]はラット足関節を中間位で3週間不動化し，不動終了後の2週間，麻酔下で1日15分（週5回），足関節底屈筋群を持続的にストレッチングし（持続ストレッチ群），ヒラメ筋内コラーゲンの可溶性変化を自然回復群と比較している．この結果によると，不溶性コラーゲン含有量を反映するコラーゲンのペプシン可溶化率は持続ストレッチ群と自然回復群で有意差は認められておらず，コラーゲン架橋結合に対する持続的ストレッチングの影響はないと報告している．

一方，筆者らはラット足関節を最大底屈位で4週間不動化し，不動終了後の1，2週間，先に述べた実験[12]と同様の方法で1日30分（週6日），麻酔下で足関節底屈筋群を間欠的にストレッチングし（間欠ストレッチ群），ヒラメ筋内の不溶性コラーゲン含有量を自然回復群や不動群と比較した．なお，この実験での不溶性コラーゲンは須釜ら[25][26]の報告とはやや異なり，塩，酸，さらにペプシンによっても可溶化されないコラーゲンを抽出・定量したものである．結果，不溶性コラーゲン含有量は不動群が対照群より有意に高値を示し，自然回復群は不動終了後1，2週目とも不動群と有意差を認めなかった．また，間欠ストレッチ群の不溶性コラーゲン含有量は不動終了後1，2週目とも自然回復群のそれより有意に低値を示した（未発表データ）．したがって，不動によって惹起され

た強固なコラーゲン分子間架橋結合は自然回復のみでは回復しないが,上記の条件で間欠的ストレッチングを行うとその回復が促進される可能性がある.

以上のように,コラーゲンの架橋結合に対するストレッチングの影響については一致した見解は示されていない.そして,須釜ら[26]と筆者らの実験を比較すると,実験モデルやストレッチングの実施時間・頻度などが異なっており,ストレッチングの方法の違いに言及してコラーゲンの架橋結合に対する影響を結論づけることはできないと思われる.そのため,今後はこれらの点についての検討も必要であろう.

2) 筋内膜のコラーゲン線維の配列変化に対するストレッチングの影響

筋線維を直接包み込んでいる筋内膜を構成する個々のコラーゲン線維は,骨格筋を弛緩位で不動化するとその可動性が減少し,形態学的にはコラーゲン線維に配列変化が認められる[27].そして,このようなコラーゲン線維の配列変化は筋内膜の伸張性低下を示唆しており,ひいては骨格筋全体の伸張性低下にも影響することから,関節可動域制限の一病態と考えられている[27].また,不動による筋内膜コラーゲン線維の配列変化に対するストレッチングの影響に関してもこれまでいくつか報告されており,ここではその結果を概観しながら,筋内膜の伸張性低下に対するストレッチングの効果について考えてみたい.

佐伯ら[28]はラットヒラメ筋を無荷重状態で4週間,弛緩位と伸張位で不動化し,伸張刺激が筋内膜コラーゲン線維網の形態に及ぼす影響を検討している.この結果によれば,弛緩位での不動では筋線維の長軸方向に対して多くのコラーゲン線維が横走していたが,伸張位での不動では無処置の対照群と類似した形態で,多くのコラーゲン線維は縦走していたという.つまり,伸張刺激は筋内膜コラーゲン線維網の形態を維持する意味でも重要であることが示唆されている.

次に,実際に用いられるようなストレッチングを想定した実験もいくつか行われているので紹介する.沖田ら[9]はラット足関節を最大底屈位で4週間不動化する過程で,1日30分(週6回),麻酔下で角速度10°/秒の足関節底背屈運動を行い,足関節底屈筋群を間欠的にストレッチングし,ヒラメ筋の筋内膜コラーゲン線維網の形態を不動群や対照群と比較している.この結果によると,不動群では筋線維の長軸方向に対して横走するコラーゲン線維が多く認められたのに対して,間欠ストレッチ群では縦走するコラーゲン線維が多く,対照群

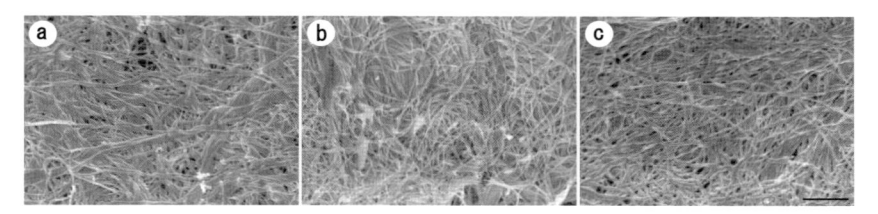

図 6-4 不動による筋内膜コラーゲン線維網の形態変化に対する間欠的ストレッチングの予防効果〔沖田・他,2005 から改変[9]〕

a は対照群,b は不動群,c は間欠ストレッチ群の筋内膜コラーゲン線維網の走査電子顕微鏡像で,写真の左右方向は筋線維の長軸方向と一致する.スケールは 1 μm である.

不動群は筋線維の長軸方向に対して横走するコラーゲン線維が多く認められるが,間欠ストレッチ群は縦走するコラーゲン線維が多く,対照群と類似した形態である.

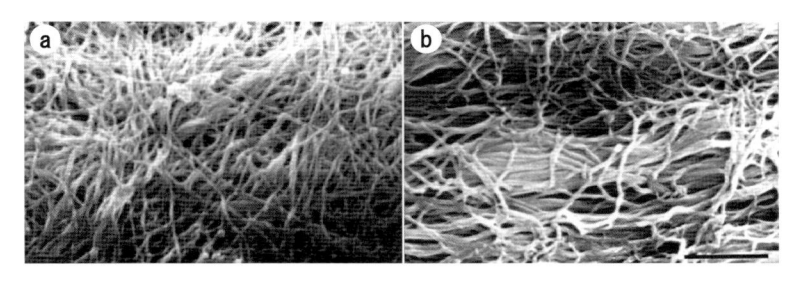

図 6-5 不動による筋内膜コラーゲン線維網の形態変化に対する持続的ストレッチングの回復促進効果〔沖田・他,2000 から改変[29]〕

a は自然回復群,b は持続ストレッチ群の筋内膜コラーゲン線維網の走査電子顕微鏡像で,写真の左右方向は筋線維の長軸方向と一致する.スケールは 1 μm である.

自然回復群のコラーゲン線維はまだなお筋線維長軸方向に対して横走しているのに対して,持続ストレッチ群は縦走するコラーゲン線維が多く認められる.

と類似した形態であったという(**図 6-4**).さらに,沖田ら[29]はラット足関節を最大底屈位で 4 週間不動化し,不動終了後の 2 週間,麻酔下で 1 日 30 分(週 6 回),ヒラメ筋に持続的ストレッチングを実施し(持続ストレッチ群),筋内膜コラーゲン線維網の形態を自然回復群と比較している.この結果によると,自然回復群のコラーゲン線維はまだなお筋線維長軸方向に対して横走しているのに対して,持続ストレッチ群は縦走するコラーゲン線維が多く認められている(**図 6-5**).また,筆者らはラット足関節を最大底屈位で 4 週間不動化し,不動終

了後の1, 2週間, 先に述べた実験[12]と同様の方法で1日30分（週6日），麻酔下で足関節底屈筋群を間欠的にストレッチングし（間欠ストレッチ群），ヒラメ筋の筋内膜コラーゲン線維網の形態を自然回復群や不動群，対照群と比較した．その結果，不動終了後1週目においては，自然回復群，間欠ストレッチ群ともに不動群と大差なく，多くのコラーゲン線維が筋線維の長軸方向に対して横走していたが，不動終了後2週目においては間欠ストレッチ群に斜走あるいは縦走するコラーゲン線維が多く認められ，対照群と類似した形態であった（未発表データ）．

　以上のことから，不動によって惹起される筋内膜の個々のコラーゲン線維の可動性減少がストレッチングを行うことである程度予防でき，加えて，いったんこのような変化が生起してもストレッチングを行うことで回復が促されるのではないかと考えられる．そして，筋内膜の伸張性低下といった関節可動域制限の一病態に対して，ストレッチングは好影響をもたらす可能性が高く，先に述べた関節可動域制限に対する効果に影響しているのではないかと思われる．

　今回紹介したような動物実験は，関節可動域制限に対するストレッチングの効果を検証するうえでは必要な研究手法である．動物実験の結果をそのままヒトにあてはめることは困難であるが，ストレッチングは骨格筋の器質的変化に由来した関節可動域制限に対して好影響をもたらす可能性が高いと思われる．ただ，先にも述べたが，関節可動域制限に対するストレッチングの臨床効果に関しては否定的な見解が多く，動物実験の結果とは大きく乖離している．これは関節可動域制限には様々な病態があるが，それ自体がいまだ明らかではないうえに，臨床効果が検証されてきたこれまでの報告では病態についてはほとんど論じられていない．したがって，関節可動域だけを指標にストレッチングの効果を評価するのではなく，他の指標を組み入れ，多角的に論じていく必要があると思われる．そして，動物実験の成果と臨床成果とを積み上げ，ストレッチングの効果をさらに科学的に証明していくことが今後さらに重要になってくると思われる．

4．筋損傷に対するストレッチングの効果

　筋損傷は発生する以前に予防していくことが肝要であることは言わずと知れたことであろう．動物実験では，骨格筋に筋損傷を惹起し，ストレッチングの

予防効果が検証されている．具体的には，マウスの腓骨神経に針電極を用いて電気刺激を与え，長指伸筋に等尺性収縮をさせると同時にモーターで伸張し，伸張性収縮を負荷することで動物モデルが作製されている[30)-32)]．それらの報告では，ストレッチングの筋損傷に対する予防効果が示されている．すなわち，伸張性収縮を負荷する2週間前にストレッチングを行うことで，ストレッチングを事前に行わなかった群に比べ，伸張性収縮を負荷した3日後における筋力の減少や筋細胞内に単核細胞の浸潤を認める損傷線維の割合，炎症反応の指標である好中球やマクロファージの数が減少していた[30)31)]．また，高齢のマウスを用いた実験においても同様の結果が報告されている[32)33)]．加えて，ストレッチングの実施時期が伸張性収縮負荷の1，24時間，3，14日前のいずれにおいても，筋力の減少や損傷線維の割合を軽減したとの報告もある[34)]．このように動物実験の結果は，ストレッチングを事前に行うことで伸張性収縮による筋損傷は軽減され，その効果は年齢，実施時期にかかわらずに得られる可能性を示している．

では，関節可動域制限や筋萎縮といった廃用状態に負荷が加わった場合に筋損傷は生じるのか，さらにはストレッチングによる予防効果はあるのだろうか．筆者らは，関節可動域制限と筋萎縮を惹起するギプス固定モデルを用いて，ストレッチングによる筋損傷予防効果を検証した[35)]．具体的には，ラットの足関節を最大底屈位で4週間ギプス固定を行い，ギプス固定を除去した後に通常飼育する群，さらに同期間の通常飼育中にストレッチングを実施する群を設定した．ストレッチングはラットを麻酔下で装置に固定し，4秒に1回のサイクルで下腿三頭筋を伸張した．なお，1回目のストレッチングは固定を除去した直後（ラットが接地を伴う運動を行う直前）に実施している．結果，固定除去1日後において，ストレッチングを実施した群では未実施の群に比べると単核細胞によって浸潤された損傷線維の発生が減少していた（**図6-6**）．すなわち，ギプス固定を除去し，荷重や歩行といった運動が行われる前にストレッチングを行うことで損傷線維の発生が抑制されたと推察され，筋損傷に対するストレッチングの予防効果がうかがわれた．

これまで述べたように，筋損傷に対するストレッチングの効果は，「予防」については動物を用いた研究によってその効果が指摘されているが，その詳細なメカニズムに関しては明らかではない．一方で筋損傷の「回復」に対するストレッチングの効果については，ヒト，動物のいずれも対象にした報告が少なく，未知な部分が多い．筋損傷という骨格筋に直接的な変化を伴う病態に対して，

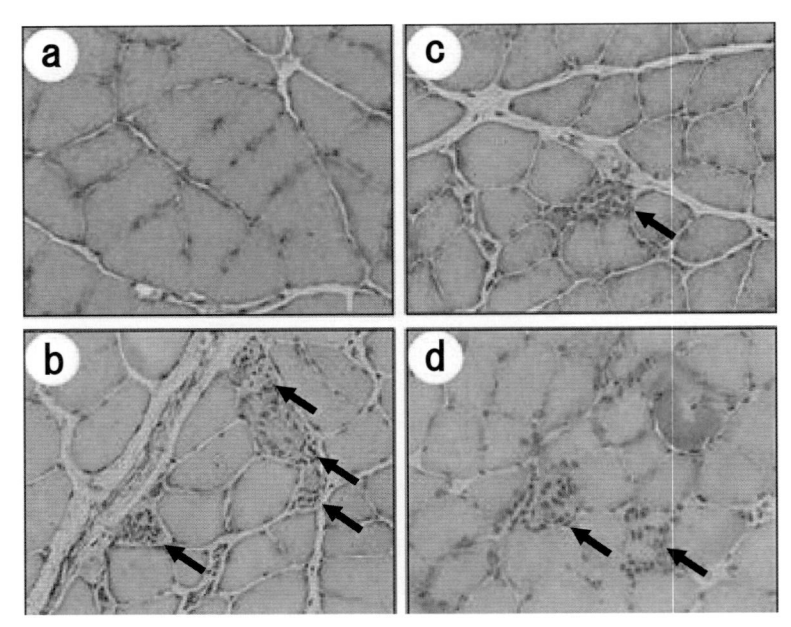

図6-6 ギプス固定モデルラットにおけるヒラメ筋の組織像
(口絵カラー—②参照)
〔Inoue et al, 2009より引用[35]〕

a：未処置のラットのヒラメ筋.
b：4週間ギプス固定した後のラットのヒラメ筋.単核細胞の浸潤を認める損傷線維(矢印)がみられる.
c：ギプス固定除去1日後におけるストレッチングを実施したラットのヒラメ筋.
d：ギプス固定除去1日後におけるストレッチングを実施しなかったラットのヒラメ筋.損傷線維の増加を認める.

機械的に骨格筋を伸張し、刺激するストレッチングが及ぼす影響は計り知れない.それゆえに,今後は筋損傷に対するストレッチングの効果の可能性に着目した研究の進展が望まれる.

5．おわりに

動物実験の知見からは関節可動域制限や筋損傷に対するストレッチングの効

果がうかがい知れる．しかしながら，先にも述べたが，臨床研究で得られた結果との乖離があることも事実である．これは，動物実験が画一的な，統制された条件下で行うことができるのに対し，ヒトを対象にした場合には多くのバイアスや複合的な要素が存在するからであろう．無論，両者にはメリット，デメリットが存在する．だからこそ，動物実験とヒトを対象とした研究の双方の見地から，ストレッチングの効果を科学的に考えていくことが必要であり，さらなるデータの構築が望まれる．

文献

1) 鈴木重行, 肥田朋子, 他: ID ストレッチングとは. 鈴木重行（編）: ID ストレッチング—個別的筋ストレッチング. 三輪書店, pp15-25, 2002
2) Harvey L, Herbert R, et al: Does stretching induce lasting increases in joint ROM? A systematic review. *Physiother Res Int* **7**: 1-13, 2002
3) Katalinic OM, Harvey LA, et al: Stretch for the treatment and prevention of contractures. *Cochrane Database Syst Rev* **8**: CD007455, 2010
4) Moseley AM, Herbert RD, et al: Passive stretching does not enhance outcomes in patients with plantarflexion contracture after cast immobilization for ankle fracture: a randomized controlled trial. *Arch Phys Med Rehabil* **86**: 1118-1126, 2005
5) McHugh MP, Cosgrave CH: To stretch or not to stretch: the role of stretching in injury prevention and performance. *Scand J Med Sci Sports* **20**: 169-181, 2010
6) Small K, McNaughton L: A systematic review into the efficacy of static stretching as part of a warm-up for the prevention of exercise-related injury. *Res Sports Med* **16**: 213-231, 2008
7) Williams PE: Use of intermittent stretch in the prevention of serial sarcomere loss in immobilized muscle. *Ann Rheum Dis* **49**: 316-317, 1990
8) 中田 彩, 沖田 実, 他: 持続的伸張運動の実施時間の違いが関節拘縮の進行抑制効果におよぼす影響—マウスにおける実験的研究. 理学療法学 **29**: 1-5, 2002
9) 沖田 実, 中野治郎, 他: 持続的他動運動（CPM）による拘縮の予防効果—ラットヒラメ筋の筋内膜コラーゲン線維網の形態変化から. 日本物理療法学会学会誌 **12**: 61-66, 2005
10) 西田まどか, 沖田 実, 他: 持続的伸張運動と間歇的伸張運動が拘縮と筋線維におよぼす影響—関節固定法と後肢懸垂法を組み合わせたラットの実験モデルによる検討. 理学療法学 **31**: 304-311, 2004
11) Okita M, Yoshimura T, et al: Effects of short duration stretching on disuse muscle atrophy in immobilized rat soleus muscles. *J Jpn Phys Ther Assoc* **4**: 1-5, 2001
12) 井上貴行, 沖田 実, 他: 不動終了後のラットヒラメ筋に対する間歇的伸張運動が関節可動域と筋線維におよぼす影響. 理学療法学 **34**: 1-9, 2007
13) Staubar WT, Miller GR, et al: Adaptation of rat soleus muscles 4wk of intermittent strain. *J Appl Physiol* **77**: 58-62, 1994
14) Stauber WT, Willems ME: Prevention of histopathologic changes from 30 repeated stretches of active rat skeletal muscles by long inter-stretch rest times. *Eur J Appl Physiol* **88**: 94-99, 2002
15) Savolainen J, Vaananen K, et al: Effect of immobilization on collagen synthesis in rat skeletal muscles. *Am J Physiol* **252**: R883-R888, 1987
16) Savolainen J, Myllyla V, et al: Effects of denervation and immobilization on collagen synthesis in rat skeletal muscle and tendon. *Am J Physiol* **254**: R897-R902, 1988
17) Karpakka J, Vaananen K, et al: The effects of preimmobilization training and immobilization on collagen synthesis in rat skeletal muscle. *Int J Sports Med* **11**: 484-488, 1990
18) Karpakka J, Virtanen P, et al: Collagen synthesis in rat skeletal muscle during immobilization and remobilization. *J Appl Physiol* **70**: 1775-1780, 1991
19) Williams PE, Goldspink G: Connective tissue changes in immobilised muscle. *J Anat* **138**: 343-350, 1984

20) Tabary JC, Tabary C, et al : Physiological and structural changes in the cat's soleus muscle due to immobilization at different lengths by plaster casts. *J Physiol* **224** : 231-244, 1972
21) Savolainen J, Vaananen K, et al : Collagen synthesis and proteolytic activities in rat skeletal muscles : effect of cast-immobilization in the lengthened and shortened positions. *Arch Phys Med Rehabil* **69** : 964-969, 1988
22) Ahtikoski AM, Koskinen SOA, et al : Regulation of synthesis of fibrillar collagens in rat skeletal muscle during immobilization in shortened and lengthened positions. *Acta Physiol Scand* **172** : 131-140, 2001
23) Ahtikoski AM, Koskinen SOA, et al : Synthesis and degradation of type IV collagen in rat skeletal muscle during immobilization in shortened and lengthened positions. *Acta Physiol Scand* **177** : 473-481, 2003
24) Williams PE : Effect of intermittent stretch on immobilized muscles. *Annals of Rheumatic Diseases* **47** : 1014-1016, 1988
25) 須釜 聡, 立野勝彦, 他：関節固定が筋および腱組織コラーゲンの可溶性に及ぼす影響—ラットの筋・腱組織におけるコラーゲンの生化学的分析. 理学療法学 **23** : 72-79, 1996
26) 須釜 聡, 立野勝彦, 他：関節固定後の持続的筋伸張および超音波照射が筋組織に及ぼす影響—ラットのヒラメ筋におけるコラーゲンの生化学的分析. 理学療法学 **25**：368-375, 1998
27) Okita M, Yoshimura T, et al : Effects of reduced joint mobility on sarcomere length, collagen fibril arrangement in the endomysium, and hyaluronan in rat soleus muscle. *J Muscle Res Cell Motil* **25** : 159-166, 2004
28) 佐伯 彩, 沖田 実, 他：弛緩位ならびに伸張位での固定がラットヒラメ筋におよぼす影響. 理学療法学 **27** : 63-68, 2000
29) 沖田 実, 吉村俊朗, 他：拘縮の病態とストレッチング. 理学療法探求 **3**：29-36, 2000
30) Koh TJ, Brooks SV : Lengthening contractions are not required to induce protection from contraction-induced muscle injury. *Am J Physiol Regul Integr Comp Physiol* **281**：R155-R161, 2001
31) Pizza FX, Koh TJ, et al : Muscle inflammatory cell after passive stretches, isometric contractions, and lengthening contractions. *J Appl Physiol* **92** : 1873-1878, 2002
32) Koh TJ, Peterson JM, et al : Passive stretches protect skeletal muscle of adult and old mice from lengthening contraction-induced injury. *J Gerontol A Bio Sci Med Sci* **58**：592-597, 2003
33) Lockhart NC, Brooks SV : Protection from contraction-induced injury provided to skeletal muscles of young and old mice by passive stretch is not due to a decrease in initial mechanical damage. *J Gerontol A Biol Sci Med Sci* **61** : 527-533, 2006
34) Lockhart NC, Baar K, et al : Activation of Akt as a potential mediator of adaptations that reduce muscle injury. *Med Sci Sports Exerc* **38** : 1058-1064, 2006
35) Inoue T, Suzuki S, et al : Effects of passive stretching on muscle injury and HSP expression during recovery after immobilization in rats. *Pathobiology* **76** : 253-259, 2009

骨格筋の糖代謝に対するストレッチングの急性効果
―細胞伸張培養技術を用いたメカニカルストレス応答に関する研究の紹介

1. はじめに

　骨格筋は，ヒトの体重の約40%を占める巨大な組織である．食事などで摂取した糖質（グルコース）の80%以上が骨格筋において処理されることが明らかとなっている[1]．通常の生理学的条件下においては，骨格筋における糖代謝は血液中から糖を取り込む段階により律速されていると考えられている[2]．したがって，人体で最大の糖処理組織である骨格筋が血糖を取り込む機能を高めることは，糖尿病の予防・治療において非常に重要であると考えられる．

　一般に，生体内で最も強力な血糖降下因子として認識されているのはインスリンである．インスリンは骨格筋や脂肪組織への糖輸送（糖が細胞膜を通過して細胞内に取り込まれる過程）を促進する．高血糖症にインスリンが劇的に効くのはこのためである．注目すべきは，身体運動・筋収縮活動もインスリンと同程度の糖輸送を生じさせることである．これは，運動時に収縮した骨格筋に血液中の糖が急速に取り込まれ，ヘキソキナーゼによって速やかにリン酸化を受けてグルコース-6-リン酸（G6P）が生成されることによる[3]．G6Pは骨格筋細胞のエネルギー状態に応じて，解糖系を経てATP再合成に用いられる場合や，グリコーゲンに変換されて骨格筋内に蓄積される場合がある．このような筋収縮の作用は，インスリンの作用とは独立に生じる現象，つまりインスリン非依存性糖取り込みの促進である．この事実が明らかになってから，多くの研究者がその作用機序に興味を注いできた．近年，身体運動・筋収縮活動に伴う応力（引張力や圧縮力）の発生や，他動的ストレッチング・遠心性収縮に伴う伸張刺激などの機械的刺激（メカニカルストレス）の増加が，筋収縮による糖取り込み促進を引き起こす重要な因子の1つであることが明らかになりつつある．

　そこで本項では，メカニカルストレスが骨格筋の糖代謝に及ぼす作用と，その機序を明らかにするために，われわれの研究室で行っているアプローチ方法やそこから得られた知見を紹介する．

2. インスリンによる糖取り込み促進の機序

　細胞は，細胞膜によって内部環境と外部環境が厳然と区別されている．そのため，血液中の糖を骨格筋の細胞内に取り込むには細胞膜を通過させる手段が必要となる．それを行うのが糖輸送担体（glucose transporter：GLUT）と呼ばれる担体タンパク質で，これまでに少なくとも14のサブタイプが確認されており，骨格筋にはGLUT1，3，4，5，8，10，11，12の発現が報告されている[4]．GLUT4以外のすべてのサブタイプは常に細胞膜に局在し，濃度勾配に依存して糖を細胞外から細胞内に取り込んでおり，インスリンによる調節は受けないとされる．これに対して，GLUT4はインスリンに反応して細胞内局在を大きく変化させることで血糖値調節の主役を演じている[5]．GLUT4は，通常は小胞に組み込まれた状態で細胞内に控えているが，骨格筋細胞にインスリンが作用すると細胞膜およびT管に移行（トランスロケーション）して組み込まれ，細胞外から細胞内への糖の通過口として機能し糖取り込みを生じさせる．インスリンの作用が収まると，GLUT4は再び細胞内に戻り，次の動員の機会を待つ．

　インスリンが骨格筋細胞の表面にあるインスリン受容体α鎖に結合すると，β鎖に存在するチロシンキナーゼ活性が亢進し，β鎖自身のチロシン残基がリン酸化を受ける（自己リン酸化）．自己リン酸化されたβ鎖ではチロシンキナーゼ活性がさらに亢進し，細胞質に存在するインスリン受容体基質（insulin receptor substrate-1あるいは-2：IRS）のチロシン残基がリン酸化される．リン酸化を受けたIRSにはホスファチジルイノシトール3キナーゼ（phosphatidylinositol 3-kinase：PI3キナーゼ）が結合し，そのキナーゼ活性が亢進する．PI3キナーゼ活性の亢進は，AktやAS160（Akt substrate of 160 kDa）などのリン酸化へとつながる．これらの情報が最終的に細胞内のGLUT4貯蔵小胞に伝達されると小胞が細胞膜に移行しGLUT4が取り込まれ，細胞外から細胞内への糖の通過口として機能し糖取り込みが生じる．

3. 筋収縮による糖取り込み促進の機序

　筋収縮もインスリンと同様に，骨格筋細胞への糖取り込みを強力に促進させる．筋収縮の場合も最終的にはGLUT4をトランスロケーションさせて糖取り

込みを生じさせるという点でインスリンと同じであるが，そこに至るまでの細胞内シグナル伝達系は異なる．その理由として，① ラットの骨格筋を単離してインスリンが存在しない緩衝液中で収縮させると糖取り込みが促進される[6]，② 筋収縮はインスリン受容体β鎖の自己リン酸化，IRSのチロシンリン酸化，PI3キナーゼなどのインスリンシグナル伝達分子を活性化しない[7)8)]，③ インスリンによる骨格筋への糖取り込みはPI3キナーゼ阻害薬wortmanninで完全に抑制されるが，筋収縮によるそれは抑制されない[9)10)]，④ インスリンと筋収縮による糖取り込み促進は相加的である[11]．すなわち，インスリンによって最大限に糖取り込みを促進しておいても，その筋を収縮させるとさらなる亢進が認められる．逆に，筋収縮による糖取り込みを最大限に促進させた状態でインスリンを作用させると，さらに糖取り込みが亢進する．⑤ 遺伝子操作によって骨格筋のインスリン受容体を欠損させたノックアウトマウスでは，インスリンによる骨格筋への糖取り込みは阻害されるが，筋収縮によるそれは正常に認められる[12]，ことなどが挙げられる．これらは，筋収縮が「インスリン→インスリン受容体→IRS→PI3キナーゼ」以外の機序を介して糖取り込みを生じさせることを示す．

　具体的に，筋収縮がどのような分子を介して糖取り込みを促進させるのかは現在十分には明らかにされていない．収縮時の骨格筋細胞は，細胞内Ca^{2+}，AMP/ATP，細胞内pH，グリコーゲン量の変化などの代謝的変化や，収縮に伴う応力（引張力や圧縮力）の発生，細胞壁や細胞骨格の収縮や伸張などの機械的変化に曝されている．これらのいずれもが糖取り込み促進を誘導するシグナル伝達に関与する可能性が示唆されている[13]．

　GLUT4をトランスロケーションさせる過程には，タンパク質のリン酸化などの種々の化学的反応が必須である．したがって筋収縮の場合，糖取り込みの引き金である「収縮」というメカニカルストレスが，なんらかの方法で細胞内シグナル伝達系という化学的刺激に変換され，細胞内に伝えられているはずである．可能な変換形態には，少なくとも以下の3つが挙げられる[14]．

Ⅰ．細胞内環境の変化を感知するセンサーが，筋収縮によって生じる変化（エネルギー基質の減少やCa^{2+}濃度の上昇など）に反応して細胞内でシグナルを発する．

Ⅱ．細胞膜に局在する受容体が，細胞外に生じた刺激（神経伝達物質の放出やホルモンレベルの上昇など）を細胞内シグナルに変換して伝達する．

Ⅲ．収縮それ自体を感知する機械受容体（メカノセンサー）が細胞内シグナル

を喚起する．

　これらの中で，調節機序として実際に見いだされているのはⅠ（5'AMP-activated protein kinase〔AMP キナーゼ〕や Ca^{2+} による機序など），およびⅡ（アデノシンや ATP による機序など）である．Ⅲについては，伸張刺激によって活性化するイオンチャネルや細胞の歪みで活性化する細胞接着分子や細胞骨格構成因子などの関与が想定されているが，筋・骨格系におけるメカノセンサーの分子実態はいまだ明瞭な証明に至っておらず，骨格筋細胞がいかにメカニカルストレスを感知しているかについては不明のままである．

　われわれのグループでは，Naruse ら[15)16)]が開発した，細胞培養時に再現性よく定量的な一軸方向の伸張刺激を与える装置（polydimethylsiloxane〔PDMS〕ストレッチチャンバー，および伸張刺激負荷装置〔Strex 社製〕）を利用して，生体内で骨格筋細胞が受けるメカニカルストレスを再現し，「マウス骨格筋由来の株化細胞（C2C12 筋管細胞）が伸張刺激をどのような分子機構で感知するのか，また，その刺激をどのように情報処理して細胞機能の発現へ利用するのか」という問題に取り組んでいる．以下に，この装置を用いて得られたわれわれの研究成果を紹介したい．

　この装置を用いると，C2C12 筋管細胞に厳密に再現性と定量性を制御したうえで，一軸方向の周期的な（1 Hz），110％伸張刺激を負荷しながら培養することができる[17)]．われわれは，このような伸張刺激負荷下で培養した C2C12 筋管細胞では，静置培養した場合と比較して，刺激開始から 5〜15 分後では顕著な糖取り込み促進は認めないものの，30 分後には有意に促進されることを明らかにした（図 6-7）．このことは，骨格筋への糖取り込みがメカニカルストレスを与えることだけで促進されることを示唆するものである．では，このような糖取り込み促進作用は，どのような機序によって発現するのだろうか．

　筋収縮から GLUT4 トランスロケーションにいたる細胞内シグナル伝達系に関しては，筋収縮によって活性化を受ける AMP キナーゼを要となる分子と考える「AMP キナーゼ説」と，筋収縮-弛緩サイクルにおいてダイナミックに変化する細胞内 Ca^{2+} を起点と考える「Ca^{2+} 説」が有力である[4)]．

1）AMP キナーゼ説

　筋収縮による糖取り込み促進作用は ATP やクレアチンリン酸の減少量と相関する[18)]ことから，骨格筋細胞の「エネルギーセンサー」として働く分子が糖取り込みの促進に関与することが想定されていた．AMP キナーゼは，エネル

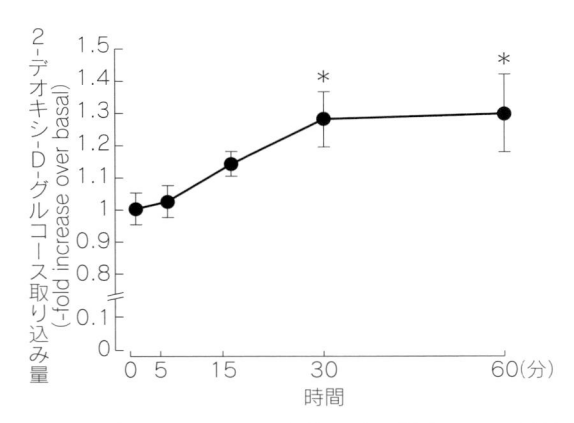

図6-7 伸張刺激によるC2C12筋管細胞の糖取り込み活性の変化
〔Iwata et al, 2007 より改変[17]〕
*は0分の値との比較（$p<0.05$）．データは平均値±標準偏差（n=6）．

ギー消費によって生じる運動筋内での生化学的変化（AMP/ATP比の上昇，クレアチン/クレアチンリン酸比の上昇）に反応して活性化される性質を持つ[19]．AMPキナーゼ活性化薬である 5-aminoimidazole-4-carboxamide ribonucleotide（AICAR）をラット骨格筋に作用させると，GLUT4のトランスロケーションが惹起され，筋収縮と同様に，インスリン非依存性糖輸送が促進される[20)21)]．また，ラット骨格筋の検討で，高い強度，長時間の運動や高い張力を発揮する運動ほどAMPキナーゼがより強く活性化し，この活性化とともに糖取り込みが促進される[22)23)]．逆に，ラットを運動させた後に十分に食事を与えグリコーゲンを前値以上に蓄積させた骨格筋では，筋収縮によるAMPキナーゼ活性化と糖取り込み促進が抑制される[24]．さらに，優性抑制型AMPキナーゼを強制発現させて骨格筋のAMPキナーゼ活性を抑制したトランスジェニックマウスの骨格筋では，筋収縮による糖取り込み促進が対照マウスの60〜70％に抑制される[25]．これらのことから，AMPキナーゼは筋収縮時の骨格筋のエネルギー低下を感知して，糖輸送というエネルギー基質の供給反応を惹起する役割を持つと考えられている．そこでわれわれは，伸張刺激による糖取り込み促進がAMPキナーゼを介して惹起されるか否かを検討した[17]．その結果，① AICARをC2C12筋管細胞に作用させAMPキナーゼを薬理的に活性化させると糖取り込みが促進され，② その糖取り込み促進はAMPキナーゼの阻害薬で

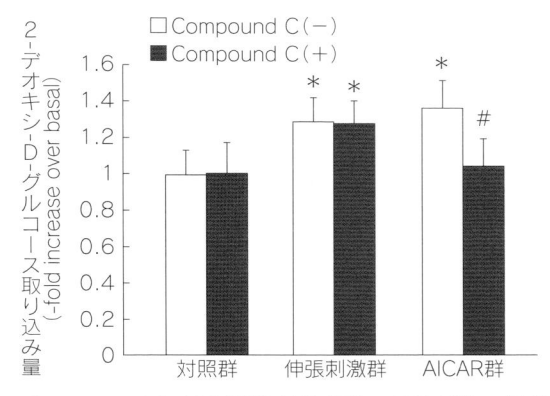

図 6-8 Compound C が C2C12 筋管細胞の糖取り込み活性に与える影響 〔Iwata et al, 2007 より改変[17]〕

*は対照群との比較（$p<0.05$），# は compound C（−）との比較（$p<0.05$）．データは平均値±標準偏差（n=6/群）．

ある compound C で完全に抑制されるが，③ 伸張刺激による糖取り込み促進は抑制されない，ことを明らかにした（**図 6-8**）．これらの結果は，伸張刺激による糖取り込み促進が AMP キナーゼ以外の機序を介して惹起される可能性を示唆している．

2）Ca^{2+} 説

筋収縮による糖輸送は，AMP キナーゼ活性化を伴わずに促進し得ることが報告されており[25)26)]，AMP キナーゼを介さない機序の同定に興味が持たれている．筋収縮時に細胞内濃度が大きく変化する Ca^{2+} に関しては，筋収縮時の糖取り込み促進に関与する可能性が古くから検討されてきた．実際，筋小胞体からの Ca^{2+} 放出を誘導する薬剤である W-7 や caffeine を用いて，ラット骨格筋の細胞内 Ca^{2+} の増加を生じさせると，それに伴って糖取り込みが促進される[27)28)]．この時，Ca^{2+} 濃度の上昇を筋収縮が生じないレベルまで小さくしても糖取り込みの促進が観察されることから，Ca^{2+} 自体の効果によって糖輸送が生じることがわかる（Ca^{2+} が筋収縮を生じさせた結果，糖輸送が生じるのではない）．さらに，W-7 や caffeine による糖取り込み促進は，筋小胞体からの Ca^{2+} 放出を阻害する薬剤である dantrolene や 9-aminoacridine によって抑制され

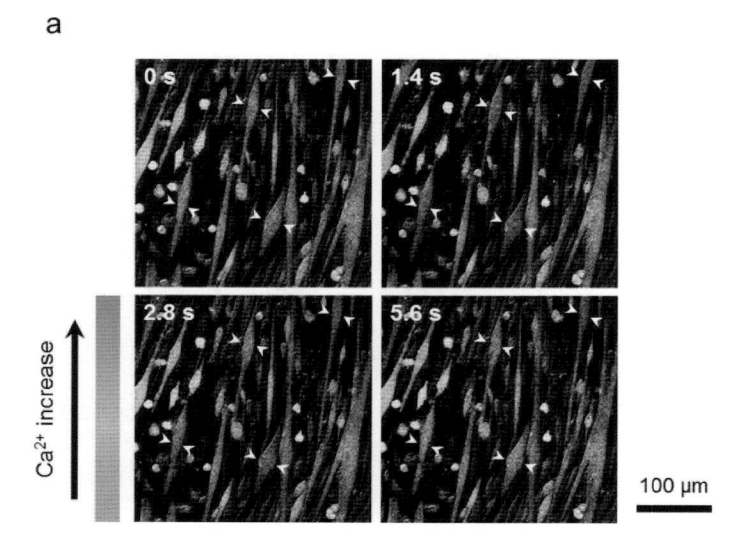

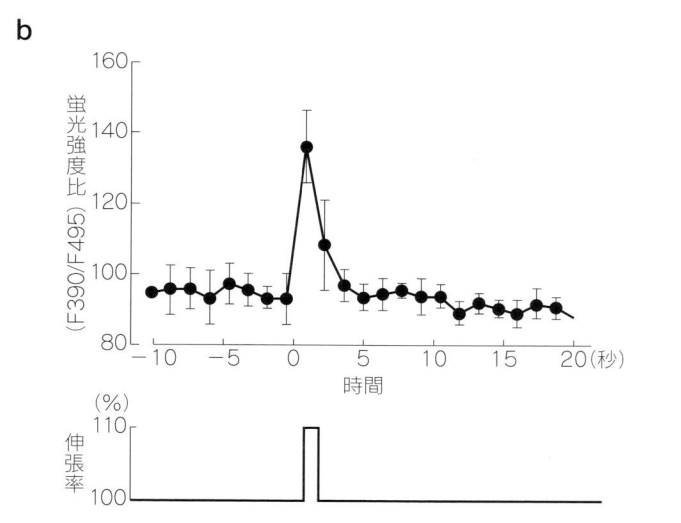

図 6-9 伸張刺激に対する細胞内 Ca^{2+} 応答（口絵カラー③参照）
〔Iwata et al, 2007 より改変[17]〕

a：伸張刺激に対する indo-1 の蛍光強度比で表される細胞内 Ca^{2+} 濃度の変化.
b：伸張刺激に対する細胞内 Ca^{2+} トランジェント．データは平均値±標準偏差（n=4）．

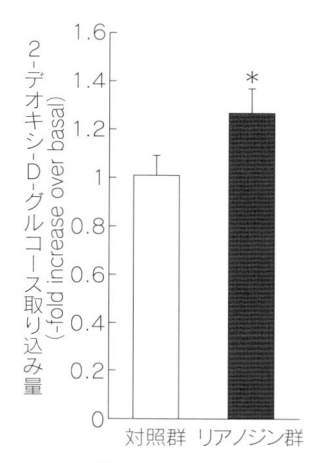

図6-10 リアノジン刺激によるC2C12筋管細胞の糖取り込み活性の変化〔Iwata et al, 2007より改変[17]〕

*は対照群との比較（p<0.05）．データは平均値±標準偏差（n=6/群）．

る[27)28)]．これらのことは，糖輸送促進に関与する機序として，Ca^{2+}を介した機序が存在することを示唆している．そこで筆者らは，C2C12筋管細胞内のCa^{2+}濃度の変化を非接触の蛍光法（indo-1を用いた蛍光強度比〔F390 nm/F495 nm〕の測定）で測定し，伸張刺激が細胞内Ca^{2+}濃度に及ぼす影響を検討するというアプローチを試みた[17]．その結果，C2C12筋管細胞は伸張刺激に応じて細胞内Ca^{2+}トランジェントを示した（**図6-9**）．問題はこのCa^{2+}増加が糖取り込み促進につながるものか否かということである．これを検討するために以下に述べるような4項目について調べた[17)29)]．

まず，① 筋小胞体からのCa^{2+}放出を誘導する低濃度リアノジンを用いて，C2C12筋管細胞の細胞内Ca^{2+}の増加を生じさせると，それに伴って糖取り込みが促進されることを確認した（**図6-10**）．また，② PI3キナーゼの阻害薬であるwortmanninは，インスリン刺激による糖取り込み促進を抑制したが，リアノジン刺激と伸張刺激の糖取り込み促進には影響を与えなかった（**図6-11**）．このことは，伸張刺激とリアノジン刺激による糖取り込み促進機序が，インスリンとは異なり，PI3キナーゼを介さないことを意味している．次に，③ 伸張刺激とインスリン刺激を同時に行うと糖取り込み量が相加的に増加するのに対

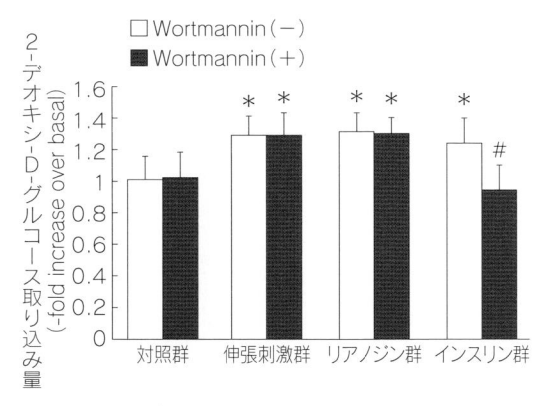

図6-11 WortmanninがC2C12筋管細胞の糖取り込み活性に与える影響
〔Iwata et al, 2007 より改変[17]〕
*は対照群との比較（$p<0.05$），#はwortmannin（−）との比較（$p<0.05$）．
データは平均値±標準偏差（n=6/群）．

し（図6-12），伸張刺激とリアノジン刺激では糖取り込み量は個々の糖取り込み量と同じであった（図6-13）．これらの結果は，伸張刺激による糖取り込み促進機序がインスリン刺激の機序とは異なり，リアノジン刺激，つまり筋小胞体からのCa^{2+}放出を介した機序と同じである可能性を示している．さらに，④dantrolene処理で筋小胞体からのCa^{2+}放出を阻害すると，伸張刺激による糖取り込み促進がほぼ完全に抑制された（図6-14）．以上の研究結果をまとめると，伸張刺激によってまず筋小胞体からのCa^{2+}放出による細胞内Ca^{2+}の増加が生じ，続いて糖取り込みが促進されると結論された．

4．おわりに

理学療法では運動（筋収縮），ストレッチング，指圧など，メカニカルストレスによる生体反応を利用した療法が重要な地位を占めている．個体へのメカニカルストレスは，結局のところ皮膚，骨格筋，血管，神経の各組織への圧迫・伸張・ズリ応力刺激であり，突き詰めれば，これらの組織を構成する細胞にメカニカルストレスを与えていることになる．これらのメカニカルストレスが細

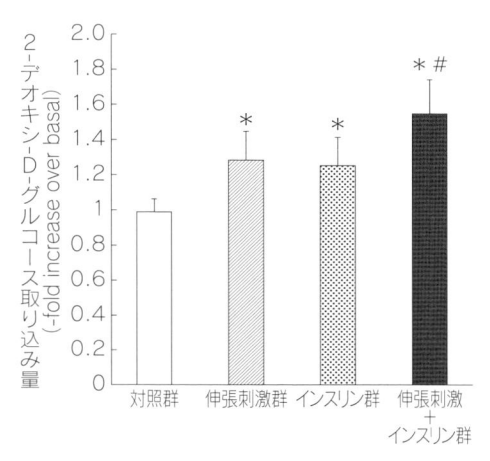

図 6-12　C2C12 筋管細胞の糖取り込み活性における伸張刺激とインスリン刺激の相加効果〔Iwata et al, 2009 より改変[29]〕

＊は対照群との比較（p＜0.05），＃はインスリン群との比較（p＜0.05）．データは平均値±標準偏差（n＝6/群）．

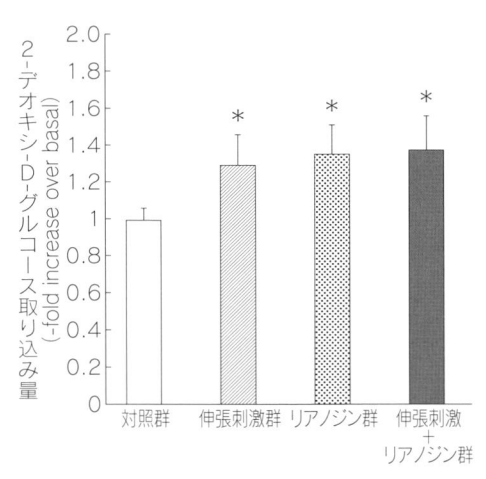

図 6-13　C2C12 筋管細胞の糖取り込み活性における伸張刺激とリアノジン刺激の相加効果〔岩田ら，未発表データ〕

＊は対照群との比較（p＜0.05）．データは平均値±標準偏差（n＝6/群）．

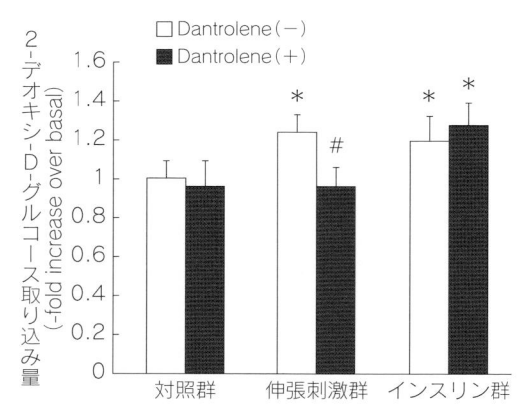

図6-14 DantroleneがC2C12筋管細胞の糖取り込み活性に与える影響〔Iwata et al, 2007より改変[17]〕

*は対照群との比較（$p<0.05$），#はdantrolene（−）との比較（$p<0.05$）．データは平均値±標準偏差（$n=6$/群）．

胞にとって区別されるかどうかは不明であるが，いずれの刺激も細胞膜の伸張を伴うという意味で，伸張刺激に対する細胞応答の理解が基本と考えられる．

本項では，糖代謝に対するストレッチングの効果検証を通して，骨格筋がメカニカルストレスの増加に応答する分子機構についての知見を紹介したが，いまだメカノセンサーの分子実態は解明されておらず，骨格筋のメカニカルストレスに対するセンサー分子の研究はまだ始まったばかりである．最近になって急速にメカノセンサーの候補分子の報告が相次いでいる[30]．これらのセンサー分子は，感覚受容体として外界からのメカニカルストレスを細胞内に伝えるだけでなく，細胞が本来機能を発揮する場所の力学的情報を利用して細胞の生命維持の根幹にかかわる機械受容を担っている可能性がある．このような仕組みを明らかにするためには，分子から生体までを網羅するトランスレーショナルリサーチを展開すると同時に，生体でのメカニカルストレスを再現する実験系や，生体のメカニカルストレス応答評価系を確立して，最終的に分子レベルの知見と統合する努力が必須である．

文献

1) DeFronzo RA, Ferrannini E, et al：Synergistic interaction between exercise and insulin on peripheral glucose uptake. *J Clin Invest* **68**：1468-1474, 1981
2) Kubo K, Foley JE：Rate-limiting steps for insulin-mediated glucose uptake into perfused rat hindlimb. *Am J Physiol* **250**：E100-E102, 1986
3) 浅野知一郎, 林 達也：運動の人体に及ぼす影響. 糖尿病治療研究会（編）：糖尿病運動療法のてびき. 医歯薬出版, pp 1-7, 2001
4) 豊田太郎, 林 達也：急性運動時の内分泌代謝変動：分子生物学的観点より；運動による骨格筋糖取り込み速度増強の機序. 臨床スポーツ医学 **22**：113-119, 2005
5) Saltiel AR, Kahn CR：Insulin signalling and the regulation of glucose and lipid metabolism. *Nature* **414**：799-806, 2001
6) Nesher R, Karl IE, et al：Dissociation of effects of insulin and contraction on glucose transport in rat epitrochlearis muscle. *Am J Physiol* **249**：C226-C232, 1985
7) Treadway JL, James DE, et al：Effect of exercise on insulin receptor binding and kinase activity in skeletal muscle. *Am J Physiol* **256**（1 Pt 1）：E138-E144, 1989
8) Goodyear LJ, Giorgino F, et al：Effects of contractile activity on tyrosine phosphoproteins and PI 3-kinase activity in rat skeletal muscle. *Am J Physiol* **268**：E987-E995, 1995
9) Lee AD, Hansen PA, et al：Wortmannin inhibits insulin-stimulated but not contraction-stimulated glucose transport activity in skeletal muscle. *FEBS Lett* **361**：51-54, 1995
10) Yeh JI, Gulve EA, et al：The effects of wortmannin on rat skeletal muscle. Dissociation of signaling pathways for insulin-and contraction-activated hexose transport. *J Biol Chem* **270**：2107-2111, 1995
11) Zierath JR：In vitro studies of human skeletal muscle：hormonal and metabolic regulation of glucose transport. *Acta Physiol Scand Suppl* **626**：1-96, 1995
12) Wojtaszewski JF, Higaki Y, et al：Exercise modulates postreceptor insulin signaling and glucose transport in muscle-specific insulin receptor knockout mice. *J Clin Invest* **104**：1257-1264, 1999
13) Hayashi T, Wojtaszewski JF, et al：Exercise regulation of glucose transport in skeletal muscle. *Am J Physiol* **273**：E1039-E1051, 1997
14) 藤井宣晴：骨格筋収縮時の糖輸送機序. 体力科学 **52**：313-317, 2003
15) Naruse K, Sokabe M：Involvement of stretch-activated ion channels in Ca^{2+} mobilization to mechanical stretch in endothelial cells. *Am J Physiol* **264**：C1037-C1044, 1993
16) 高橋 賢, 成瀬恵治：細胞伸展培養. *Surgery Frontier* **18**：59-63, 2011
17) Iwata M, Hayakawa K, et al：Uniaxial cyclic stretch-stimulated glucose transport is mediated by a ca-dependent mechanism in cultured skeletal muscle cells. *Pathobiology* **74**：159-168, 2007
18) Walker PM, Idström JP, et al：Glucose uptake in relation to metabolic state in perfused rat hind limb at rest and during exercise. *Eur J Appl Physiol Occup Physiol* **48**：163-176, 1982
19) Ponticos M, Lu QL, et al：Dual regulation of the AMP-activated protein kinase provides a novel mechanism for the control of creatine kinase in skeletal muscle. *EMBO J* **17**：1688-1699, 1998
20) Hayashi T, Hirshman MF, et al：Evidence for 5' AMP-activated protein kinase mediation of the effect of muscle contraction on glucose transport. *Diabetes* **47**：1369-1373, 1998
21) Kurth-Kraczek EJ, Hirshman MF, et al：5' AMP-activated protein kinase activation

causes GLUT4 translocation in skeletal muscle. *Diabetes* 48：1667-1671, 1999
22) Musi N, Hayashi T, et al：AMP-activated protein kinase activity and glucose uptake in rat skeletal muscle. *Am J Physiol Endocrinol Metab* 280：E677-E684, 2001
23) Ihlemann J, Ploug T, et al：Effect of tension on contraction-induced glucose transport in rat skeletal muscle. *Am J Physiol* 277：E208-E214, 1999
24) Kawanaka K, Nolte LA, et al：Mechanisms underlying impaired GLUT-4 translocation in glycogen-supercompensated muscles of exercised rats. *Am J Physiol Endocrinol Metab* 279：E1311-E1318, 2000
25) Mu J, Brozinick JT Jr, et al：A role for AMP-activated protein kinase in contraction-and hypoxia-regulated glucose transport in skeletal muscle. *Mol Cell* 7：1085-1094, 2001
26) Derave W, Ai H, et al：Dissociation of AMP-activated protein kinase activation and glucose transport in contracting slow-twitch muscle. *Diabetes* 49：1281-1287, 2000
27) Youn JH, Gulve EA, et al：Calcium stimulates glucose transport in skeletal muscle by a pathway independent of contraction. *Am J Physiol* 260：C555-C561, 1991
28) Wright DC, Geiger PC, et al：Contraction-and hypoxia-stimulated glucose transport is mediated by a Ca^{2+}-dependent mechanism in slow-twitch rat soleus muscle. *Am J Physiol Endocrinol Metab* 288：E1062-E1066, 2005
29) Iwata M, Suzuki S, et al：Uniaxial cyclic stretch increases glucose uptake into C2C12 myotubes through a signaling pathway independent of insulin-like growth factor I. *Horm Metab Res* 41：16-22, 2009
30) 曽我部正博：基礎の基礎. 細胞工学 31：978-987, 2012

索　引

A

α 運動神経細胞　28
Aδ 神経線維　24
agonist contract-relax　187
AMP キナーゼ　217
AMP キナーゼ説　217
angle at peak torque　78
ATP　42

B

ballistic stretching　2
bradykinin　42

C

Ca^{2+} 説　217,219
concentric contraction　74
constant-angle stretching　12
constant-torque stretching　13
contract-relax　9,23,187
contract-relax agonist contract　9
countermovement jump（CMJ）　108
creep　63
cyclic stretching　12
C 神経線維　24

D

delayed onset muscle soreness（DOMS）　43
diffuse noxious inhibitory controls（DNIC）　33
drop jump（DJ）　108
dynamic passive torque　59
dynamic stretching　9

E

eccentric contraction（ECC）　43,74
elasticity　66
EMG 振幅　151

F

face pain rating scale　112,113

G

γ 運動神経細胞　28
gate control theory　31
glucose transporter　215

H

H/M 閾値比　96
H/M 最大比　96
hold-relax　9,23
H 反射　95

I

ID ストレッチング　7
individual muscle stretching　7
isokinetic contraction　74
isokinetic stretching　12
isometric contraction　74
isotonic contraction　74

M

maximum voluntary contraction　62
McGill pain questionnaire（MPQ）　112,114
modified Ashworth scale（MAS）　184

motor unit   91
％MVC   88
myofascial pain syndrome   42
M波   95

N

neck disability index（NDI）   112, 116
numerical rating scale（NRS）   112, 113

O

optimal angle   78
Oswestry diasability index（ODI）   112, 115

P

passive torque   59
plasticity   66
PNF   8
PNFストレッチング   8, 187
prolonged stretch   21

R

range of motion（ROM）   54
rate of force development（RFD）   82
reciprocal inhibition   10
referred pain   42
repetition maximum（RM）   75
Roland-Morris disability questionnaire（RDQ）   112, 115

S

sensitization   27
sit and reach test   54
squat jump（SJ）   108
static passive torque   59
static stretching   3
stress relaxation   61
stretch reflex   2

stretch tolerance   57, 67, 70, 137

T

timed up and go test   171
trigger point   42
twitch RFD   83

V

viscoelasticity   43, 67
viscosity   66
visual analogue scale（VAS）   112

あ

アイソキネティック・ストレッチング   12, 137
圧痛   42
痛み   24
痛みの悪循環   29
  Ia神経線維   2, 23, 28
  Ib神経線維   3, 21
  Ib抑制   7, 21
一次痛   24
インスリン   214
ウォーミングアップ   200
羽状角   101
運動単位   91
エピネフリン   42
遠心性収縮   43
エンドフィール   4
オズウェストリー腰痛障害質問票   112, 115

か

介在ニューロン   21
解糖系   214
カウンタームーブメントジャンプ高   188
角度-トルク曲線   64, 70, 73
可塑的変化   41

片麻痺患者　176
間欠的ストレッチング　202
感作　26
関節可動域　54,127
関節可動域制限　38
関節拘縮　5
関連痛　42
器質的変化　29,40
機能異常　24
機能障害　38
機能的変化　6,29,40
急性痛　41
筋萎縮　38,46,48
筋緊張　28
筋緊張亢進　19,28
筋・筋膜痛症候群　42
筋原線維　44
筋腱複合体　57,164
筋厚　102
筋硬結　19
筋構成タンパク質　48
筋細胞内膜系　44
筋伸張　2
筋スパズム　40
筋性拘縮　38,40
筋走行　8,18
筋束長　101,102
筋損傷　38,43
筋短縮　38
筋内膜　208
筋肉痛　28
筋紡錘　10,20
筋連結　18
クリープ　63
繰り返し効果　46
グルコース-6-リン酸　214
頸部痛患者　183
ゲートコントロール理論　31
血糖降下因子　214
血流障害　28
交感神経系　42
広作動域ニューロン　27
広汎性侵害抑制調節　33

個別的筋伸張法　7
コラーゲン線維　39,204
コラーゲン線維網　38
ゴルジ腱器官　21
コンスタントアングル・ストレッチング　12,190
コンスタントトルク・ストレッチング　13,63,190
コントラクト・ストレッチング　9
コントラクトリラックス　9
コントラクトリラックス・アゴニストコントラクト　9

══════════ さ ══════════

サイクリック・ストレッチング　12,137,190
最大随意収縮　62
最大発揮筋力　75
細胞骨格　44
視覚的アナログスケール　112
刺激鎮痛　32
仕事量　75
二乗平均　88
持続伸張　21
持続的ストレッチング　202
自発痛　42
ジャンプ反応時間　189
収縮痛　42
循環障害　19
侵害刺激　26
神経支配比　91
伸張性収縮　74
伸張反射　2,20
数値評価スケール　112,113
スクワットジャンプ　153
スクワットジャンプ高　188
スタティック・ストレッチング　3,186
スティフネス　12,69,141
ストレス緩和　60,61
スプリントタイム　106
静的トルク　4,58,59,134
脊髄視床路　24

積分波形　88
全波整流　88
双極導出法　86
相反抑制　10
塑性　66
速筋線維　46

━━━━━ た ━━━━━

体性感覚野　24
ダイナミック・ストレッチング　7, 10, 188
大脳辺縁系　24
他動的トルク　59
単極導出法　86
短縮性収縮　74
弾性　66
タンパク質分解酵素　44
遅筋線維　46
遅発性筋痛　6, 43, 182
超音波画像　99, 164
長さ-張力関係　78
長座体前屈　54
適応反応　46
動作筋電図　88
等尺性収縮　8, 23, 74
等速性運動機器　58
等速性収縮　23, 74
糖代謝　214
等張性収縮　23, 74
疼痛　38
動的トルク　55, 59, 64
糖輸送担体　215
トランスロケーション　215
トリガーポイント　42
トルク-角度曲線下面積　58

━━━━━ な ━━━━━

軟部組織　24
二次痛　24

ネガティブフィードバック機構　33
粘性　66
粘弾性　43, 67

━━━━━ は ━━━━━

パフォーマンス　106
バランス機能　163
バリスティック・ストレッチング　2, 186
パワー　75
半波整流　88
ピークトルク　180
非侵害刺激　24, 32
評価指標　54
表面筋電図　85
不動化　201
ブラジキニン　27, 42
平均波形　88
ホールドリラックス　9
ポリペプチド鎖　48
ポリモーダル受容器　24

━━━━━ ま ━━━━━

マクギル疼痛質問票　112, 114
マクロファージ　45
慢性痛　41
メカニカルストレス　46, 216

━━━━━ や ━━━━━

有痛患者　180
誘発筋電図　95

━━━━━ ら ━━━━━

ランドマーク　20
リン酸化　214
ローランド・モリス機能障害質問票　112, 115

編著者略歴

鈴木重行（すずき　しげゆき）

1974 年	九州リハビリテーション大学校理学療法科卒業
1974 年	兵庫県立リハビリテーションセンター附属中央病院
1977 年	フォルマルシュタイン整形外科センター（西ドイツ）
1981 年	国立神戸病院
1985 年	名古屋大学医療技術短期大学部　講師
1996 年	博士（医学）（名古屋大学）
1997 年	名古屋大学医学部保健学科　助教授
1998 年	カンサス大学メディカルセンター（米国，文部省在外研究員）
1999 年	名古屋大学医学部保健学科　教授
2002 年	名古屋大学大学院医学系研究科　教授（併任）
2003 年	愛知医科大学客員研究員（〜2008）
2018 年	名古屋大学名誉教授，朝日大学客員教授

代表著書

『ID 触診術』（三輪書店，2005）
『ID ストレッチング第 2 版』（三輪書店，2006）
『アクティブ ID ストレッチング』（三輪書店，2007）

ストレッチングの科学—Science of Stretching

発　行	2013 年 5 月 23 日　第 1 版第 1 刷
	2023 年 9 月 10 日　第 1 版第 3 刷©
編　者	鈴木重行
発行者	青山　智
発行所	株式会社　三輪書店
	〒113-0033　東京都文京区本郷 6-17-9
	☎ 03-3816-7796　FAX03-3816-7756
	http://www.miwapubl.com
印刷所	三報社印刷株式会社

本書の内容の無断複写・複製・転載は，著作権・出版権の侵害となることがありますのでご注意ください。

ISBN 978-4-89590-439-1 C 3047

JCOPY　＜出版者著作権管理機構　委託出版物＞

本書の無断複製は著作権法上での例外を除き禁じられています．複製される場合は，そのつど事前に，出版者著作権管理機構（電話 03-5244-5088, FAX 03-5244-5089, e-mail：info@jcopy.or.jp）の許諾を得てください．

■ 鈴木重行の「IDシリーズ」、揃い踏み!!

◎ 待望の「IDストレッチング」セルフケアバージョン、遂に刊行!

アクティブIDストレッチング
Active Individual Muscle Stretching

編著　鈴木　重行
著　　平野　幸伸
　　　鈴木　敏和

　1999年、「個別的筋ストレッチング」という新しい概念を確立した『IDストレッチング』。その姉妹版として、患者さん自らが行える『アクティブIDストレッチング』がここに完成。
　『アクティブIDストレッチング』は、従来セラピストによってのみ行われていたIDストレッチングに、患者自らが、どんな場所でも、ストレッチングの強度を自覚しながら安全に実施できる工夫を施すことで、ホームエクササイズを可能にしたものである。また本書は、その数『IDストレッチング』の実に2倍以上の530点以上ものカラー写真を用いることで、動画並みに動きが理解しやすい紙面となった。
　現代日本が抱える医療費増加の抑制にも一石を投じるこのセルフケア法は、現在すでにIDストレッチングを取り入れている理学療法士、柔道整復師、スポーツトレーナー、カイロプラクターに、またこのような科学的根拠に基づいたストレッチングを探している方にとって、十分に満足いただける一冊である。ぜひ本書を、患者さんの指導に役立てていただきたい。

● 定価4,950円（本体4,500円+税10%）　A4　220頁　2007年　ISBN 978-4-89590-270-0

◎ あの「IDストレッチング」が装いを新たに、オールカラーで再登場!

IDストレッチング【第2版】
Individual Muscle Stretching

編著　鈴木　重行
著　　平野　幸伸・鈴木　敏和

主な内容
第1章　IDストレッチング概論
第2章　IDストレッチングのための基本的知識
第3章　IDストレッチング
第4章　IDストレッチングの実際
資料　身体部位と注目すべき筋群
　　　スポーツ種目別IDストレッチング

● 定価4,950円（本体4,500円+税10%）　A4　230頁　写真220　2006年　ISBN 978-4-89590-239-7

◎ 筋数・イラスト・写真を増加させ、個別筋の触診に必要な知識を網羅した待望の第2版

ID触診術【第2版】
Individual Muscle Palpation

編著　鈴木　重行
著　　平野　幸伸・鈴木　敏和

　筋の触診では走行に沿って触れられる能力だけでなく、隣接する筋との区別、異常な筋緊張や痛みを呈している部位を評価する力が必要である。第1版で好評だった写真での触診方法に立体的な筋のイラストを加え、触診の基本事項について初学者でも理解しやすいようにより詳細に解説した。身体に関わる全職種に必要とされる基礎知識のつまった一冊。

● 定価8,360円（本体7,600円+税10%）　A4　248頁　2014年　ISBN 978-4-89590-475-9

◎ 待望の「IDストレッチング」DVD版

DVD IDストレッチング

監修・指導　鈴木　重行

主な内容（全82分）
■ 体幹・上肢（46分）
■ 下肢（27分）
■ 広汎性侵害抑制調節（DNIC:diffuse noxious inhibitory controls）を利用した疼痛抑制法（9分）

● 定価16,500円（本体15,000円+税10%）　DVD　82分　2006年

お求めの三輪書店の出版物が小売書店にない場合は、その書店にご注文ください。お急ぎの場合は直接小社に。

〒113-0033
東京都文京区本郷6-17-9　本郷綱ビル

三輪書店

編集　☎03-3816-7796　FAX 03-3816-7756
販売　☎03-6801-8357　FAX 03-6801-8352
ホームページ：http://www.miwapubl.com